教育部人文社会科学研究青年基金项目（基于中药创新主体保护需求的中药专利审查标准研究，项目编号：18YJCZH106）及中央高校基本科研业务费专项资金（项目编号：2023-JYB-HZZ-009）资助

中药产业创新与中药专利审查标准

主编 刘 伟

全国百佳图书出版单位
中国中医药出版社
·北 京·

图书在版编目（CIP）数据

中药产业创新与中药专利审查标准 / 刘伟主编 . —
北京：中国中医药出版社，2023.7
ISBN 978 - 7 - 5132 - 8159 - 1

Ⅰ . ①中… Ⅱ . ①刘… Ⅲ . ①中药材—制药工业—产
业发展—研究—中国 ②中药学—专利制度—标准—中国
Ⅳ . ① F426.7 ② R28-18

中国国家版本馆 CIP 数据核字（2023）第 088812 号

中国中医药出版社出版

北京经济技术开发区科创十三街 31 号院二区 8 号楼
邮政编码　100176
传真　010-64405721
保定市西城胶印有限公司印刷
各地新华书店经销

开本 787×1092　1/16　印张 13.5　字数 234 千字
2023 年 7 月第 1 版　2023 年 7 月第 1 次印刷
书号　ISBN 978 - 7 - 5132 - 8159 - 1

定价　68.00 元
网址　www.cptcm.com

服 务 热 线　010-64405510
购 书 热 线　010-89535836
维 权 打 假　010-64405753

微信服务号　zgzyycbs
微商城网址　https://kdt.im/LIdUGr
官 方 微 博　http://e.weibo.com/cptcm
淘宝天猫网址　http://zgzyycbs.tmall.com

如有印装质量问题请与本社出版部联系（010-64405510）

编委会

编写说明

　　中医药学是"中国古代科学的瑰宝，打开中华文明宝库的钥匙"，传承并创新中医药学这一祖先留给我们的宝贵财富具有重大意义。随着《中华人民共和国中医药法》（后简称《中医药法》）的颁布及党的十九大的胜利召开，各项鼓励中药创新发展的政策法规陆续落地，中医药产业发展迎来了新机遇。面对中药产业的快速发展和中药创新主体日益迫切的保护需求，《中医药法》明确提出促进中药产业发展亟须"建立完善符合中医药特点和发展规律的知识产权保护制度"。专利权保护是目前公认的保护力度最强、排他性最强的中医药知识产权保护模式。探索和构建符合中医药学科特色与创新发展需求的中药专利审查标准是当前专利保护中的迫切需求。介绍现行专利审查标准及其运用，引导中医药创新主体在现行专利审查标准下更好地保护自身创新成果，是现阶段快速提升中医药创新主体知识产权保护水平的关键。

　　本书由教育部人文社会科学研究青年基金项目（基于中药创新主体保护需求的中药专利审查标准研究，项目编号：18YJCZH106）及中央高校基本科研业务费专项资金（项目编号：2023-JYB-HZZ-009）资助。该项目自2018年开始，通过广泛查阅中药创新政策，搜集整理大量上市企业年报、专利数据、文献资料等信息，开展问卷调研及访谈调研等工作，终而历时三年，于2021年完成。为了增强本书的可读性，编者收集、整理、筛选了国内外中药领域诸多专利审查实务案例和司法案例，在课题研究的基础上多次打磨和完善内容，以期更好地满足广大中医药读者，尤其是中药产业各创新主体的需求。

　　本书共分为三部分，包括中药领域的创新现状、中药专利审查标准和中药专利审查标准的案例解读和运用。第一部分是中药领域的创新现状（第一～四章），主要介绍了我国中药产业创新政策、药品注册政策及新药发展概况、中药创新的研究方向及中药创新的专利保护现状。第二部分是中药专利审查标准（第五～六章），主要介绍了我国中药专利现行审查标准、美国及我国台湾地区中药领域适用的专利审查标准。第三部分（即第七章）是中药专利审查标准的案例解读和运用，以专利法第五条第一款、专利法第二十六条第三款、专利法第二十二条第二款和专利法第二十二条第三款这四个法条为基本框架介绍了相应专利审查实务案例及司法案例，还额外补充了涉及实验数据的相关案例，并对每个案例进行分析。

因篇幅所限，仅列举了部分参考文献，请读者谅解。

本书虽倾尽编者们的智慧和心血，但仍难免存在错误和不妥之处，敬请广大读者批评指正，以便再版时，我们及时修订完善。

《中药产业创新与中药专利审查标准》编委会
2023 年 4 月

目录

第一章

我国中药产业创新政策

十八大以来，党和国家高度重视中医药发展，习近平总书记多次对此作出重要指示，国家有关部门也相继出台系列政策指导中医药工作，将大力发展中医药上升为国家战略。中药产业是中医药发展的关键支撑，由于其独特的疗效，在近现代的发展中，不断有各种新技术被运用于中药的基础和运用研究中，而这些在现代科技背景下所制造的新药，也带来了良好的治疗效果和巨大的商业价值。故而从政策和"产学研"角度，全面地了解目前中药的技术发展，有利于我们客观地认识现代中药的技术发展水平，客观地把握中药创新主体的创新方向，正确地评价创新主体对专利保护的迫切需求，以及更好地了解创新主体在技术发展中所遇到的瓶颈、问题及专利申请时遇到的难题。

第一节　中药领域国家发展政策及法律法规

国家对中医药产业的政策是指导我国中医药行业发展的强有力的保障，表 1-1[①]将从中医药科技产业、中药市场准入和中医药行业管理三方面梳理相关法律法规等政策，体现国家对中药创新主体所鼓励支持的技术方向。

表 1-1　中药领域国家发展政策及相关要点

编号	政策名称	发布单位	起止时间	相关要点
1	《中医药创新发展规划纲要（2006—2020 年）》	科学技术部、卫生部、国家中医药管理局、国家食品药品监督管理局、教育部、国家民族事务委员会、农业部、商务部、文化部、国家人口和计划生育委员会、国家质量监督检验检疫总局、国家林业局、国家知识产权局、中国科学院、中国工程院、国家自然科学基金委员会	2006—2020	1.产业化 建立现代中药产业链，加强中药工业关键技术的创新研究：开展中药饮片传统炮制经验继承及炮制工艺与设备现代化研究；开展中药提取、分离、浓缩、干燥、制剂、辅料生产技术集成创新的研究；借鉴现代制造技术、信息技术和质量控制技术，加强符合中成药生产特点的新工艺、新技术、新装备的研究开发，提高中药制造业的现代化水平。

---

① 本书涉及的政策、文件、事件的时间跨度较大，与相应政策、文件及事件相关的部分政府机构或是名称存在变化，又或是随着机构改革已经被合并。为了叙述的准确和严谨，本书中所涉及的政府机构名称均以文中所涉及的事件发生当时的表述为准。

编号	政策名称	发布单位	起止时间	相关要点
1	《中医药创新发展规划纲要（2006—2020年）》	科学技术部、卫生部、国家中医药管理局、国家食品药品监督管理局、教育部、国家民族事务委员会、农业部、商务部、文化部、国家人口和计划生育委员会、国家质量监督检验检疫总局、国家林业局、国家知识产权局、中国科学院、中国工程院、国家自然科学基金委员会	2006—2020	2. 现代化 建设现代中医诊疗体系，以重大传染性疾病、慢性非传染性疾病、中医药临床治疗具有疗效优势的常见病和疑难病为研发重点；开展中药预防、保健、康复作用的研究；选择疗效确切的传统中药进行深入细致的系统研究和开发（二次开发）；进行以中药为基源的药品、食品、保健品、化妆品和农用、兽用等高附加值的新产品研发；提高中药产品的质量标准和技术水平。 3. 标准化 形成国际认可的中医药标准规范体系，包括中药材、中药饮片、提取物及制剂的质量标准，中药生产和质量管理规范等，建立中药标准品（对照品）库等
2	《国务院关于扶持和促进中医药事业发展的若干意见》	国务院	2009—至今	1. 推进中医药继承与创新 整理既往技术方法和诊疗经验，总结中医药学重大学术创新规律；推动中药新药和中医诊疗仪器、设备的研制开发，加强重大疾病的联合攻关和常见病、多发病、慢性病的中医药防治研究。 2. 提升中药产业发展水平 优化中药产品出口结构，提高中药出口产品附加值，扶持中药企业开拓国际市场。加强中药管理，完善中药注册管理，充分体现中药特点，着力提高中药新药的质量和临床疗效。加强对医疗机构使用中药饮片和配制中药制剂的管理，鼓励和支持医疗机构研制和应用特色中药制剂。
3	《中医药事业发展"十二五"规划》	国家中医药管理局	2011—2015	1. 建设现代中药工业体系 中药工业生产关键技术、装备的研发与应用，开展以中药为基础的相关产品的研发，构建体现中药特点的生产、研发技术平台。 2. 加强中药产业创新能力 加强产业化转化，使疗效确切的新产品走向市场，提高中药新药的质量和临床疗效。研究传统名方组方规律，在此基础上研发新药；对已上市的传统名方中成药进行二次开发、技术改造和临床应用再评价研究；研究创新传统特殊制药工艺。 加强民族医药和中西医结合专科（专病）建设、诊疗技术研究与推广、标准化建设、信息化建设、民族药研发等，充分发挥特色与优势

续表

编号	政策名称	发布单位	起止时间	相关要点
4	《关于促进中医药服务贸易发展的若干意见》	商务部、外交部、教育部、科学技术部、财政部、文化部、卫生部、国家知识产权局、国家中医药管理局等	2012—至今	1. 发挥科技创新在推进中医药服务贸易中的作用 加强技术创新和新产品开发，加快中医药科技成果转化，提高整体科技含量，进而提高中医药服务贸易的质量和附加值。在中药出口方面，扭转以资源或原料为主的产品出口方式。 2. 加强中国传统医药领域的知识产权创造、运用、保护和管理 深入研究境外相关领域知识产权保护法律法规，结合我国传统医药产业发展实际，积极参与相关领域的国际谈判，加强对我国传统医药的知识产权保护；提高创新层次，促进核心专利的创造，支持在境外申请和运用专利，做好专利国际申请的资助
5	《中药材保护和发展规划（2015—2020年）》	国务院	2015—2020	1. 中药材技术创新 强化中药材基础研究，继承创新传统中药材生产技术，突破濒危稀缺中药材繁育技术，发展中药材现代化生产技术。 2. 构建中药材质量保障体系 提高和完善中药材标准，完善中药材生产、经营质量管理规范，完善中药材质量检验检测体系
6	《中医药健康服务发展规划（2015—2020年）》	国务院	2015—2020	以高新技术企业为依托，建设一批中医药健康服务产品研发创新平台，促进产品的研发及转化， 促进中药资源可持续发展，保护重要中药资源和生物多样性。 推动中医药健康服务走出去，发展中医药医疗保健、教育培训、科技研发等服务贸易，开发国际市场
7	《中华人民共和国中医药法》	第十二届全国人大常委会	2016—至今	保护中药饮片传统炮制技术和工艺，支持应用传统工艺炮制中药饮片，鼓励运用现代科学技术开展中药饮片炮制技术研究和开发传统中成药。 国家鼓励医疗机构根据本医疗机构临床用药需要配制和使用中药制剂，支持应用传统工艺配制中药制剂，支持以中药制剂为基础研制中药新药。 生产符合国家规定条件的来源于古代经典名方的中药复方制剂，在申请药品批准文号时，可以仅提供非临床安全性研究资料。

续表

编号	政策名称	发布单位	起止时间	相关要点
8	"健康中国2030"规划纲要	国务院	2016—2030	1.传承与保护 挖掘中医药经典医籍，继承历代各家学术理论、流派及学说，弘扬当代名老中医药专家学术思想和临床诊疗经验，挖掘民间诊疗技术和方药。 加强中医药非物质文化遗产的保护，建立中医药传统知识保护制度，制定传统知识保护名录。 2.技术创新与推广应用 融合现代科技成果，结合中药方剂，加强重大疑难疾病、慢性病等中医药防治技术和新药研发。 推广适宜技术，加强平台建设，促进医药成果转化推广
9	《中医药发展战略规划纲要（2016—2030年）》	国务院	2016—2030	加强对重大疑难疾病、重大传染病防治的联合攻关和对常见病、多发病、慢性病的中医药防治研究，形成一批防治重大疾病和治未病的重大产品和技术成果。 鼓励基于经典名方、医疗机构中药制剂等的中药新药研发。 促进中药工业转型升级。推进中药工业数字化、网络化、智能化建设，加强技术集成和工艺创新，提升中药装备制造水平，加速中药生产工艺、流程的标准化、现代化。 开展中医临床疗效评价与转化应用研究，建立符合中医药特点的疗效评价体系
10	《关于促进医药产业健康发展的指导意见》	国务院	2016—至今	开发现代中药提取纯化技术，研发符合中药特点的黏膜给药等制剂技术，推广质量控制、自动化和在线监测等技术在中药生产中的应用。在中医药优势治疗领域，推动经典名方二次开发及应用，研制一批疗效确切、安全性高、有效成分明确、作用机理清晰的中药产品
11	《中医药发展"十三五"规划》	国家中医药管理局	2016—至今	开展基于经典名方、院内制剂与成分清楚、疗效确切的新药（含民族药）研发，以及药食两用健康产品研发。 加强中药炮制技术传承研究。加强炮制机理、工艺与质量标准研究。 完善中医药标准体系。实施中医药标准化工程，重点开展中医基础通用标准、技术操作规范和疗效评价标准的制定、推广与应用

编号	政策名称	发布单位	起止时间	相关要点
12	《"十三五"中医药科技创新专项规划》	科技部、国家中医药管理局	2017—2020	1. 中药新药研发 围绕中医优势病种，针对发病机制复杂，目前尚未有效解决的疑难疾病，开展20～30个以经典复方、中医经方和院内制剂为主要来源的创新中药研发。 2. 构建中药材质量保障体系 在阐明中药炮制原理的基础上，构建独特的中药饮片质量标准体系；深入挖掘传统特色炮制技术，加强工艺及标准的管理
13	《"十三五"卫生与健康科技创新专项规划》	科技部、国家卫生和计划生育委员会、国家体育总局、国家食品药品监督管理总局、国家中医药管理局、中央军委后勤保障部	2017—2020	以中医传统理论为指导，结合现代科学技术和医学研究方法，开展中药制剂临床标准化、中药新药创制及中药大健康产品开发等研究。 充分发挥中医药的优势特色，选择恶性肿瘤、心脑血管疾病、慢性呼吸疾病、免疫性疾病、代谢性疾病、病毒性疾病、重大传染性疾病、老年性疾病、精神心理与心身疾病等疾病为研究对象，系统开展临床评价、疗效机制等研究，形成诊疗指南
14	《关于打赢脱贫攻坚战三年行动的指导意见》	国务院	2018—至今	实施中药材产业扶贫行动计划，鼓励中医药企业到贫困地区建设中药材基地
15	《关于对医疗机构应用传统工艺配制中药制剂实施备案管理的公告》	国家食品药品监督管理总局	2018—至今	未取得《医疗机构制剂许可证》或者《医疗机构制剂许可证》无相应制剂剂型的医疗机构可委托符合条件的单位配制，同时向委托方所在地省级食品药品监督管理部门备案
16	《关于做好医疗机构应用传统工艺配制中药制剂备案有关事宜的通知》	国家食品药品监督管理总局	2018—至今	抓紧完成中药制剂备案信息平台建设，加强对备案品种的事中事后监管，统筹做好传统中药制剂品种的审批与备案的衔接
17	《古代经典名方中药复方制剂简化注册审批管理规定》	国家药品监督管理局	2018—至今	对来源于国家公布目录中的古代经典名方且无上市品种的中药复方制剂申请上市实施简化审批
18	《关于加强中医药健康服务科技创新的指导意见》	国家中医药管理局、科技部	2018—至今	加强中医药健康服务理论与技术方法的研究，充分发挥中医药在疾病防治领域的优势特色，筛选研发出具有明显优势的新方药、新治法或新技术。 健全中医药健康服务标准体系，推进中医药健康服务国际标准制定

编号	政策名称	发布单位	起止时间	相关要点
19	《国家基本药物目录（2018年版）》	国家卫生健康委员会、国家中医药管理局	2018—2019	基本药物品种数量中的中成药品种（含民族药）由203种增加至268种，覆盖了更多中医临床症候，进一步高质量满足人民群众基本用药需求
20	《全国道地药材生产基地建设规划（2018—2025年）》	农业农村部、国家药品监督管理局、国家中医药管理局	2018—2025	推进科技创新，推进农科教合作，支持科研院校与道地药材生产基地共建技术创新平台，加快成果转化应用
21	《中华人民共和国药品管理法》	第九届全国人大常委会	2019—至今	以临床价值为导向，支持对人的疾病具有明确或者特殊疗效的药物创新，鼓励运用现代科学技术和传统中药研究方法开展中药科学技术研究和药物开发，建立和完善符合中药特点的技术评价体系，促进中药传承创新
22	《关于促进中医药传承创新发展的意见》	国务院	2019—至今	健全中医药服务体系；发挥中医药在维护和促进人民健康中的独特作用；大力推动中药质量提升和产业高质量发展；促进中医药传承与开放创新发展；改革完善中医药管理体制机制
23	《促进健康产业高质量发展行动纲要（2019—2022年）》	国家发展改革委员会、教育部、科技部、工业和信息化部、民政部、财政部、人力资源社会保障部、自然资源部、生态环境部、住房城乡建设部、商务部、文化和旅游部、国家卫生健康委员会、中国人民银行、国家税务总局、国家市场监督管理总局、国家体育总局、中国银行保险监督管理委员会、国家医疗保障局、国家中医药管理局、国家药品监督管理局	2019—至今	鼓励社会力量举办中医类医疗机构，支持中医科研机构、中医医疗机构和企业合作转化中医药研究成果，加快中医健康管理产品和中医诊疗设备商用化，简化古代经典名方中药复方制剂注册审批
24	《关于在医疗联合体建设中切实加强中医药工作的通知》	国家中医药管理局、国家卫生健康委	2019—至今	通过医联体建设，提升基层中医药服务能力，建立能够充分发挥中医治未病作用和中医药简、便、验、廉特色优势的机制

编号	政策名称	发布单位	起止时间	相关要点
25	《关于开展中医药服务出口基地建设工作的通知》	商务部、国家中医药管理局	2019—至今	积极扩大中医药服务出口，培育中医药服务出口新业态新模式，加快中医药服务商品化进程，培育市场主体激发市场活力，鼓励投资合作，搭建公共服务平台
26	《国家基本医疗保险、工伤保险和生育保险药品目录》	国家医保局、人力资源社会保障部	2019—2020	西药、中成药部分共收载药品 2643 个，中成药 1321 个，中药饮片采用准入法管理，共纳入 892 个。中西药基本平衡，中成药增加
27	《深化医药卫生体制改革 2020 年下半年重点工作任务》	国务院	2020—至今	促进中医药振兴发展，支持中医药传承创新发展，制定加快中医药特色发展政策措施。遴选发布一批中医优势病种和诊疗项目，鼓励引导医疗卫生机构提供中医药服务
28	《中共中央关于制定国民经济和社会发展第十四个五年规划和二〇三五年远景目标的建议》	第十九届中央委员会	2020—至今	中西医并重，大力发展中医药事业
29	《关于促进中药传承创新发展的实施意见》	国家药品监督管理局	2020—至今	促进中药守正创新，坚持以临床价值为导向。推动古代经典名方中药复方制剂研制，促进中药创新发展，鼓励二次开发。强化中药质量安全监管，强化技术支撑体系建设
30	《关于加快中医药特色发展的若干政策措施》	国务院	2021—至今	1. 提高中药产业发展活力 优化中药审评审批管理，完善中药分类注册管理，完善中药新药全过程质量控制的技术研究指导原则体系。 2. 加强中医药知识产权保护 完善中药商业秘密保护制度；在地理标志保护机制下，做好道地药材标志保护和运用；探索将具有独特炮制方法的中药饮片纳入中药品种保护范围

第二节　中药领域产业发展的重点

通过上述政策发布时间、位阶和发文内容分析可以看出，2007 年以来我国中药领域的政策可划分为三大阶段：2007—2009 年的总体规划阶段；2010—2016 年的领域细化阶段；2017 年至今的积极促进阶段。

以 2007 年的《中医药创新发展规划纲要（2006—2020 年）》为先导，其余的政策都是以 2009 年《国务院关于扶持和促进中医药事业发展的若干意见》为基础，对中药领域的发展从不同的角度进行了更深、更广的指导。2016 年作为"十三五"的开局之年，党中央及各级政府更是在中医药的发展规划上做出了新的突破，先后出台了《中医药发展战略规划纲要（2016—2030 年）》《"健康中国 2030"规划纲要》《中医药发展"十三五"规划》《中华人民共和国中医药法》《中国的中医药》白皮书等一系列政策文件及法律法规，关于中药领域政策的态度从扶持发展逐渐变为积极促进，说明我国的中药领域正处于快速发展和高质量发展的黄金期。《关于促进中医药传承创新发展的意见》和《关于加快中医药特色发展的若干政策措施》的颁布更是为中医药的传承创新带来新一轮的发展契机。通过梳理，可以看出中药领域的发展重点主要集中在以下几个方面：

一、加强中药产业创新能力

（一）中药基础理论继承与研究发展

开展中药药性理论、四气五味、归经理论、方剂配伍理论、中药复方药效物质基础和作用机理等研究，对中药道地药材、中药药性理论和方剂配伍理论进行科学表征，探索方剂多组分的药物代谢与相互作用关系，研究中药复方组成成分的量效、时效、谱效和毒效关系等[①]。

（二）构建体现中药特点的研发技术创新平台

以高新技术企业为依托，建立中药基础研究、复方药物作用机理、疗效及安全性评价、药理及代谢、药物相互作用、临床研究、制剂与质量控制、工艺、生产装备研制等专业技术平台，提高中药创新能力和研究水平。促进产品的研发及转化，充分体现中药特点，着力提高中药新药的质量和临床疗效[①②]。

（三）把握中药研发的重要源头

整理研究传统中药制药技术和经验，形成技术规范。明确经典名方、中医经方和院内制剂是中药研发的重要源头，对疗效确切的传统中药深入细致的系统研究和

---

① 中医药创新发展规划纲要［N］.中国中医药报，2007-03-22（3）.
② 国务院关于扶持和促进中医药事业发展的若干意见［N］.人民日报，2009-05-14（7）.

二次开发。《中医药法》明确给予了来源于古代经典名方的中药复方制剂，以及医疗机构配制的中药制剂品种更低的准入门槛：来源于古代经典名方的中药复方制剂，在申请药品批准文号时可仅提供非临床安全性研究资料；仅应用传统工艺配制的中药制剂注册管理由审批制改为报备制，进一步简化古代经典名方中药复方制剂的注册审批。

（四）加强中药工业关键技术的创新研究

开展中药饮片传统炮制经验继承及炮制工艺与设备现代化研究；开展中药提取、分离、浓缩、干燥、制剂、辅料生产技术集成创新的研究；借鉴现代制造技术、信息技术和质量控制技术，加强符合中成药生产特点的新工艺、新技术、新装备的研究开发，提高中药制造业的现代化水平。明确鼓励开展中药制造关键技术、中药高端制剂、中药炮制技术等相关研究[1]。

二、促进中药产业高质量发展

（一）加强中药材源头控制与全过程追溯

从源头加强中药材、中药饮片质量控制。加强和规范中药材、中药饮片的质量管理，明确质量控制研究相关技术要求。推进中药产地道地化、中药材种子种源化、中药种植生态化、产地加工一体化管理。同时加强生产全过程的质量控制，严格执行药品生产质量管理规范，建成中药材、中药饮片、中成药生产、流通、使用的全过程药品追溯系统。推动中药制药技术升级，鼓励生产企业逐步实现智能制造。

（二）促进中药资源的可持续发展

保护野生动植物资源，加强珍稀濒危品种的保护、繁育和替代品研究，促进资源恢复与增长。对中药新药开展资源可持续性评估，加强对中药资源的保护、研究开发和合理利用。从中药材基础研究、传统中药材生产技术继承创新、濒危稀缺中药材繁育技术的突破等方面进行中药材技术的创新。构建中药材质量保障体系。

（三）推动我国中医药标准化及临床疗效评价

制定中医药基础标准、技术标准，规范中医药名词术语、诊疗手段，建立疗效

---

① 中医药创新发展规划纲要［N］.中国中医药报，2007-03-22（3）.

评价标准、中药标准等。

明确指出要系统开展对中医药临床疗效的研究，开展中医临床疗效评价与转化应用研究，建立符合中医药特点的疗效评价体系。

（四）加强中医药知识产权保护，促进创新成果转化

重视中药领域的知识产权保护，加速制定中药领域发明专利审查指导意见，进一步提高中医药领域专利审查质量，推进中药技术国际专利申请。建立中医药传统知识数据库、保护名录、保护制度，将中药品种保护制度与专利保护制度有机衔接，完善中药商业秘密保护制度，强化适宜性保密，提升保密内容商业价值，加强国际保护。在地理标志保护机制下，做好道地药材标志保护和运用。逐步探索将具有独特炮制方法的中药饮片纳入中药品种保护范围。

建立知识产权和科技成果转化权益保障机制。引导企业、科研单位建立以知识贡献、价值贡献为导向的科技人才评价标准，强化科技创新创业、科技成果转化、知识产权收益分配、人事制度改革等政策实施，通过知识产权、无形资产、技术要素入股等方式加大对骨干人才的激励力度。支持中医科研机构、中医医疗机构和企业合作转化中医药研究成果，加快中药产品的商用化和产业化[①]。

三、加强中医药防治疾病研究，明确中医药防治疾病优势特色领域

加强重大疾病的联合攻关和常见病、多发病、慢性病的中医药防治研究，如：加强心脑血管病、糖尿病、恶性肿瘤、慢性呼吸系统疾病、肾病等重大慢性病和免疫性疾病、代谢性疾病、病毒性疾病、重大传染性疾病、精神心理与心身疾病等疾病的中医药防治研究，以及减少抗生素应用、中药替代及妇女儿童健康问题等的中医药防治临床研究[②]。系统开展临床评价、疗效机制、中医辨证论治诊疗能力提升，以及国医大师等名老中医学术思想与临证经验传承等研究，研制中医药诊疗方案、规范与标准，筛选研发出具有明显优势的新方药、新治法或新技术。制定药膳技术标准、中医保健技术规范等与保健相关的标准。充分发挥中医药治未病的主导作用，重大疾病的协同作用及疾病康复的核心作用。

---

① 邢伟．促进健康产业高质量发展助力推进健康中国行动［J］．健康中国观察，2020（02）：47-49.
② "十三五"卫生与健康科技创新专项规划［J］．血管与腔内血管外科杂志，2017，3（04）：919-930.

四、加快和促进民族医药产业发展

民族医药产业是中医药产业的重要组成部分，对民间医药知识和技术挖掘整理，加以总结和利用；开展民族医特色诊疗技术、单验方等整理研究、筛选推广。制定民族医药技术操作规范；加强民族医药和中西医结合专科（专病）建设、诊疗技术研究与推广、标准化建设、信息化建设、民族药研发等，充分发挥特色与优势。而民族医药产业是否能健康持续的发展，还需要支持疗效确切、原创性强的产品的产业化开发、鼓励企业采取新技术新工艺新设备，提升中药产品的科技含量和市场竞争力。

五、推动中医药走向世界，实现中医药开放发展

加强中医药知识和文化对外宣传，促进国际传播与对外交流。在医疗保健、教育培训、科研、产业、文化等方面推动一批中医药服务贸易重点项目，建设一批中医药服务贸易骨干企业（机构），创建若干个综合实力强、具有国际影响力的中医药服务贸易重点区域和海外中医药中心。

中医药作为构建人类命运共同体和"一带一路"国际合作的重要内容，要发挥科技创新在推进中医药服务贸易中的作用，提高中药产品的质量标准和技术水平，研制一批能够进入国际医药保健主流市场的中医药新产品，推动我国中医药标准向国际标准转化。形成一批中医药服务世界知名品牌，提高中药产业国际市场竞争力。增加出口产品的科技含量与附加值，扭转以资源或原料为主的产品出口方式。

从近年来国家陆续出台的若干法律法规等政策中，足以体现党中央政府对中药领域的倍加重视，我国中药事业将迎来天时地利人和的大好局面，我国的中药领域创新主体也将凭借这股春风，迎来美好的春天。

第二章

我国药品注册政策及新药发展概况

第一节 我国药品注册政策详解

一、政策沿革

药品作为一类特殊的商品，关乎人类的生命与健康。新药是指未曾在中国境内上市销售的药品。药品注册管理是药品管理中重要的组成部分，既需要从专业技术角度把关，又必须有严格的法律法规管理程序。鉴于历史上一些西方国家在使用化学药品过程中发生的一系列危害人类健康，造成致残、致死、致畸等严重恶性药害事件，迫使各国政府对新药的审批都采取慎重的态度并以立法的形式进行严格管理。我国的新药审批与管理制度，是在多年药品监督管理的工作实践及不断总结经验的基础上，借鉴国外先进的管理方式，并结合我国国情，逐步发展、提高完善起来的[①]。基于历史原因与行政结构的制约，导致我国药品审评审批的模式、理念、体系及运行机制上存在着诸多相互依附、互相掣肘的现象，引发了以监管部门为主导的供给侧与医药企业为主的需求侧之间的不平衡。历史性地回顾制度发展的轨迹，均呈现出问题倒逼改革的态势，我国关于药品生产上市申请的制度政策，也不断顺应市场宏观经济发展的变迁不断演变[②]。

（一）探索

新中国成立后，中央政府加强了对药品的管理理念。1963 年 10 月 15 日，卫生部、化工部和商业部联合颁布了《关于加强药政管理的若干规定（草案）》，这是关于新药管理的第一个单行规章，开启了新药的行政审批管理。1978 年 7 月 30 日，国务院批转颁发了卫生部起草制定的《药政管理条例（试行）》，为我国后续出台《药品管理法》奠定了基础。在当时的政治经济环境下，新药研发的立项、临床前研究、临床试验审批、临床试验实施和最终的生产上市许可全部由省、市、自治区卫生厅（局）主导，仅有重大和特殊药物由卫生部审批。但基于当时并无系统完善的监管

---

① 张孝法.我国药品注册审批制度的历史变革及解析［J］.中国中药杂志，2009，34（20）：2685-2688.

② 王轩，刘巨波，朱文涛.我国新药中化学药品生产批准上市申请审批制度历史演变与现状分析［J］.中国药师，2018，21（02）：314-317.

理念，该法规并未涉及很多有关新药完成临床试验后提出生产上市申请阶段所需提交的研究资料内容，以及对药品申请上市阶段的审评审批依据充分的解读。

（二）产生

1984 年 9 月 20 日，第六届全国人大常委会第七次会议通过了《中华人民共和国药品管理法》，并规定于 1985 年 7 月 1 日起实施。在药品注册和上市申请审批方面，1984 年版的《药品管理法》规定，完成临床试验或临床验证并通过鉴定的新药，由国务院卫生行政部门批准，发给证书。除生产中药饮片以外的新药，必须经国务院卫生行政部门批准，并发给批准文号。国务院卫生行政部门和省、自治区、直辖市卫生行政部门可以成立药品评审委员会，对新药进行审评，对已经生产的药品进行评价。这部法律在国内首次提出了在药品生产上市申请审批中采用批准文号制度，统一了新药的监管权力，提倡"国家鼓励研究创制新药"，并提出了"新药技术审评"的理念。虽然仍残留有计划经济的体制思想，但该部法规已经体现出当时的监管部门开始关注新药生产上市审评所需要的一些技术批准依据，并建立了初步的生产上市许可制度体系。另外，根据其对药品审评委员会的相关规定，1985 年 4 月 16 日，我国第一个国家级别药品审评机构——卫生部药品审评委员会办公室成立，即现在的国家药品监督管理局药品审评中心前身。为配套和细化当时的《药品管理法》，卫生部于 1985 年 7 月 1 日颁布了《新药审批办法》。这标志着我国的新药审批管理进入了统一以科学为基础的行政管理阶段。1989 年，《卫生部新药审批工作程序》发布实施，规范了新药审评程序，至此我国的新药审评制度基本建立。

（三）发展

在 1998 年的国务院职能机构调整中，国家医药管理局、卫生部药政局被撤销，建立了国务院直属的国家药品监督管理局（SFDA），新药审批工作也划归 SFDA。1999 年 4 月 22 日发布的《新药审批办法》（局令第 2 号）第五章明确规定"新药申报与审批分为临床研究和生产上市两个阶段"，并首次提出了相关申报资料的明确要求，对药品申请上市生产有着重大的技术指导性意义。

伴随着中国进入 WTO 及药品监管机构的调整，很多政策亦不再适用，根据 WTO 协议《与贸易有关的知识产权协定》（TRIPS）宗旨、准则和有关规定，2001 年 2 月 28 日我国重新颁布了修订后的《中华人民共和国药品管理法》。该部管理法中明确定位行政主体——"国家药品监督管理局是主管全国药品监督管理的机构"，规定药品的注册由 SFDA 统一管理，集中审评审批制度得到了确立。同时，该法规再次提及了鼓励创新的理念。2002 年 8 月 4 日中华人民共和国国务院令第 360 号发布了《中华人民共和国药品管理法实施条例》。2002 年 10 月 31 日，SFDA 发布《药品注册管理办法（试行）》（局令第 35 号）及其附件，首次引入药品注册的概念，我国正式有了针对药品注册过程中管理工作的统一指导文件，标志着我国的药品审评正式向规范化、专业化的方向迈进。与此同时，1999 年 4 月 22 日颁布的"新药审批办法"宣布废止。2005 年、2007 年、2013 年国家分别均对《药品注册管理办法》部分条款进行了一些适用性调整。

在党中央、国务院确立的"创新驱动"战略引领下，我国医药产业快速发展。然而我国药品注册领域仍然有许多问题待解决和规范，例如：①药品"僵尸文号"盛行，需要从注册阶段提高申报通过审评的门槛；②临床急需新药的生产上市审批时间过长，药品注册申请积压严重；③国产仿制药与原研药存在的实际质量差异，需要用科学、适应中国医药行业发展阶段的方式进行质量提升和把控；④中药的研发方式与化学药、生物药存在重大区别，原有的评审体系无法充分发挥我国中药的优势等。为了解决这一系列问题，近年来两次修订了《中华人民共和国药品管理法》，并不断发布并实施了一系列相关的法规。2015 年 4 月 24 日修订了《中华人民共和国药品管理法》。2016 年 2 月 24 日，国家食品药品监督管理总局（CFDA）发布《关于解决药品注册申请积压实行优先审评审批的意见》（食药监药化管〔2016〕19 号），指出药品注册申请通过专家审核论证、公示后纳入优先审评审批绿色通道，大大缩短了审评时限。2016 年 12 月 25 日中华人民共和国主席令第 59 号颁布《中华人民共和国中医药法》，并于 2017 年 7 月 1 日实施。2019 年 8 月 26 日，新修订的《中华人民共和国药品管理法》经十三届全国人大常委会第十二次会议表决通过，于 2019 年 12 月 1 日起施行，这次修改中，药品的注册分类不是为了分类而分类，而力求体现"鼓励创新，允许仿制，保障公众健康"的多赢目标，从分类管理的角度比较全面地兼顾了原研药品企业、仿制药品企业、患者及社会各方利益的平衡①。2019 年再次修订了《中华人民共和国药品管理法实施条例》。

二、现行中药注册的相关办法解读

药品注册分类看似简单，但其中对应着对不同类别药品开发上市的激励约束制

---

① 郭翔宇.药品注册分类的历史演进与我国药品监管理念的创新——新旧《药品注册管理办法》比较[J].医学教育管理，2020，6（03）：297-303.

度[①]。在 2016 年 3 月 4 日国家食品药品监督管理总局（现国家药品监督管理局）发布的《化学药品注册分类改革工作方案》之前，我国 2016 年前的药品注册分类依据的是 2008 年 10 月 1 日正式实施的《药品注册管理办法》。其中药品的注册分类比较复杂，逻辑关系显得有些混乱，形成了我国当时情势下特色的分类体系。其中涉及中药注册分类的部分体现为中药、天然药物注册分为 9 类。除此之外，当时我国对新药的界定较为宽泛，非常不利于甄别真正的"创新药物"，以至于国内部分学者认为中国的新药不新、外延太大，出现了许多所谓的"马甲新药"。创新药物的数量和质量代表一个国家的创新能力，当时的分类方法，既不利于监管，又会滋生"伪创新"，每年审批的所谓新药上市数量数以万计，而当时同期美国的原创新药与改良新药加起来不过几十个，新药的数量不具有国际可比性[②]。

随着医药行业的不断发展及药品审评审批制度改革工作的深入推进，药品注册程序、要求和相关管理工作等均发生了极大的调整，原《药品注册管理办法》的程序和要求不再适应新的要求，有必要进行修订。国家药品监督管理局通过多次公开征求《药品注册管理办法（征求意见稿）》，其中有关药品注册分类从 2017 年稿到 2019 年稿，再到正式稿进行了 3 次修改，可见其重要程度。最终，2020 年 1 月 22 日国家市场监督管理总局令第 27 号发布了新版《药品注册管理办法》，2020 年 7 月 1 日起正式施行。

此次修改强调开发新药以临床需求为导向，鼓励创新药，打击辅助用药和伪创新药，临床试验数据及机构自查也受到重视，以求提高审评审批质量、解决注册申请积压；优化审评审批工作流程，设立突破性治疗药物、附条件批准、优先审评审批、特别审批四个加快通道，明确审评时限，提高药品注册效率和注册时限的预期性；要求建立药品质量保证体系，对药品的全生命周期进行管理，开展上市后研究，承担上市药品的安全有效和质量责任；细化处罚情形，严厉打击数据造假等违法违规行为，营造鼓励创新的良好环境，利好创新药及相关产业。在上述修改中，与中药药品专利审查关系最密切的主要是以下三点。

（一）新的药品注册分类对中药给出了创新分类体系

2020 年版《药品注册管理办法》第四条："药品注册按照中药、化学药和生物

[①] 郭翔宇. 药品注册分类的历史演进与我国药品监管理念的创新——新旧《药品注册管理办法》比较[J]. 医学教育管理，2020，6（03）：297-303.

[②] 王轩，刘巨波，朱文涛. 我国新药中化学药品生产批准上市申请审批制度历史演变与现状分析[J]. 中国药师，2018，21（02）：314-317.

制品等进行分类注册管理。中药注册按照中药创新药、中药改良型新药、古代经典名方中药复方制剂、同名同方药等进行分类。"

与之相配套，还陆续公布了下述文件：2020年9月27日，国家药品监督管理局发布《中药注册分类及申报资料要求》明确：①中药注册按照中药创新药、中药改良型新药、古代经典名方中药复方制剂、同名同方药等进行分类，前三类均属于中药新药。中药注册分类不代表药物研制水平及药物疗效的高低，仅表明不同注册分类的注册申报资料要求不同。②为加强对古典医籍精华的梳理和挖掘，改革完善中药审评审批机制，促进中药新药研发和产业发展，将中药注册分类中的第三类古代经典名方中药复方制剂细分为"3.1 按古代经典名方目录管理的中药复方制剂（以下简称 3.1 类）"及"3.2 其他来源于古代经典名方的中药复方制剂（以下简称 3.2 类）"。3.2 类包括未按古代经典名方目录管理的古代经典名方中药复方制剂和基于古代经典名方加减化裁的中药复方制剂。③古代经典名方中药复方制剂两类情形均应采用传统工艺制备，采用传统给药途径，功能主治以中医术语表述。对适用范围不做限定。药品批准文号采用专门格式：国药准字 C+ 四位年号 + 四位顺序号。④ 3.1 类的研制，应进行药学及非临床安全性研究；3.2 类的研制，除进行药学及非临床安全性研究外，还应对中药人用经验进行系统总结，并对药物临床价值进行评估。注册申请人（以下简称申请人）在完成上述研究后一次性直接提出古代经典名方中药复方制剂的上市许可申请。对于 3.1 类，国家药品监督管理局不再审核发布"经典名方物质基准"统一标准。

2020年12月21日，国家药品监督管理局发布了国药监药注〔2020〕27号《关于促进中药传承创新发展的实施意见》。

可以看到我国对药品注册管理的标准在不断地提高和完善，药品注册管理不仅在一步步地走向规范法、法制化和国际化，并且还充分考虑了我国的国情、中药特色和医药卫生的实际需求，提升了我国药品注册管理的水平，均衡企业、患者及社会各方利益，建立了有中国特色的药物审批注册体系和办法，对我国医药行业健康发展将起到重要的引导与促进作用。如图 2-1，以创新为导向的分类体系，十分有利于药物注册分类与关注技术创新水平的专利制度的衔接与评价。

到底如何研发，选择何种类型的中药药品，制药企业可以根据自己的实力、规模、导向和特点进行选择，企业会理性地考量收益与投入之间的平衡。从长远看，受益的是患者及公众[①]。

---

① 王轩，刘巨波，朱文涛. 我国新药中化学药品生产批准上市申请审批制度历史演变与现状分析［J］. 中国药师，2018，21（02）：314-317.

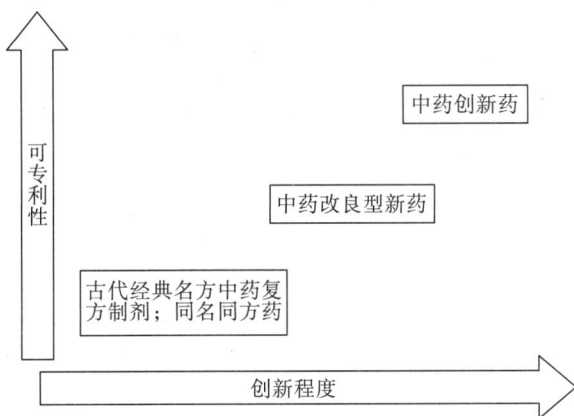

图 2-1　2020 年新药注册分类与可专利性程度的关系

（二）将改良药的分类从化学药领域扩展到中药领域

新的药品注册分类体系参考了以美国为代表的发达国家目前的现代药品注册管理制度，但又有所发展和创新。

美国的药品注册分类大体包括 3 种情形：创新药、改良新药和仿制药。之所以如此分类，这需追溯到美国 1984 年实施的《药品价格竞争与专利期补偿法》（Hatch-Waxman 法案）。该法案为了平衡原研药厂与仿制药厂之间的利益，美国国会通过了这项里程碑式的决策，引领美国的新药和仿制药研发与生产走向一个新的时代。出台的 Hatch-Waxman 法将新药审评分为 3 个路径：①第一路径，505(b)(1)，原创新药申请（NDA），主要是指新化学（分子）实体的注册申请；②第二路径，505(b)(2)，改良新药申请，改良新药可包括新活性成分（比如新酯、新盐、新螯合物等）、新剂型、新组合、新给药途径；③第三路径，505(j)，简化新药申请，以简化路径申报注册的新药就是人们常说的仿制药。需要强调的是：仿制药必须是质量与疗效与原研药"一模一样"，具有可替代性，而其他任何有稍许变化（比如剂量、剂型）的均不能称"仿制药"。在原创新药路径之外，开辟了一条仿制药的简化新药上市申请路径，准许同已上市的原研药同样活性成分、同样剂量、同样剂型的仿制产品，在原研药的专利保护和市场独占期失效后，主要通过与原研药进行生物等效性的比较研究，来证明仿制药与原研药同样安全有效及质量可控，并提交上市申请。

Hatch-Waxman 法案的实施不但极大简化并促进了仿制药上市，而且使用过程中通过仿制药替代原研药，对降低医药费用更具重要意义。除了"原研药"与"仿制药"，还有一种情形就是在原研药基础上，改变药物剂型、用药剂量、给药途径、给药系统等的"改良新药"。该法案为改良新药，其上市申请时需要进行部分临床前研究、部分临床试验，并需要再次开展相关的药物动力学和生物利用度研究，这样一来，改良新药所提交审评的数据就比原创新药少，但比仿制药要多。

为了鼓励创新，对于原研药厂而言，美国当年为了弥补 FDA 新药审批过程中的时间和药物临床研究中损失的部分专利独占期，以专利延长期（Patent term restoration）的形式进行补偿。同时，Hatch-Waxman 法案还提出对某些特殊药品给予适当的市场独占期，并对专利药物因行政审批造成的时间损失进行补偿。这一系列的措施，大大提高了原研药厂的研发积极性。

与此同时，为了鼓励仿制，对于仿制药企业，Hatch-Waxman 法案豁免了仿制药审批需要进行的 I 期至 III 期试验，并设置了针对仿制药（生物制品除外）专门的审批路径，这一申请程序节省了仿制药企业临床试验所需耗费的时间和金钱，也降低了社会平均成本；另外，第一个仿制药企业的"首仿药"还可以获得 180 天的市场独占权，这对于仿制药企业而言更具有吸引力。因而，Hatch-Waxman 法案既能激励创新，又能鼓励仿制，见表 2-1。仿制药上市许可后，在生物等效性的前提下，与原研药品按照同样药品生产质量规范（GMP）进行生产，可以达到临床用药互相替换，既促进了企业之间的竞争，又确保了患者利益，并且给了医师和患者多样的选择权①。

表 2-1　FDA 药品注册分类与政策激励

申报路径	注册分类名称	上市前需要进行的研究	专利保护	市场独占期
第一路径 505(b)(1)	原创新药	全部临床前研究、全部（I 期、II 期、III 期）临床研究	有	是
第二路径 505(b)(2)	改良新药	部分临床前研究、部分临床研究	有	是
第三路径 505(j)	简化新药	以生物等效性研究为主	无	大部分无（除首仿药）

现代制药工业体系建立后，美国早期上市的药品多为化学药，同生物制品相比，化学药品的结构相对简单，分子量相对较小，大多数产品比较容易做成原创新药的仿制药。但是，对于后来发展迅猛的"生物制品（生物药）"，由于其结构的特殊性，多为"生物大分子"，而且其对生产工艺及流程的要求极高，要做到结构一致、药学一致与临床一致，会遇到一定的挑战，于是人们提出了"生物类似药（Biosimilar）"的说法，以区别"化学仿制药"的概念。

———————
① 王轩，刘巨波，朱文涛. 我国新药中化学药品生产批准上市申请审批制度历史演变与现状分析 [J]. 中国药师，2018，21（02）：314-317.

基于科学的认知及不同的监管目标，不同国家地区药品监管部门对生物类似药与"生物制品创新药"疗效一致性的认可程度与倾向性不尽相同，这也决定了生物类似药上市的难易程度。欧洲生物类似药长达 10 年的用药经验证实，生物类似药与原研生物制品在安全性和有效性方面没有显著的差异，可以相互替代，而且其市场成功的经验也表明，药品付费方、医生和患者通过相互沟通协调，可以增加生物类似药的可及性，降低用药费用。目前，欧洲国家的生物类似药销售量最大，但生物类似药在美国尚未广泛使用，这也反映出欧洲与美国对生物类似物的认知态度及监管理念的差异[①]。

在 2020 年版《药品注册管理办法》第四条中，中药的顺序提到了化学药和生物制品之前，再次彰显了国家支持中药传承和创新、建立和完善中药特点的注册分类和技术评价体系、促进中药产业高质量发展的决心。新《办法》除了提出中药创新药和改良型新药的分类外，还明确提出"古典名方复方制剂"和"同名同方药"两个不同于化学药和生物制品特点的分类，这是《中医药法》后，中药的传承与发展的一项制度变革，形成了具有中药特点的注册分类体系。结合新《办法》第二章第十九条中要求申请人以临床价值和资源评估为导向进行注册申请，以及先前出台的《中医药法》第三十条也明确指出来源于古代经典名方的中药复方制剂，在申请药品批准文号时，可以仅提供非临床安全性研究资料，意味着这些中药产品的上市或许可豁免临床试验，或者仅仅通过真实世界研究的结论支持药品的安全性与有效性。另外，2018 年国家药品监督管理局会同国家中医药管理局组织出台的《古代经典名方中药复方制剂简化注册审批管理规定》，将针对经典名方采用更为灵活及符合中医药发展特点的审评审批规定，其注册管理模式会不同于化学药和生物制品，形成了独具特色的中药审评体系，在保证中药品种上市的安全性、有效性及质量可控性的同时，又充分发挥中药的特点和临床优势[①]。

根据 2016 年 3 月 4 日 CFDA 正式发布实施的《化学药品注册分类改革工作方案》，创新药强调含有新结构明确的、具有药理作用的化合物；改良型新药是在已知活性成分基础上，对其结构、剂型、处方工艺、给药途径、或增适应证，或组新复方等进行优化，强调具有明显临床优势的药品。

改良型新药是对已上市药品的改进，强调"优效性"，即相较于被改良的药品，具备明显的临床优势，所谓的临床优势简而言之，即"更加有效、更加安全、更加

① 王轩，刘巨波，朱文涛. 我国新药中化学药品生产批准上市申请审批制度历史演变与现状分析 [J]. 中国药师，2018，21（02）：314-317.

依从",这种优势基于差异化研究。改良型新药实质上是一种对上市后新药进行的二次开发。以这种模式开发的新药与完全从头研发的创新药相比,临床成功率的优势相当明显,由于被改良药品的结合靶点、作用机制、药效学数据、人体药代动力学数据、有效性证据和安全性特征均较为明确,因此,改良型新药的临床研发可借鉴已上市药品的临床开发经验,立足于明确的临床需求——如现有已上市药品疗效待提高、毒性待改善或给药方式待优化等,进行优化、开展必要的临床试验,通常在临床试验中对临床优势进行概念验证,并最终确证。改良型新药的开发成功率为新分子实体(NME)的 3.6 倍,即便与单抗等目前热点生物药相比,其成功率也是其 2 倍[①]。对于其中改良型新药(2 类新药)如何开展临床试验,国家药品监督管理局药品审计中心(CDE)在 2020 年 12 月 30 日发布并实施的《化学药品改良型新药临床试验技术指导原则》中亦予以明确的路径指导[②]。

中药改良药从研发构思上同样也可以参照化学药改良型新药的研发思路和研发途径。因此,改良型制剂将很可能会是我国未来 5 ~ 10 年药品研发的重点之一,有可能形成大量高价值的专利。

(三)药物临床试验管理的调整

新《药品注册管理办法》规定的临床试验范围是以药品上市注册为目的,为确定药物安全性与有效性在人体开展的药物研究。我国药品监管部门于 2017 年正式成为国际人用药品注册技术要求协调会(ICH)成员,标志着中国药品审评审批标准将与国际标准接轨,中国作为全球第二大经济体,是国际经济全球化的坚定支持者和维护者,实现药品国际临床数据互认是中国医药走向全球的必经之路[③]。在临床试验分期上,按照药物研发阶段分为 I 期~ IV 期和生物等效性试验;按照研究目的分为临床药理学研究、探索性临床试验、确证性临床试验和上市后研究。对于不同时期及不同研究内容的定义,则参照 ICH 相关指南中的具体定义和描述,对于临床试验开展过程中的具体技术内容不在正文中做要求,而是对临床试验审评审批的流程及临床试验获准后的管理做出了进一步要求,如:对于药物临床试验申请实施默示许可、生物等效性试验实施备案等审评审批流程,临床试验期间的各类报告、临床试验期间变更的申报流程及临床试验的暂停、恢复及终止程序等。同时,新《办

---

① 马乐伟.改良型新药渐成主力[N].医药经济报,2016-12-23(4).

② 刘桂明,黄超峰.新药研发专利保护策略[J].中国医药工业杂志,2018,49(11):1610-1614.

③ 张晓东,王庆利,周跃华,等.我国《药品注册管理办法》修订工作及有关思考[J].中国新药杂志,2017,26(13):1494-1497.

法》还增加了临床试验登记的相关要求。上述临床试验管理的程序和要求都是与原《药品注册管理办法》有所不同的。由于药物临床试验是药物疗效验证的核心环节，新的规定对研发者而言，尤其是改良药、中药研发者提供了一定的豁免部分实验的政策依据。

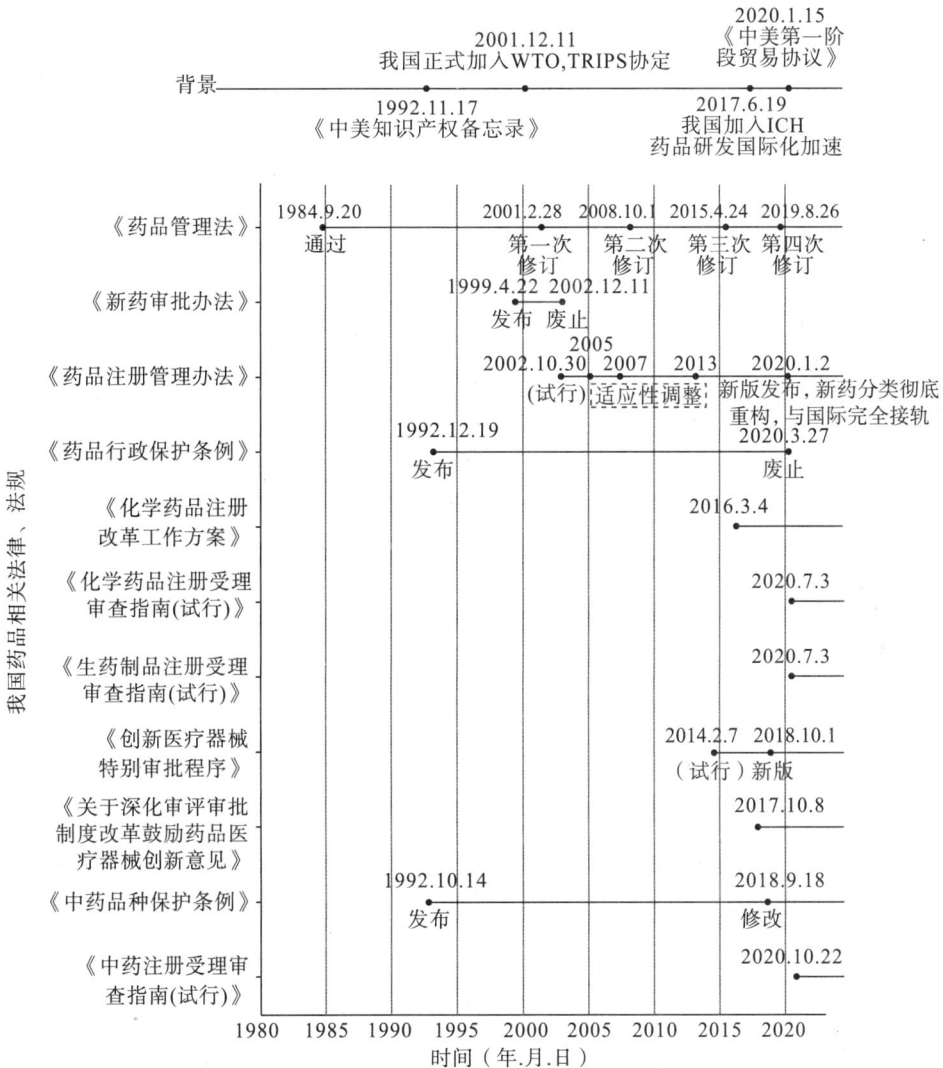

图2-2　我国药品相关法律、法规的演变历史沿革

第二节　中药新药的申请和审批现状

半个多世纪以来，我国创新药物的研发，先后经历了"九五"的创新政策萌芽期、"十五"和"十一五"前期的探索期、"十一五"后期和"十二五"的政策环

境基本形成期，以及"十三五"的政策环境发展完善期四个阶段。在这些阶段我国的药物研发和医药产业经历了跟踪仿制（20世纪50年代～20世纪90年代中期）、模仿创新（20世纪90年代中期～21世纪10年代中后期）等阶段，现正在向着原始创新（21世纪10年代中后期至今）的新阶段转变。

"十三五"以来，我国的医药制造业处于内部结构调整期：一是各子行业间比重在进行调整，生物药的快速发展是导致化学药、中药比重下降的重要原因；二是政府将继续医药分业改革和医保集采，不断推动普药药价大幅下降，并进一步增加了专利药（创新药）在整体药品开支中的比重，在各子行业中蕴涵丰富的创新机会。在这种整体趋势下，我国新药研究面临着新的调整，呈现出一些新的情况和特点。

一、我国创新药物的发展近况

为贯彻实施《国家中长期科学和技术发展规划纲要（2006—2020年）》，我国于2008年开始实施《重大新药创制》国家重大科技专项，针对恶性肿瘤、心脑血管疾病等10类（种）重大疾病开展创新研究，旨在自主研制和技术改造一批药物，完善国家药物创新体系，提升自主创新能力，从而加速我国医药研发由仿制向创制、医药产业由大国向强国的转变。专项实施以来，中央财政经费投入已达140多亿人民币，在新药创制、重大品种技术提升、药物创新平台体系建设、支撑医药产业快速发展、推动中药现代化进程等方面，取得了显著成效。

2006～2015年，我国批准上市的创新药的国际化程度较低，没有一个在美国、欧洲和日本上市。在此期间，我国中药现代化进程加快，"十一五""十二五"期间，共有21个中药创新品种获得新药证书，7个获临床批件，其中"十二五"期间13个品种获得新药证书，6个获临床批件。而"十三五"期间，尤其是2020年新的《药品注册管理办法》发布并实施后，中药和化学药、生物制品的创新环境都发生了巨大的变化。

评价制药产业创新能力的标准，最关键的就是创新药物的研发水平、研发数量和销售额。根据上述指标，通过统计我国2016年至2020年每年的中药、化学药和生物制品的申请数量、需要技术审评的数量可知，在我国化学药仍是新药申报的主力军，生物药申请量次之，中药申请量最低。与之相对应，每年我国审批上市的中药、化学药和生物制品的数量也呈现同样的趋势。

2020年CDE共承办新的药品注册申请以受理号计有10312个（含药械组合及

其他 65 件，以受理号计，数据统计截至 2020 年 12 月 31 日，下同），相比 2019 年增加了 27.6%；其中化学药受理 7907 个，占 2020 年全部注册申请受理总数的 76.7%，相比 2019 年增加了 22.1%；中药受理 472 个，占 2020 年全部注册申请受理量总数的 4.6%；生物制品受理 1868 个，占 2020 年全部注册申请受理量总数的 18.2%。2016—2020 年各类药品注册申请受理情况，详见图 2-3。

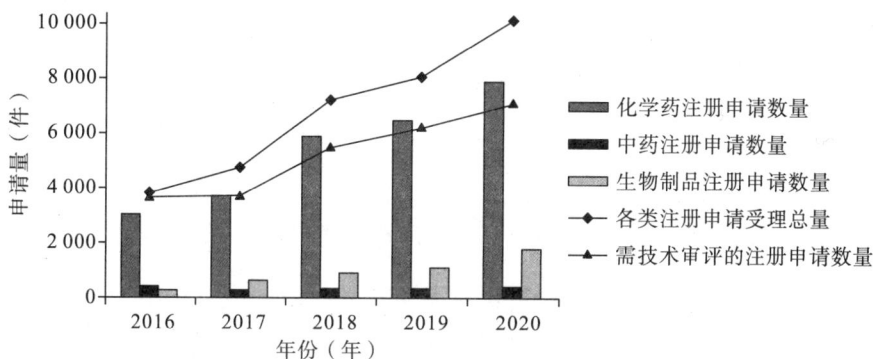

图 2-3　2016—2020 年我国创新药物申报情况

（数据来源：药审中心官网）

二、中药新药在国内的申请和审批现状

根据国家药品监督管理局药品审评中心（CDE）审评数据库的数据，从 2005 年到 2008 年，我国的 1 ～ 6 类中药新药注册申请新药研究申请（IND）的数量整体呈急速下降状态，从 2005 年的 179 件下滑到 2008 年的 74 件[①]。接着，从 2009 年到 2020 年这十多年中，不论新药的申请还是审批上市的数量，中药都远少于化学药和生物药，呈现出极度萎缩的情况。如图 2-4 可见，除 2013 年申请数量有所反弹外，2009 年到 2020 年中药新药注册申请 IND 的趋势进一步下降，从 2009 年的 71 件下滑到 2019 年的 14 件、2020 年的 15 件。尤其值得注意的是，2015 年批准上市的中药新药还有 7 个，但是接下来，2016 年、2018 年、2019 年各只有 2 个批准上市的中药新药，2017 年只有 1 个中药新药被批准上市。2020 年版新《药品注册管理办法》实施后，2020 年不仅化学药、生物药的上市量得到了增加，中药的创新环境也开始改善，当年新获批的中药新药的上市数量上升到 4 个。2021 年，12 个中药新药被批准上市，34 个中药被批准临床试验，是 5 年内获批中药新药和临床试验数量最多的

---

① 王玲玲，胡流芳，张晓东，等. 2005—2020 年申请临床试验中药新药的审评审批情况分析[J]. 中草药，2021，52（12）:3765-3774.

一年。可以看出，之前中药新药研发和审批的不利形势开始扭转。

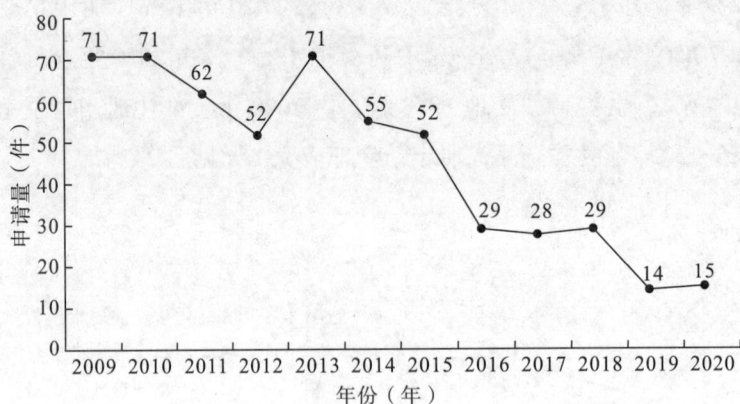

图 2-4　2009—2020 年中药新药注册申请（IND）的受理情况

从表 2-2 中我国 2009 年至今的国家基本药物目录中可以看出，近年来中成药的占比和数量都在快速提高。这是由于大健康时代来临，我国人口老龄化进程加快，健康服务业蓬勃发展，且儿童药、妇科药、涉疫中药等具有临床优势的中成药产品短缺、用药的需求增长，都反映出我国的公共卫生、人民群众对中医药服务的需求越来越高，对优质的中医服务和中药新药具有强劲的需求。我国旧的药物的研发和新药审批与之不能适应，不能满足人民基本用药需求，迫切需要继承、发展、利用好中医药，充分发挥我国的制度、科研等优势，扩大中医药在深化医药卫生体制改革中的作用，造福人类健康。

表 2-2　近年国家基本药物目录中各类药的占比

版本	中成药数量	化学药＋生物药数量	中药：（化学药＋生物药）
2009 年	102	205	1：2
2012 年	203	317	1：1.56
2018 年	268	417	1：1.5
2019 年	1321	1322	1：1
2020 年	1374	1426	1：1.04

（数据来源：国家医保局、人社部）

中药复方来源于临床并应用于临床，这是中药复方新药研发的重要特点。因此，将源于临床的中药复方作为开发起点，经过药学和生物学研究形成中药新药，再经临床试验，以循证中药学研究，获得更优的临床证据，然后实现其临床价值是中药复方研发的主要途径[1]。

————————
① 张铁军，刘昌孝. 新形势下中药新药研发的思路与策略［J］. 中草药，2021，52（01）：1-8.

　　临床经验方或者医疗机构制剂一般具有多年的临床应用历史，故成为中药新药开发的重要来源，其人用经验是研发成功率的保证。长期以来，医疗机构中药制剂在保障临床用药、弥补市场不足等方面发挥了重要作用。医疗机构中药制剂多源自本医疗机构内专家多年积累下来的中药处方，经过长期的临床检验，因疗效确切、价格相对低廉等而被患者所接受，是中医药的宝贵财富。医疗机构中药制剂是我国特有的一种制剂形式，从 20 世纪五六十年代开始应用于医疗机构，七八十年代快速发展，成为医疗机构用药的重要组成部分，可满足本医疗机构内的临床用药需求。医疗机构中药制剂的发展推动了其向中药新药的转化，是中药新药研发的重要来源之一。目前临床上使用的部分疗效确切的中成药即由医疗机构中药制剂研发和改良而来，如著名的三九胃泰颗粒、复方丹参滴丸、荆银颗粒等（表 2-3）。以医疗机构中药制剂为基础进行中药新药研发，是我国特有的、重要的新药研发路径[①]。

表 2-3　部分医疗机构中药制剂转化成中药新药的实例

药名	处方	研发单位	上市时间	剂型	功效
三九胃泰颗粒	两面针、黄芩、木香、地黄等	第一军医大学南方医院	20 世纪 80 年代	颗粒剂	清热燥湿、行气活血、柔肝止痛、消炎止痛、理气健脾
克痢痧胶囊	苍术、莘荑、丁香、白芷、细辛等	浙江玉环制药厂和台州地区医药科学研究所	20 世纪 80 年代	胶囊	解毒辟秽、理气止泻
壮骨关节丸	狗脊、淫羊藿、独活、骨碎补、续断等	第一军医大学	20 世纪 90 年代	浓缩丸、水丸	补益肝肾、养血活血、舒筋活络、理气止痛
龙牡壮骨颗粒	黄芪、党参、山麦冬、醋龟甲、炒白术等	湖北健民药业集团股份有限公司	20 世纪 90 年代	颗粒剂	强筋壮骨、和胃健脾
荆银颗粒	荆芥、金银花、四季青、鱼腥草、蒲公英等	上海中医药大学附属曙光医院	2009 年	颗粒剂	清热宣肺
复方丹参滴丸（原复方丹参片）	丹参、三七、冰片	解放军第 254 医院	1995 年	滴丸	活血化瘀、理气止痛
消渴丸	葛根、地黄、黄芪、天花粉、玉米须等	广州白云山中一药业有限公司	20 世纪 80 年代	浓缩丸	滋肾养阴、益气生津
六味五灵片	五味子、女贞子、连翘、莪术等	解放军第 302 医院	2006 年	片剂	益肾养肝、活血解毒
正天丸	川芎、白芍、地黄、当归、红花、桃仁等	第一军医大学	20 世纪 80 年代	水蜜丸	疏风活血、养血平肝、通络止痛

　　① 齐琪，许保海，陆洋. 基于医疗机构中药制剂研发策略与新药转化的思考［J］. 中国药事，2021，35（12）：1357-1363.

续表

药名	处方	研发单位	上市时间	剂型	功效
复方鳖甲软肝片	鳖甲、莪术、赤芍、当归、三七等	解放军第 302 医院	20 世纪 90 年代	片剂	软坚散结、化瘀解毒、益气养血
赤丹退黄颗粒	赤芍、丹参、葛根、瓜蒌等	解放军第 302 医院	2001 年	颗粒剂	凉血清肝、活血退黄
速效救心丸	川芎、冰片	天津第六中药厂	20 世纪 80 年代	滴丸	行气活血、祛瘀止痛
胃苏颗粒	紫苏梗、香附、陈皮、香橼、佛手等	江苏扬子江药业集团有限公司	20 世纪 80 年代	颗粒剂	理气消胀、和胃止痛
通心络胶囊	人参、蜈蚣、水蛭、酸枣仁、檀香等	河北以岭医药研究院	20 世纪 80 年代	胶囊	益气活血、通络止痛
妇科千金片	千斤拔、功劳木、穿心莲、鸡血藤等	湖南株洲千金药业股份有限公司	20 世纪 70 年代	片剂	清热除湿、益气化瘀
肝复乐片	党参、鳖甲、重楼、黄芪、大黄、桃仁等	湖南省肿瘤医院	20 世纪 90 年代	片剂	健脾理气、化瘀软坚、清热解毒
双丹明目胶囊	女贞子、墨旱莲、丹皮、茯苓、山茱萸、山药等	湖南中医药大学	（不详）	胶囊	益肾养肝、活血明目

根据药智网（https：//www.yaozh.com/）数据，按照 2007 年版《药品注册管理办法》中药、天然药物注册分类，2016—2020 年，共有 97 个中药品种获准开展临床试验，其中 1 类 3 个，5 类 3 个，6 类 84 个，7 类、8 类各 1 个。2016 年至 2020 年 5 月，共有 9 个中药新药获准上市，其中 6 类新药 8 个，5 类新药 1 个（见表 2-4）。而其中 6 类中药是指"未在国内上市销售的中药、天然药物复方制剂"，由此可见，近年来中药新药的申报方向仍然主要为中药复方制剂。并且从表 2-4 中可以看出上市的 8 个 6 类新药中，1 个是研究院开发的（来源待考证），1 个来自民间土方，3 个来自临床经验方（仍在医院使用），其余 3 个均来自医院院内制剂。可见，近年来中药复方的来源仍然是临床使用经验和院内制剂占了绝对优势。

表 2-4　2016—2020 年国家药品监督管理局批准上市的中药新药

药品名称	批准日期（年.月.日）	生产企业	备注
金花清感颗粒	2016.11	聚协昌（北京）药业有限公司	北京市政府科技攻关项目，曾获批医疗机构制剂在全市 26 家中医院及 23 家西医院的中医科使用
克疣毒软膏	2016.09	成都圣康药业有限公司	源于中医土方
丹龙口服液	2017.08	浙江康德药业集团有限公司	源于江苏省人民医院的院内制剂

续表

药品名称	批准日期 （年.月.日）	生产企业	备注
关黄母颗粒	2018.02.02	通化万通药业股份有限公司	由中国民药研究开发中心开发研制的中药6类新药，2007年技术转让通化万通药业接续开发研制
金蓉颗粒	2018.12.28	广州奇绩医药科技有限公司	源自广东省中医院乳腺科林毅教授多年经验方，在广州中医院应用多年的医疗机构中药制剂消癖口服液基础上研制
芍麻止痉颗粒	2019.12.25	天津天士力制药股份有限公司	临床经验方
小儿荆杏止咳颗粒	2019.12.27	湖南方盛制药股份有限公司	源于湖南中医药大学第一附属医院欧正武教授治疗小儿外感咳嗽经验方
桑枝总生物碱片	2020.03.27	北京五和博奥药业有限公司	来源于临床的天然药物
连花清咳片	2020.05.17	石家庄以岭药业股份有限公司	吴以岭院士临床经验方

　　原《药品注册管理办法》实施期间（2007—2009年），中药新药申请的注册类别分布极不均衡，主要涉及第1、5、6类，以第6类占据绝大部分比例（80.5%），无第2、3、4类中药批准上市。这与我国中药新药研发实际有关：一方面，第2、3、4类中药，即新发现的药材及其制剂、新的中药材代用品、药材新的药用部位及其制剂，缺乏人用历史，开发难度和风险大，企业积极性不高；另一方面，第1、5、6类中药的研制均不同程度受中医临床的启发，申请和批准最多的第6类中药主要源自临床实践，有丰富的人用基础，在新药申报过程中可获得非临床药效学研究，甚至临床试验的减免，企业积极性更强。总体而言，在《办法》2007年版实施后期，我国中药新药注册的申请和审批现状不甚理想。而目前我国中药新药研究申请（IND）低受理量的现状，间接反映了当前符合中药特点的研发与技术评价体系及监管政策等，均存在潜在的问题或缺陷，也直接引发近年来对中药产业未来创新发展的担忧。而这种情况在2020年新版《药品注册管理办法》中药有关的配套文件"中药注册分类及申报资料要求"对"中药创新药"（1.1、1.2和1.3类）规定的具体内容看，实际与2007年版《办法》中药新药规定的范围类似，1.1类的内容基本囊括在原第6类中药新药当中，1.2类和1.3类则分别包括了2007年版《办法》的第1、5类和第2、3、4类中药[1]。上述修改对中药复方的新药申请和上市起到了较大的促进作用。

　　国家药品监管部门愈发重视人用经验对于中药审评的支持《药品注册管理办法》第十三条中提到建立药品加快上市注册制度，支持以临床价值为导向的药物创新。

　　① 瞿礼萍，陈杨，王筱竺，等.2007—2019年国内中药新药注册的审批情况分析［J］.中草药，2021，52（03）：894-901.

2020 年 1 月，国家药品监督管理局发布《真实世界证据支持药物研发与审评的指导原则（试行）》，提出对于名老中医经验方、中药医疗机构制剂等已有人用经验药物的临床研发，在处方固定、生产工艺路线基本成型的基础上，可尝试将真实世界研究与随机临床试验相结合，探索临床研发的新路径。2020 年 9 月 28 日国家药品监督管理局发布的《中药注册分类及申报资料要求》的临床研究资料部分，对中药创新药、中药改良型新药、古代经典名方中药复方制剂均给予了中药"人用经验"的证据要求做出了明确规定和豁免情况，引入真实世界研究作为中药人用经验的来源，允许注册申请人申请其作为支持中药上市的证据，通过构建中医药理论—中药人用经验—临床试验三结合的审评证据，凸显出中药新药的研发规律——从临床经验方到医疗机构制剂，再由医疗机构制剂到中药新药。

2020 年 3 月 18 日，中国首个治疗新冠病毒感染的中药化湿败毒颗粒获得国家药品监督管理局临床试验批件。抗击新冠的"三药三方"中的化湿败毒颗粒正是源于经典名方，其由于疗效突出成为新药开发的典型代表。该药物组方在《伤寒论》方麻杏石甘汤、《感证辑要》引《医原》方藿朴夏苓汤、《金匮要略》方葶苈大枣泻肺汤等的基础上化裁而成，具有严密的新药创制思维和创新意识[①]。其研发是国家首批中医医疗队在金银潭医院及东西湖方舱医院的实际救治过程中，医疗队在"边救治，边总结"过程中逐步形成的。从临床上看，通过对 75 例重症病人使用化湿败毒方效果观察发现，它在核酸的转阴和症状的改善方面是有显著差异。医务人员在方舱医院做了 452 例的临床随机对照试验，结果显示化湿败毒方在核酸转阴及症状改善方面也有显著性差异，在将军路卫生院中的 124 例临床也有显著差异。中国中医科学院与中国医学科学院医学实验动物研究所秦川研究员合作开展的科学评测也证实了这一点。用此方治疗冠状病毒感染小鼠模型，能够将小鼠肺部病毒载量降低 30%，对小鼠肺部炎症的改善也有显著效果。通过与中国科学院遗传与发育生物学研究所研究员王秀杰合作的一项生物信息学研究发现，化湿败毒方构成的 14 味药中有 10 味药与新冠病毒的 Mpro 及 Spike 蛋白有结合力，其余 4 味中药主要体现在对免疫、炎症及相关信号通路的影响[②]。上述中医理论、人用经验、科学实验研究的综合验证，使得该方首个获得针对新冠病毒感染的中药临床研究批件。

2021 年 3 月 2 日，国家药品监督管理局通过特别审批程序应急批准中国中医科学院中医临床基础医学研究所的清肺排毒颗粒、广东一方制药有限公司的化湿败毒颗粒、山东步长制药股份有限公司的宣肺败毒颗粒上市。清肺排毒颗粒、化湿败毒

---

① 胡睿.中药注册申报新增 3.2 类首个复方制剂获批上市［N］.医药经济报，2021-04-05（6）.
② 付丽丽.化湿败毒颗粒获首个治疗新冠肺炎中药临床批件［N］.科技日报，2020-03-23（1）.

颗粒、宣肺败毒颗粒均来源于古代经典名方，是新冠病毒感染疫情暴发以来，在抗疫临床一线众多院士专家筛选出有效方药的成果转化。同时也是 2020 年 10 月国家药品监督管理局正式对外发布《中药注册分类及申报资料要求》（2020 年第 68 号）对中药注册分类改革后，首次按照新增加 "3.2 类其他来源于古代经典名方的中药复方制剂" 路径获批上市的品种。清肺排毒颗粒用于感受寒湿疫毒所致的疫病，化湿败毒颗粒用于湿毒侵肺所致的疫病，宣肺败毒颗粒用于湿毒郁肺所致的疫病。清肺排毒颗粒、化湿败毒颗粒、宣肺败毒颗粒的上市为新冠病毒感染治疗提供了更多选择[①]。这是我国正在按照 "中医药理论、人用经验、临床试验" 三结合的原则，指导中药复方新药研发工作，并将逐步建立起 "三结合" 的基于中医药自身发展规律的中药新药审评证据体系和具有中国特色的中药注册审评审批模式的探索实践[②]。

三、我国中成药国际注册的进展情况

目前，我国中医药已传播至 196 个国家和地区，29 个国家和地区设立了传统医学法律法规；我国与 43 个国家、地区和国际组织签署了中医药合作协议，并被纳入 16 个中外自贸协定中。中药以膳食补充剂或健康食品的身份进入海外主流市场更为容易，如：在澳大利亚市场，经粗略统计，以补充药物身份注册的中药品种超过 100 个；在美国市场，以膳食补充剂身份注册的中药产品近 100 个[③]。但是一直以来，中药能否以药品身份获得欧美主流医药市场准入是国内药企关注的焦点[④]。但是因为医学理论体系、传统药物使用习惯、法律法规政策等影响[⑤]，作为附加值较高的中成药产品，其在欧美市场注册上市始终没有重大突破。

随着中医药理念的国际传播，以药品身份进入全球市场的中药产品日渐增多，例如：地奥心血康胶囊是首个在欧盟以传统草药身份注册成功的中药；逍遥片是国内首例通过欧盟传统植物药注册的复方中药品种；丹参胶囊、板蓝根颗粒、愈风宁心片在欧盟以传统草药的身份注册成功；抗病毒口服液、胆宁片、乐脉颗粒以天然

① 张梦雪.中医抗疫 "三方" 获批中药新药上市［J］.中医药管理杂志，2021，29（05）：45.

② 瞿礼萍，陈杨，王筱竺，等.2007—2019 年国内中药新药注册的审批情况分析［J］.中草药，2021，52（03）：894–901.

③ 2022 年我国中药类产品进出口情况分析［EB/OL］.（2023–03–31）.http：//www.cinic.org.cn/xw/cjfx/1419918.html.

④ 刘卉.中成药走进欧美：国际审评思路分析及获批品种经验［N］.医药经济报，2017–08–29（7）.

⑤ 王梦昕，刘国秀，史楠楠，等.我国中药产品对美出口贸易现状分析及发展战略思考［J］.世界中医药，2021，16（07）：1166–1171+1175.

药品身份在海外注册成功[①]。

上海和黄药业生产的胆宁片，成分为大黄、虎杖、青皮、陈皮、郁金、山楂、白茅根，源自龙华医院顾伯华、徐长生教授验方，由朱培庭教授与上海中药制药一厂历经八年共同开发、研制而成，该药具有疏肝利胆、清热通下的作用，为国家级三类新药。和黄药业围绕着胆宁片，进行了持续的现代化研究。2016 年 12 月胆宁片获得加拿大天然药品上市许可，2019 年 7 月上海和黄药业获批加拿大境外生产场地认证（FSRN），成为国内率先获得加拿大卫生部颁发 FSRN 证书的中药生产企业。胆宁片境外生产场地认证获批得益于上海和黄药业成功地制定了胆宁片国际标准，实现了在《中国药典》标准基础上的提升，包括定性检测指标的完善、定量检测指标含量区间的建立、重金属和农残指标的建立、微生物指标的增加及保证产品质量一致性指标的建立等，较好地实现了与国际药品生产质量管理规范的对接。胆宁片在加拿大注册成功的重要意义，在于探索了体现中医药理论的大复方中药制剂以药品身份并通过合法途径走向国际的可行路径，这条路径的核心是国外药品审评部门对复方中药在国内的基础研究、临床评价等中药现代化研究证据的认同。这是适合我国中药行业现状和实情的一条可行路径，这条路径可以打开我国中药国际化的广阔空间，值得在中药行业借鉴和推广，具有重要的示范意义[②]。

虽然目前我国药企现已有多种中药获得美国食品药品管理局（FDA）批准开展Ⅲ期临床研究，包括上海现代中医药股份有限公司的扶正化瘀片、天士力的复方丹参滴丸、绿叶制药的血脂康等已在美国 FDA 申请注册认证，还有穿心莲提取物、桂枝茯苓胶囊、杏灵颗粒、威麦宁胶囊、连花清瘟胶囊、康莱特注射液和康莱特软胶囊等也处于不同的临床试验阶段，但是至今却仍然没有一例中成药在美国以植物药名义上市成功。

目前，FDA 已批准上市的植物药仅有两个。第一个是 2006 年 10 月 30 日 FDA批准了绿茶多酚提取物 Veregen（酚瑞净）软膏作为新的处方药，用于局部（外部）治疗由人类乳头瘤病毒引起的生殖器疣。这是 FDA 根据 1962 年药品修正条例首个批准上市的植物（草本）药，该药由德国 MediGene 公司开发，由 Bradley 制药公司负责美国市场，在 2007 年下半年在美国上市，预计此药在美国的销售额将超过 1 亿美元，MediGene 公司又通过授权给多个国家和地区进行该产品销售。而直到 2012

年 12 月 31 日，FDA 才批准第二个植物药，巴豆提取物 Fulyzaq[①]。

Veregen 是由中国医学科学院院士程书钧研究发明的。1984 年，程书钧院士的研究团队开始研究绿茶儿茶素抗突变、抗癌变作用及其机理，结果表明绿茶儿茶素有明显的抑制皮肤炎症、增生、抑制皮肤乳头状瘤发生等作用。1990 年，中国医学科学院与日本三井农林株式会社签订合作协议，在三井的资助下展开进一步的临床研究，并通过与三井农林株式会社合作，申请了国内专利和许多国外专利，同时为绿茶儿茶素制定了符合规定的质量控制标准。1999 年，茶多酚迎来了非常关键的一次合作，与德国的生物制药上市公司 MediGene 签署合作、转让协议，由这家公司出资进行临床 Ⅱ、Ⅲ 期试验，从 1999 年到 2004 年，MediGene 在欧洲及北美各进行了 500 人的临床试验，结果与程书钧及其同事在国内临床试验的数据惊人的相似。最后便是 FDA 复杂严格的审批过程，2006 年 10 月 31 日，FDA 宣布批准茶多酚上市用于治疗外生殖器和肛周尖锐湿疣。该制剂是 10% 绿茶多酚提取物的外用软膏剂[②]。

此外，还有一个源自中药复方的一个治疗创伤、烫伤、糖尿病足的溃疡愈合的瘾伤敷料（Suile）2004 年以医疗器械获得了 FDA 的批准在美国上市。该药物是由台湾友合生化科技股份有限公司根据陈俊廷、陈俊斌兄弟的祖传治疗烧烫伤的秘方（五倍子和冰片）开发的，进一步使用次没食子酸铋替换五倍子，使用次没食子酸铋和龙脑组成的新组合物进行了药物的开发，申请并获得了我国台湾地区的专利，还取得了包括我国大陆在内的多地专利，如美国、加拿大、欧盟、韩国、日本等。

欧盟于 2004 年颁布了其现行的传统草药药品（Traditional Herbal Medicinal Product，THMP）2004/24/EC 法令，针对具有长期传统应用但缺乏现代研究证据的 THMP 实行简化注册，减免了产品通用技术文件（Common Technical Document，CTD）申报资料中的"非临床"与"临床"研究部分，只需采用文献、专家证据和安全性综述与报告，证明产品具有充分的传统应用及安全性，大大降低了注册难度。这使得包括复方产品在内的大量 THMP 获得了欧盟药品市场准入机会[③]。与中国、美国等独立国家有所不同，欧盟药品监管具有集中和分权并存的特点，其对药品上市注册审批的方式包括两种：一是由欧洲药品局（European Medicines Agency，

①　资康源. 你知道吗？茶多酚是 FDA 批准的第一个植物药［EB/OL］.（2017-06-09）.https://www.sohu.com/a/147342231_99902911.

②　美通社. 上海和黄药业胆宁片获批加拿大境外生产场地认证［EB/OL］.（2019-09-26）.https://baijiahao.baidu.com/s?id=1645978865748995256&wfr=spider&for=pc.

③　司富春，高燕. 加快推进中医药国际化发展研究［J］. 中医研究，2021，34（07）：1-4.

EMA）负责集中审批，二是由欧盟各成员国药品主管部门（National Competent Authorities，NCAs）单独审批。2004/24/EC 法令规定 THMP 的注册申请只能递交至欧盟各成员国，由 NCAs 负责产品的审批工作。

2017 年 8 月，香雪制药的全资子公司香雪剑桥中药国际研究中心向英国药品和健康产品管理局（MHRA）递交的用于缓解感冒及流感的板蓝根产品注册申请获得正式审评批准，成为首家按照欧盟指令要求申报中成药的中国药企，这也是中国中药国际化发展的里程碑事件。但是，目前由我国企业申请的进入欧盟的中成药产品中仅有三例单方药的有效成分提取物，分别是地奥集团的地奥心血康胶囊（荷兰）、天士力的丹参胶囊（荷兰）和香雪制药的板蓝根颗粒（英国）。欧盟颁布实施 2004/24/EC 法令以来，对于已在欧盟注册上市的 1500 余个传统植物（THMP）药产品而言，中成药产品进入国际主流市场的能力仍然十分薄弱[①]。

此外，还有两种由国外公司申请的在欧洲获批上市的中成药。英国凡诺华（Phynova）公司缓解肌肉疼痛片于 2015 年 3 月成为首个由 MHRA 批准的中药产品，该药物的成分主要是豨莶草。藏药 Padma Circosan 胶囊，是唯一的源于中国传统医药领域在欧盟获批的复方产品，由瑞士白玛（PadmaAG）公司生产和申报，分别获得了奥地利和英国药品主管部门的注册批准。Padma Circosan 胶囊的前身为该公司最畅销的产品二十八味莲花丸（Padma28），表 2-5 显示了该药物的药味组成。临床上，Padma28 多被用于外周循环障碍性疾病（Peripher Alarterial Occlusive Diseases，PAOD），也被用于心绞痛、乙型肝炎、呼吸道或肺部感染、多发性硬化、牙髓炎等疾病。Padma28 的片剂在 20 世纪中期已进入欧盟市场，1977 年在瑞士以药品身份上市并纳入现代药物警戒体系监管，距其申请日期已超过 30 年，在波兰药品市场销售也超过 15 年。欧盟颁布实施 2004/24/EC 法令后，Padma28 的胶囊剂也于 2008 年在瑞士获得批准。瑞士白玛公司在 Padma28 原配方基础上去掉有毒药物乌头重新命名为 "Padma Circosan" 并进行简化注册，最终分别于 2010 年和 2013 年作为 THMP 在奥地利（HERB-00037）和英国（THR39568/0001）成功获批。根据奥地利和英国药品主管部门公布的产品特性摘要（Summary of Product Characteristics，SPC），Padma Circosan 在奥地利和英国均作为非处方药上市，剂型均为硬胶囊，用法用量为每次口服 2 粒，每日 3 次。略有不同的是，该产品在奥地利批准的适应证为传统应用于手足厥冷、刺痛和蚁行感、行走不适，以及经排除严重情况下的轻度外周循环障碍性疾病，销售方式仅为药房销售；而该药在英国的适应证为传统应用

---

① 王梦昕，刘国秀，史楠楠，等 . 我国中药产品对美出口贸易现状分析及发展战略思考［J］. 世界中医药，2021，16（07）：1166-1171+1175.

于缓解雷诺综合征及微循环障碍相关的下肢沉重感、疼痛、水肿、痉挛等症状，销售方式除药房销售而外，还包括其他零售渠道 ①。

表 2-5　Padma28 的药味组成

序号	中文名	英文名	含量/胶囊（mg）
1	木香	Costus root	40
2	冰岛藓	Iceland moss	40
3	印楝果	Neem fruit	35
4	小豆蔻果	Cardamom fruit	30
5	诃子	Myrobalan fruit	30
6	紫檀	Red sandalwood	30
7	甜胡椒	Allspice	25
8	印度枳	Bengal quince	20
9	石膏	Gypsum	20
10	耧斗菜	Columbine	15
11	甘草	Liquorice root	15
12	车前草	Ribwort plantain	15
13	两耳草	Knotgrass	15
14	蕨麻黄金草	Potentilla golden herb	15
15	丁香	Clove	12
16	山奈	Kaempferia galangal rhizome	10
17	心叶黄花稔	Heart-leaved sida	10
18	缬草根	Valerian root	10
19	油麦菜	Lettuce leaf	6
20	金盏花	Calendula flower	5
21	樟脑	Camphor oil	4
22	乌头	Monkshood	1

国内有学者曾提出欧盟约定俗成只接受由少于 5 味草药组成的复方产品，并建议将药味组成控制在 3 味或以下，否则将被欧盟要求提供拆方试验以证明产品组方中每味草药分别对产品适应证所发挥的治疗作用。据欧盟披露数据，至 2016 年欧盟各成员国所批准的 630 个复方 THMP 注册申请中，由 2 ～ 4 味草药的申请数量合计 493 个，占整个复方申请总数的 78%；同时，尚有 111 个组方超过 5 味药、26 个组方超过 10 味甚至 20 味药的大复方产品获得批准。虽然这些产品当中绝大多数为欧

---

① 瞿礼萍，曾洁，黄倩倩，等 . 藏药 Padma Circosan 胶囊对复方中药产品欧盟简化注册的启示 [J]. 中草药，2019，50（18）：4511-4516.

洲本土草药，但足以说明欧盟对复方，甚至大复方草药药品是完全接受的①。本文注册实例 Padma Circosan 的组方有 21 味之多，MHRA 亦并未要求提供或补充拆方实验研究资料。可见，无论单方还是复方中药产品，在满足欧盟对药品质量控制和生产条件要求的基础上，只要具有前述充分的安全性与传统应用资料和证据，均可获得欧盟 THMP 注册批准。复方中药产品欧盟注册申请中非临床与临床部分的核心内容实质仍为产品安全性资料和传统应用证据这两部分，这与单方产品是相同的①。

中药在欧美注册较少深层次的原因之一是欧美注册成本相对较高，审评要求也高。据总部设在英国的自然健康联盟估计，即便是欧盟制药企业，注册一种植物药的费用也需 8 万～ 12 万英镑，约合 86 万～ 130 万元人民币，这对销量较大的植物药产品来说尚可接受，但一些小企业恐怕要因此拒之门外。并且我国很多传统中药产品需要进行二次研发，还需要投入较大的研发资金，而往往上市之后短期内的销售难以回本甚至创造利润，企业积极性不高②。

新型冠状病毒疫情防控给中药产品拓展海外市场带来机遇。如佛慈制药的藿香正气丸、防风通圣丸、小柴胡汤丸收到乌兹别克斯坦卫生部颁发的药品注册证书；步长制药的宣肺败毒颗粒先后在加拿大、乌兹别克斯坦和哈萨克斯坦等国卫生部成功注册并获准上市销售；广东一方的化湿败毒颗粒先后获得阿联酋植物药紧急产品标准注册、柬埔寨卫生部药品注册证书③。

疫情期间，2020 年 4 月 12 日，以岭药业的连花清瘟胶囊 / 颗粒获得国家药品监督管理局批准在原批准适应证基础上，增加治疗"新型冠状病毒肺炎轻型、普通型"的新适应证④。目前，连花清瘟胶囊已在巴西、印度尼西亚、加拿大等十多个国家和地区，分别以中成药、药品、植物药、天然健康产品、现代植物药、天然药物等身份注册获得上市许可，为中医药国际影响力的提升做出了贡献⑤。

① 王梦昕，刘国秀，史楠楠，等.我国中药产品对美出口贸易现状分析及发展战略思考[J].世界中医药，2021，16（07）：1166-1171+1175.
② 张梦雪.中医抗疫"三方"获批中药新药上市［J］.中医药管理杂志，2021，29（05）：45.
③ 2022 年我国中药类产品进出口情况分析［EB/OL］.（2023-03-31）.http：//www.cinic.org.cn/xw/cjfx/1419918.html.
④ 张路，孔令杰，张傑，等.新型冠状病毒肺炎诊疗方案的修订历程及法医学贡献［J］.法医学杂志，2020，36（06）：841-847+851.
⑤ 曹学平.海外注册再下一国 以岭药业国际化进程再提速［N］.中国经营报，2020-12-14（B11）.

第三章

我国中药创新的研究方向

第一节 我国主要中药创新主体

我国当前中医药创新体系基本以中医药高等院校、中医药科研院所、中医医院、名老中医、中药企业为典型创新主体，综合性科研机构、综合性高等院校、综合性医疗机构等主体参与，中医药创新体系基本构建完善。

一、中药企业

随着中医药领域的支持政策陆续出台，中药创新已步入了快速发展的阶段，对企业的激励作用也将持续增强，企业对中药科技创新高度重视，这从中药企业不断加大研发投入和中药新药申报上市数量不断增长可以看出。根据药智网显示，2022年前三季度 A 股中药企业研发投入合计 64.13 亿元，相较于 2021 年同期增长了 13.63%，13 家企业研发投入占总营收比重超过 5%。

二、高等院校、科研院所

从我国中医药创新科学研究工作的主要承担主体来看，中医药高等院校和科研院所是我国中药科技创新的主力军。全国中医药高校科技经费投入整体呈波动增长趋势，2011—2017 年科技经费介于 13.21 亿元至 19.84 亿元之间，研究与发展人员数达 16832 人[1]。我国中医药科研院所达 72 家，2018 年科技活动支出 36.55 亿元，在研课题数量 3471 个[2]。

三、医疗机构

全国中医类医院共 4939 个，其中中医医院 3977 个，中西医结合医院 650 个，

---

[1] 马灿，项楠，何威澎，等. 全国 24 所中医药高等院校科研投入产出情况分析 [J]. 中医教育，2019，38（01）：77-82.

[2] 中国中医药年鉴编委会. 中国中医药年鉴·2019（总 37 卷）：行政卷 [M]. 中国中医药出版社，2019：582-583.

民族医院 312 个[①]。我国已有 40 家中医医院作为国家中医临床研究基地的建设单位，以加强疑难重大疾病和临床诊疗有明显中医药特色和优势的重点病种研究。

四、名老中医

人力资源社会保障部、国家卫生计生委、国家中医药管理局截至目前已组织评选表彰四届国医大师（共 120 名），评选表彰两届全国名中医（共 200 名）。北京市中医管理局截至 2022 年 9 月已累计建设 264 个老中医药专家传承工作室，其中，名家研究室 72 个、名老中医工作室 71 个、名医传承工作站 32 个、基层名老中医传承工作室 89 个；在京内外累计建立老中医药专家传承工作室（站）分站 116 个。2021 年，北京遴选出 50 余名首都国医名师、100 名首都名中医和 50 名中青年名中医[②]。名老中医作为我国中医药工作者的杰出代表和中医药领域创新主体，其技术成果是多年实践性的认识与经验智慧的结晶，具有较高临床价值、社会价值和经济价值。以国医大师、全国名中医、首都国医名师、首都名中医等为代表的名老中医对我国中医药传承与创新发展发挥着重要作用。

第二节 不同中药创新主体的研发方向

一、上市药企的中药创新方向

基于 66 家上市药企 2012—2016 年年报公布的信息了解到，上市药企研发重点以中药为主。对于新老品种的选择方面，以已有品种二次开发为主；在新品种研发方面，以复方为主（见图 3-1）。

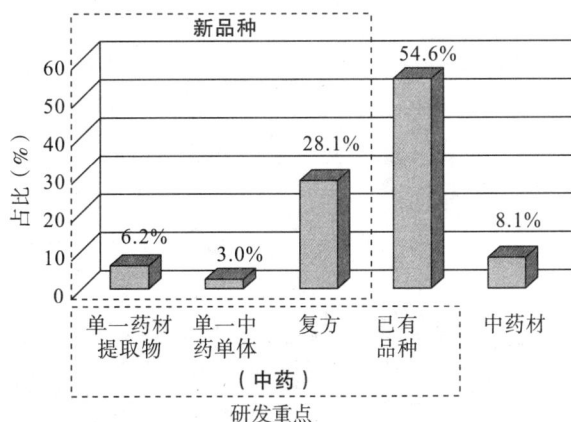

图 3-1 54 家中药上市公司研发方向的分布情况

---

① 中国中医药年鉴编委会.中国中医药年鉴·2019（总 37 卷）：行政卷［M］.中国中医药出版社，2019：475.

② 胡彬，王会玲.首都中医药事业迅速发展［N］.中国中医药报，2010-11-19（2）.

（一）已有品种二次开发

66家上市药企中，共有54家上市药企开展了已有品种的二次开发。这54家上市药企对已有品种二次开发关注的重点依次为上市后再评价（31.3%）、生产工艺升级（22.9%）、质量标准（18.4%）和新用途（11.9%）（见图3-2）；已有品种二次开发呈现多方向分布的特点。

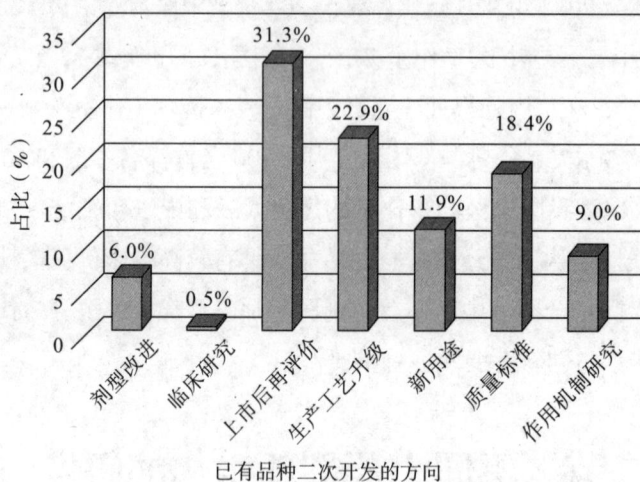

图3-2　54家上市药企对已有品种二次开发的方向分布

5年间，54家上市药企在已有品种二次开发方面，对生产工艺升级的关注呈下降趋势；对上市后再评价、新用途和作用机制的关注则呈一定程度的上升趋势；剂型改进和临床研究占比小且变化不大（见图3-3）。

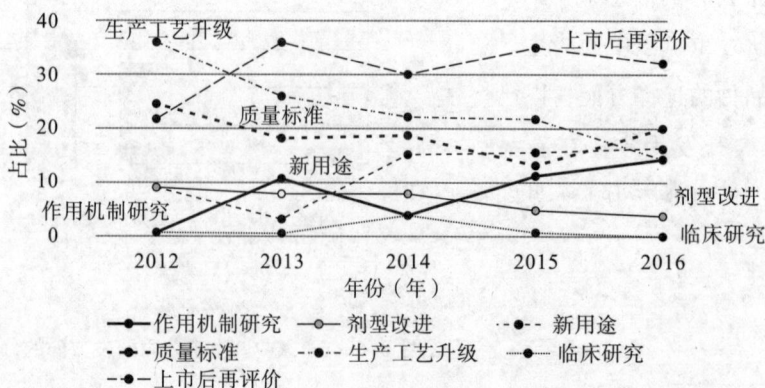

图3-3　54家上市药企对已有品种二次开发关注重点的变化趋势

（二）中药新品种之复方产品

中药复方既是中医药传承发展的重要载体和成果，也是中药产业化的重要产品支撑。2012—2016 年，在 66 家上市药企中，共 45 家上市公司开展了复方新品种的新药研发，可以看出，中药复方是我国上市企业中药研发的重点方向。

统计结果显示：这 5 年间上市药企对中药复方新品种开发的关注重点集中在临床研究（78.5%），如图 3-4 所示。

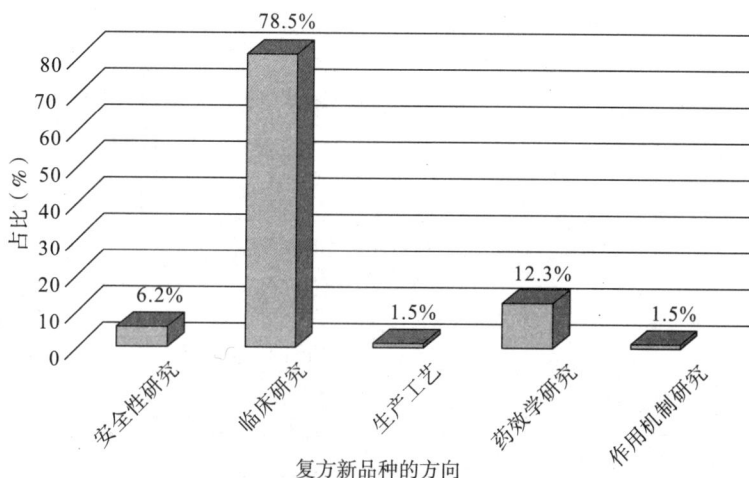

图 3-4　45 家上市药企对复方新品种研究的方向分布

5 年间，45 家上市药企在中药复方新品种的开发趋势方面，对临床研究的关注呈现出先下降后上升的趋势，对药效学研究和安全性研究的关注均呈现缓慢上升趋势，对生产工艺和作用机制研究的关注度则逐年降低，甚至不再被关注（见图 3-5）。

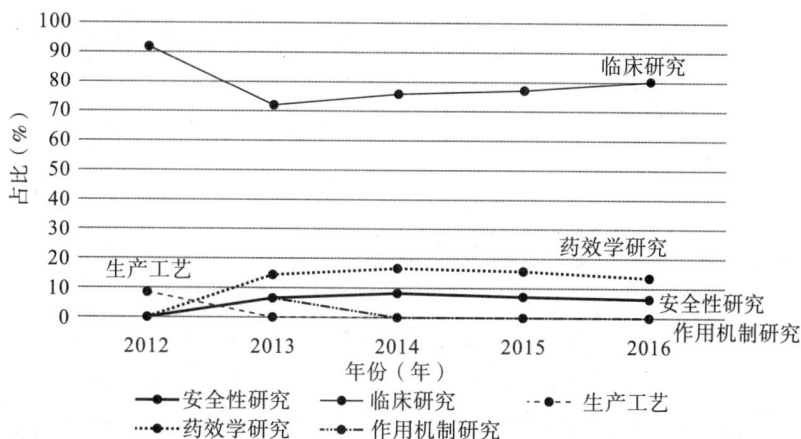

图 3-5　45 家上市药企对复方新品种研究方向的变化趋势

通过对 45 家企业申请的中药复方新品种数量进行排序，排在前十的公司及其复方新品种情况详见表 3-1。从复方新品种研发数量来看，以岭药业、健民集团、吉林敖东和方盛制药研发的品种数量最多。从治疗用途来看，针对儿科、妇科、消化道和感染性疾病的药品居多。从剂型来看，以胶囊、片剂、颗粒剂和口服液为主，亦有少量缓释片、贴剂和合剂。

表 3-1　2012—2016 年申请数量排名前十的企业中药复方新品种概览

序号	企业名称	产品名称					
		1	2	3	4	5	6
1	以岭药业	解郁除烦胶囊	柴芩通淋片	百灵安神片	连花急支片	津力糖平片	周络通胶囊
2	健民集团	牛黄小儿退热帖	小儿宣肺止咳糖浆	利胃胶囊	小儿便秘颗粒	牛黄前列康栓	小儿地锦止泻颗粒
3	吉林敖东	树舌胃可欣胶囊	肠炎平分散片（双黄肠炎分散片）	小儿脾胃舒口服液（小儿芪楂）	蝶脉通栓胶囊	柴黄软胶囊	金莲花含片
4	方盛制药	小儿荆杏止咳颗粒	银杏龙七片	益肝清毒颗粒	葛仙丹颗粒（未获批）	金古乐片颗粒	小儿黄锦腹泻（已撤回）
5	康缘药业	LWDHG 片（更年期综合征）	MTZG（老年性痴呆）	TN 凝胶（膝骨关节炎）	注射用 HXTL（脑中风急性期）	JS 片（慢性肾炎）	YQBD 片（风热感冒）
6	上海凯宝	丁桂油软胶囊	痰热清口服液	疏风止痛胶囊	花丹安神合剂	优欣定胶囊	—
7	太龙药业	小儿复方鸡内金咀嚼片	贝母护乳颗粒	双黄连口服液（儿童型）	参蛭通脉软胶囊	清热解毒口服液（浓缩型）	—
8	紫鑫药业	暴贝止咳口服液	消盆炎颗粒	元神安颗粒	桑麻口服液	—	—
9	太极集团	丹七通脉片	芪灯明目胶囊	产泰	—	—	—
10	葵花药业	小儿蒿芩抗感颗粒	金柴小儿肺炎颗粒	妇乐颗粒	—	—	—

（三）中药新品种之单一药材提取物

2012—2016 年，66 家上市药企中共 12 家企业开展单一药材提取物有效部位的新药研发，累计开展 25 项。

通过对已公开的 12 个新品种分析：从治疗用途来看，涉及高尿酸症、老年痴呆、骨关节炎、原发性骨质疏松、更年期综合征等疾病的治疗；从剂型来看，以胶囊剂、片剂为主，注射剂新品种仅 1 项。（见表 3-2）

表 3-2　2012—2016 年 12 家药企中药提取物有效部位的新品种概览

序号	企业名称	产品名称
1	泰合健康	广藿香及藿香单味药材芳香类有效部位
2	白云山	知母多酚胶囊
3	白云山	土茯苓总苷片
4	康缘药业	苁蓉总苷胶囊
5	康缘药业	淫羊藿总黄酮胶囊
6	东阿阿胶	小分子阿胶
7	康恩贝	菊花舒心片
8	汉森制药	杜仲总提取物
9	益盛药业	西洋参二醇皂苷注射液
10	益盛药业	参果黄连胶囊
11	九芝堂	裸花紫珠有效部位
12	昆药集团	芒果叶胶囊

注：昆药集团、片仔癀、以岭药业、华润三九、康缘药业 5 家企业的 13 项新品种未公开产品名称。

（四）中药新品种之单一中药单体

2012—2016 年，66 家上市药企中仅 8 家企业开展中药单体新品种研发，共计10 项。其中，昆药集团中药单体新品种研发数量最多，共 3 项。

从治疗用途来看，涉及脑卒中、肿瘤、肺纤维化等；从剂型来看，包括注射剂、粉针剂、贴剂和缓释剂等。（见表 3-3）

表 3-3　2012—2016 年 8 家药企中药单体新品种概览

序号	企业名称	品种数量（件）	品种名称	治疗用途	剂型
1	昆药集团	3	灯盏花乙素粉针剂（其余两种脑卒中药未公开）	心脑血管、脑卒中	粉针剂
2	龙津药业	1	未公开	肿瘤	口服剂
3	莱茵生物	1	罗汉果三萜化合物	肿瘤	—
4	中恒集团	1	三七总皂苷单体	—	—

续表

序号	企业名称	品种数量（件）	品种名称	治疗用途	剂型
5	信邦制药	1	人参皂苷 -Rd	—	注射液
6	众生药业	1	未公开	肺纤维化	粉针剂
7	香雪制药	1	石杉碱甲贴剂		贴剂
8	振东制药	1	石杉碱甲缓释片	—	缓释剂

二、高等院校及科研院所的创新方向

　　研究选取五所中医药院校及五所医药类科研院所，分别作为高等院校及科研院所代表，基于 2012—2016 年 CNKI 数据库收录的其中医药领域相关科研文献，调查当前高等院校及科研院所的中药创新方向。五所中医药高等院校分别是北京中医药大学、上海中医药大学、广州中医药大学、成都中医药大学、南京中医药大学；5 所医药类科研院所分别是中国医学科学院、中国中医科学院、四川省中医药科学院、重庆市中药研究院、江苏省中医药研究院。本章后文中将以这 10 所院校或科研院所作为代表论述这一主体的创新方向，相关细节则不再赘述。

（一）创新领域

　　从北京中医药大学、上海中医药大学、广州中医药大学、成都中医药大学和南京中医药大学这五所高等院校科研活动的研究对象分布情况来看：以单味药研究（包括单味药提取物、单味中药饮片）和复方研究（包括经典方或经典方加减、自拟方、组方配伍）居多，各占总体的 41% 和 43%；其次是对已有品种的研究，占比 16%。

　　在高等院校的单味药研究中，单味药提取物研究又多于单味中药饮片的研究，二者分别占比 32% 和 9%；在高等院校的复方研究中，以经典方或经典方加减研究、自拟方研究居多，分别占比 21% 和 20%，组方配伍研究较少，占比 2%。详见图 3-6。

　　科研院所科研活动的研究对象分布：以单味药研究（包括单味药提取物、单味中药饮片）居多，占比 55%；其次是复方研究（包括经典方或经典方加减、自拟方、组方配伍），占比 27%；再次是已有品种研究，占比 18%。

　　在科研院所的单味药研究中，单味药提取物研究要多于单味中药饮片的研究，分别占比 36% 和 19%；在科研院所的复方研究中，以自拟方、经典方或经典方加减研究居多，分别占比 16% 和 10%，组方配伍研究较少，占比 1%。详见图 3-7。

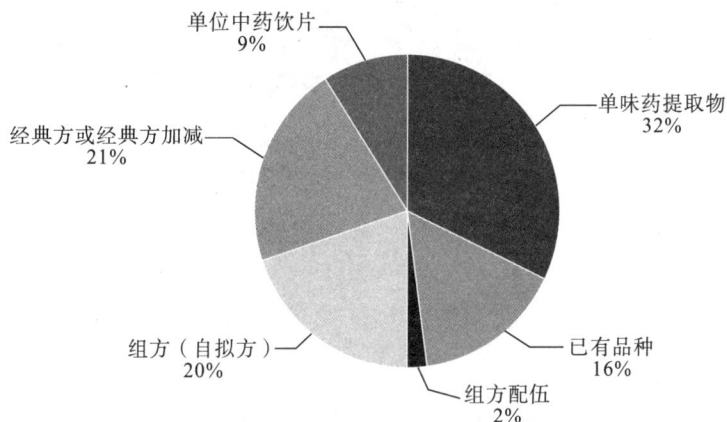

图 3-6　高等院校的研究对象类别分布情况

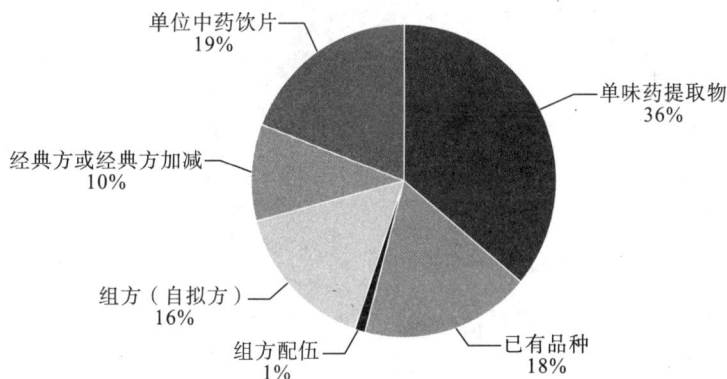

图 3-7　科研院所的研究对象类别分布情况

（二）研究内容

从研究内容来看，高等院校的研究内容以药学研究及临床研究为主，两者约占总体的 80%；其次为检测方法研究，约为总量的 14%；然而，对于提取方法及炮制加工方法的研究较少，仅为 4% 及 1%；此外，有 1% 的研究为中医证候造模研究。详见图 3-8。

科研院所的研究内容以药学研究为主，占比 48%；其次是中药化学成分含量测定及检测方法研究，占比 28%；再次是临床研究，占比 17%。而其余研究数量较少，涉及提取方法的研究仅为4%，炮制加工方法不足3%；对中医证候造模研究不足1%。详见图3-9。

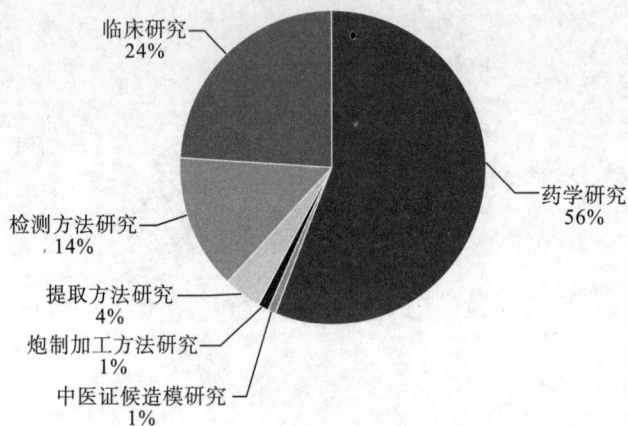

图3-8　高等院校的研究内容类别分布情况

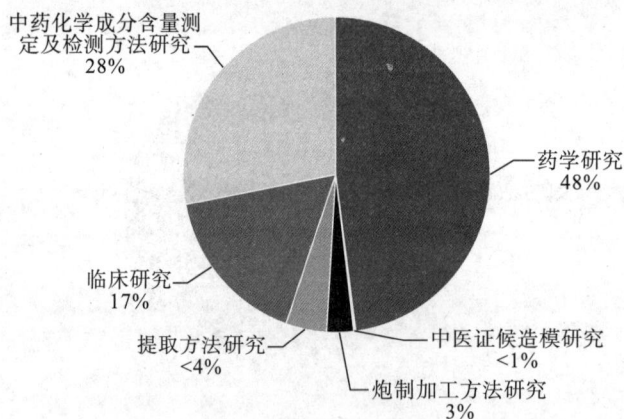

图3-9　科研院所的研究内容类别分布情况

由上可见，高等院校的研究重心为药学研究与临床研究，而科研院所则以药学研究和中药化学成分含量测定及检测方法为研究重心。但两者对于提取方法及炮制方法的研究均相对较少。

（三）治疗用途

高等院校的研究在应用领域（即治疗用途）方面以消化系统疾病居首，其次为心血管系统疾病、代谢疾病、神经系统疾病等。详见图3-10。

科研院所的研究在治疗用途方面以心血管系统疾病为首，其次为神经系统疾病、消化道或消化系统疾病、免疫或过敏性疾病等。详见图 3-11。

高等院校与科研院所在治疗用途方面，均以涉及心血管疾病、消化系统疾病、神经系统疾病、代谢疾病及免疫或过敏性疾病的药物用途研究为主。高等院校的药物用途研究还主要涉及呼吸系统疾病；科研院所其药物用途研究则还主要涉及肿瘤。

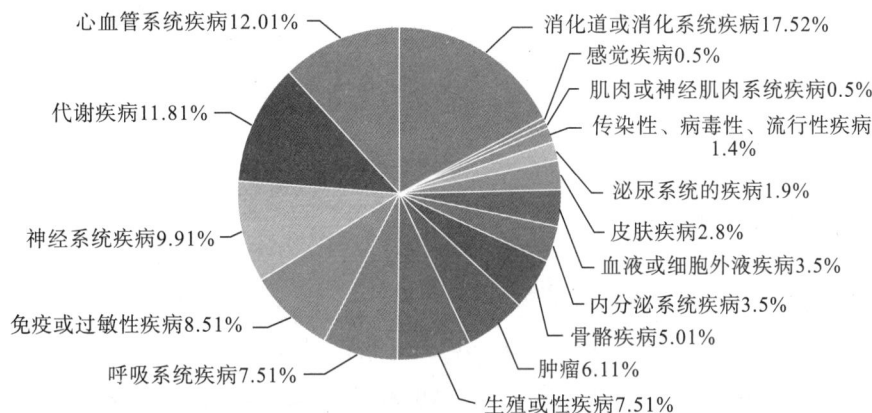

图 3-10 高等院校的研究在治疗用途的分布情况

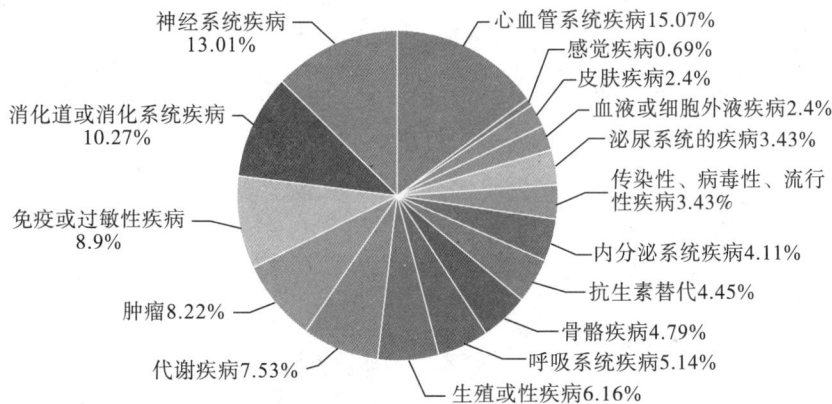

图 3-11 科研院所的研究在治疗用途的分布情况

（四）应用领域的中西医之分

在对临床适应证进行表述时，共涉及使用西医病名表述、中医证（病）名结合西医病名表述、中医证（病）名表述三种方式。

高等院校和科研院所在临床研究中表述适应证时，使用中医证（病）名结合西医病名表述和使用西医病名表述的情况均占较大比重，使用纯中医证（病）名表述适应证的情况较少。详见图 3-12，图 3-13。

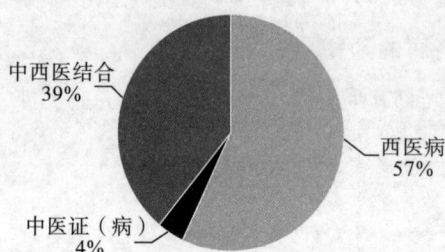

图 3-12　高等院校临床研究中的中西医
标准分布情况

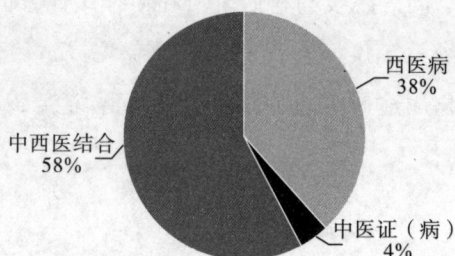

图 3-13　科研院所临床研究的中西医标
准分布情况

（五）提取方法创新

高等院校和科研院所一般采用常规提取方法和创新提取方法。创新提取方法包括超声辅助提取（Ultrasound-assisted Extraction，UAE）、酶法提取（Enzymatic Treatment Extraction，ETE）、微波萃取（Microwave-assisted Extraction，MAE）、动态连续逆流提取、超临界流体萃取（Supercritical Fluid Extraction，SFE）、超高压提取（Ultra-high Pressure Extraction，UPE）和半仿生提取（Semi-bionic Extraction，SBE）和组织破碎提取（Smashing Tissue Extraction，STE）。

在提取工艺的选择方面，高等院校和科研院所采用常规提取方法进行提取的情况占比最大；在创新提取方法中，均为超声辅助提取最多，酶法提取其次。详见图 3-14，图 3-15。

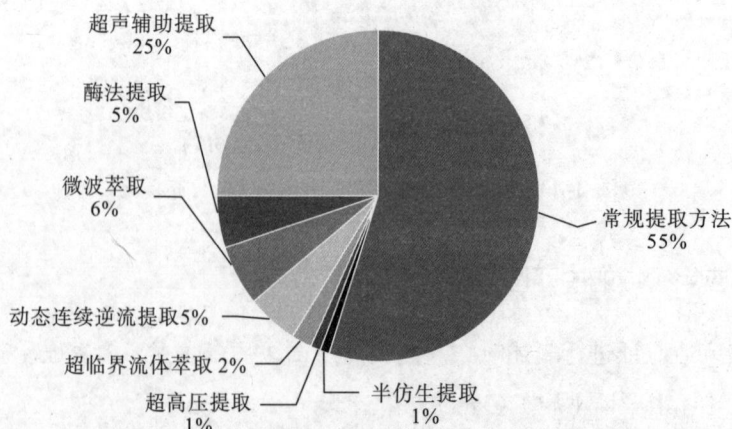

图 3-14　高等院校的研究提取方法分布情况

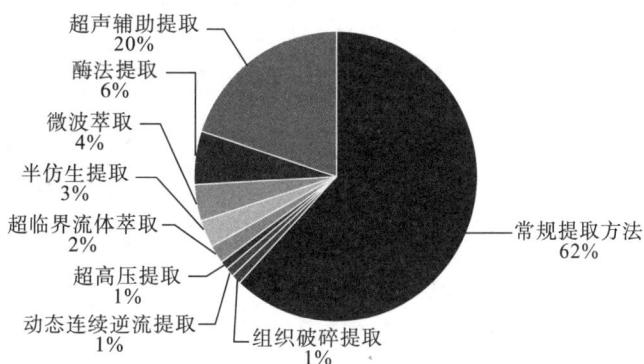

图 3-15　科研院所的研究提取方法分布情况

（六）小结

高等院校、科研院所的科研活动共同表现出"重基础、轻应用"的科研特点，科研活动的研究重点主要体现在中药临床疗效的作用机制、中药药效物质作用基础等基础研究，缺少对新剂型的开发等应用型研究。具体而言，高等院校、科研院所的创新情况呈现如下特点：

（1）该主体对单味药提取物的研究占比较高，具体表现为单味药提取物有效成分、有效部位、中药单体的研究，以及提取工艺的研究。

（2）在新老品种的选择方面，该主体更侧重新品种的研究，包括新的单味药提取物和复方（即组合物），而对已有品种的研究较少。

（3）在复方（即组合物）的研究方面，该主体以经典方或经典方加减、自拟方的研究为主，组分配伍研究仍较少。

（4）在研究内容的选择方面，该主体的药学研究占比均为最高，分别占总体的56% 和 48%，临床研究和质量控制研究占比分别位列二、三位，而提取工艺研究、炮制加工方法研究均较少。

（5）在药物治疗用途方面，该主体以涉及心血管疾病、消化系统疾病及神经系统疾病的药物用途研究为主。

（6）在提取工艺的选择方面，该主体采用常规提取方法进行提取的情况占比最大；在创新提取方法中，超声辅助提取最多，酶法提取其次。

三、医疗机构院内制剂的创新方向

院内制剂即医疗机构制剂，是指医疗机构根据本单位临床需要而常规配制、自用的固定处方制剂[1]。院内制剂价格低廉、疗效显著。一方面，可以弥补市场上药物品种的不足，如市场上短缺的儿科用药；另一方面，可以将临床运用时间长且确有疗效的经验方流传下来。

通过调研北京市拥有中药院内制剂的 117 家医疗机构（截至 2014 年）的现有品种和在研品种的情况，并以这 117 家医疗机构作为该主体代表，窥见该类中药创新主体的创新方向，相关细节不再赘述。

截至 2014 年，北京市医疗机构院内制剂品种共有 2322 种，在研中药制剂品种 61 种。

（一）现有院内制剂基本情况

1. 现有院内制剂的品种分布

对现有品种进行分类，见表 3-4：中药制剂为 1196 种，占比 51.51%；化学药制剂为 1126 种，占比为 48.49%。

表 3-4　北京市医疗机构院内制剂现有品种数量及占比

制剂品种	数量（种）	占比（%）
中药制剂	1196	51.51
化学药制剂	1126	48.49
合计	2322	100.00

2. 现有院内制剂的在产率

样本中，有 43.4% 的院内制剂呈在产状态。统计中药制剂与化学药制剂在机构内的在产率，见表 3-5，总体而言，中药制剂与化学药制剂的在产率趋于一致。

表 3-5　北京市医疗机构院内制剂现有品种及在产率

制剂品种	在产数量	现有品种总量（种）	在产率（%）
中药制剂	536	1196	44.8
化学药制剂	472	1126	41.9
合计	1008	2322	43.4

3. 中药制剂的科室分布

统计样本中现有中药制剂的科室分布，并按中药制剂产出的数量排名，见表 3-6，可见：除去综合医院的中医科外，中药制剂产出排名靠前的科室分别为皮肤科、外

---

[1] 国家食品药品监督管理局 . 医疗机构制剂注册管理办法（试行）（2005 年第 20 号）［EB/OL］.（2005-03-22）［2021-09-23］.http://www.satcm.gov.cn/fajiansi/gongzuodongtai/2018-03-24/2293.html.

科和儿科。

表 3-6　北京市医疗机构现有中药制剂科室（排名前 11）分布统计

科室	产出中药制剂的数量（种）
中医科	208
皮肤科	159
外科	98
儿科	76
妇产科	60
骨科	56
内科	40
眼科	32
耳鼻咽喉科	32
肿瘤科	31
呼吸科	26

4. 中药制剂的临床反馈

在调研中药制剂临床反馈时，如图 3-16，反馈分为"好""一般"和"否"三级，分别占比 82%、7% 和 11%。结果表明，中药制剂作为医院的特色，其疗效得到临床实践的普遍认可，口碑良好。

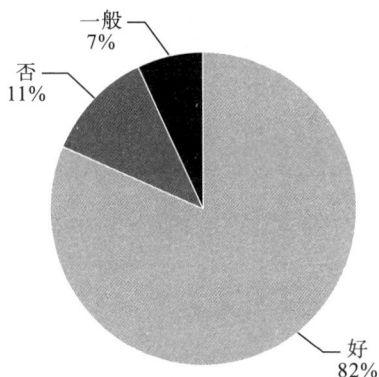

图 3-16　北京市医疗机构现有中药制剂临床反馈分布图

5. 中药制剂的毒性药味

如图 3-17 所示，样本中，无毒性药味的现有中药制剂数量占 97%，由此得出，北京市医疗机构的现有中药制剂几乎不含毒性药味。调查发现，大多中药制剂的研发过程中，在明确适应证与疗效的同时，也会严格把控药物的安全性。

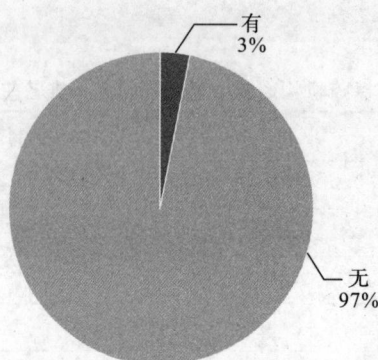

有
3%

无
97%

图 3-17　北京市医疗机构现有中药制剂有无毒性药味分布图

（二）在研中药制剂基本情况

1. 在研中药制剂的临床应用科室分布

西医综合医院通常不具体细分中医科室，仅设"中医科"，而西医非综合医院和中医医院往往按照不同疾病领域进一步细分中医科室。统计样本中在研中药制剂的临床应用科室分布，并按在研中药制剂应用的数量排名，由表 3-7 可见：在研中药制剂应用排名靠前的科室分别为中医科、内科、骨科和儿科。

表 3-7　北京市医疗机构在研中药制剂临床应用科室分布统计（排名前 11）

科室	在研中药制剂的数量（种）
中医科	22
内科	10
骨科	8
儿科	6
肿瘤科	6
妇产科	4
其他	4
内分泌科	4
皮肤科	3
心血管科	2

2. 在研中药制剂的剂型分布

对样本中在研中药制剂的各剂型数量进行排序可知：目前中药制剂的剂型以颗粒剂这一现代剂型为主。这说明现代的中药剂型朝着便携、冲服和适应现代化生活的趋势发展。

表 3-8 北京市医疗机构在研中药制剂剂型分布统计

剂型	数量（种）
颗粒剂	25
丸剂	7
胶囊剂	6
口服溶液剂	5
洗剂	4
其他	4
散剂	3
片剂	3
膏剂	3
眼用制剂	1

（三）中药制剂开发潜力

1. 可"因药制宜"，改进产品剂型

中药制剂是体现中医院特色的医疗产品，因而成为医院申请专利的重要来源。在产品种与专利申请之间，医院更为重视在产品种的后续开发。通过控制中药制剂品种数量，调整制剂结构，选择临床疗效好、安全可靠、使用时间长、开发潜力大的院内制剂作为新药开发的基础，加紧完善专利布局；再者，将丸、散、膏的传统中药剂型改变为方便易服的颗粒剂等剂型，以此提升患者接受度，扩大市场占有率。

2. 大多"有效、减毒、补缺"，有新药开发潜力

当中药制剂由院内制剂开发为新药时，其评判标准除了临床疗效以外，还需要严苛的药效毒理研究，且将其与现有临床药物在处方组成、理法方药特色、功能主治特点和临床用药优势等方面做比较，因而要求新药具备疗效优势、减少毒副作用或是弥补某一缺少的适应证型等特色。对当前医疗机构院内制剂的中药制剂进行分析，在疗效方面，中药制剂多数为正向反馈，临床疗效佳；在减毒方面，中药制剂大多回避了毒性药味，安全性高；在补缺方面，无论现有中药制剂或在研中药制剂，均缓解了临床常见小儿耳鼻咽喉疾病和呼吸疾病的症状，弥补了缺少临床药物的局面。

四、名老中医技术成果的创新方向

名老中医药专家传承工作室（简称名医工作室）是传承名老中医药专家学术思想和临床经验，培养中医药传承人才的重要载体。2007 年开始，北京市启动"薪火传承 3+3 工程"，建立三类室（站）：已故"中医药名家研究室（宣传陈列室）"、80 岁以上老中医药专家"名医工作室"和 70 岁以上老中医药专家"学术继承工作站"。2009 年启动"薪火传承 3+3 工程"基层老中医传承工作室，截至 2021 年 5 月，被授予北京市"薪火传承 3+3 工程"的各类室（站）共计 262 家。

本研究将名老中医这类创新主体的研究对象限定为经北京市中医管理局官方认可，允许建立"薪火传承 3+3 工程"传承工作室（站）的名老中医。通过搜集整理北京市 262 家"薪火传承 3+3 工程"的各类室（站）的各项技术成果信息，并将其作为该主体代表，阐述该主体的创新方向。（信息整理自国科网、专利数据库）

（一）成果类别

对国科网提取的 205 项北京市名老中医技术成果进行数据分析得到：从成果类别来看，可分为应用技术、基础理论、软科学三大类，其中应用技术类成果 141 项（68.78%），基础理论类成果 55 项（26.83%），软科学类成果 9 项（4.39%）。可见，北京市名老中医技术成果以应用技术类成果为主。

（二）成果所处阶段

国科网将应用技术型成果按照成熟程度分为初期阶段、中期阶段、成熟应用阶段。通过对国科网提取的 141 项北京市名老中医应用技术类成果统计发现，处于成熟应用阶段的成果 35 项（24.82%），中期阶段成果 18 项（12.77%），初期阶段成果 88 项（62.41%）。可见，目前已经申报的北京市名老中医技术成果，绝大多数仍属于早期成果，距离成熟应用仍有很长一段路要走。

（三）技术主题

此外，对万象云专利数据库中提取的 200 件北京市名老中医方药专利成果进行数据分析得到：从技术主题来看，共涉及 6 类技术主题，其中以中药组合物为主题的专利申请量最多，占专利申请总量的 83%；其次是以用途为主题的专利，占专利申请总量的 10%；而涉及制备方法、中药制剂、中药提取物、检测方法的专利较少，详见图 3-18。

进一步分析数据发现：中药组合物中有 97% 的方药是经名老中医多年临床使用，按照中医理论"君臣佐使"，多种中药配伍形成的自拟方；3% 是对中医古方、经典名方的药味加减改良形成的中药复方。

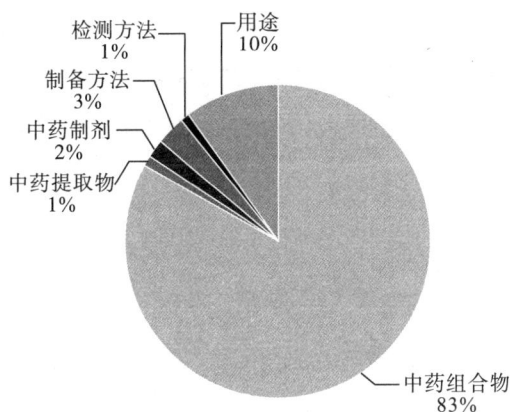

图 3-18 北京市名老中医中药专利技术主题

（四）治疗领域

基于国际专利分类号（IPC 分类号）A61P 为分类依据对 200 件北京市名老中医方药专利的治疗领域技术分布情况进行统计，见表 3-9。名老中医专利申请量最高的是抗肿瘤药；排名第二位的是治疗局部缺血或动脉粥样硬化疾病的药物，具体疾病如脑血栓、中风病等；排名第三位的是治疗呼吸系统疾病的药物，具体疾病如感冒、肺炎等；排名第四位是治疗溃疡、胃炎或回流性食管炎的药物。由以上数据可得，目前北京市名老中医专利申请主要聚焦于恶性肿瘤、心脑血管疾病、慢性呼吸疾病等具有中医药特色治疗优势病种，名老中医技术成果创新在治疗领域具有很大的发展空间。

表 3-9 北京市名老中医专利申请治疗领域分布情况统计（前 10 位）

序号	IPC 分类号	治疗领域	申请数量（件）
1	A61P35/00	抗肿瘤药	34
2	A61P9/10	治疗局部缺血或动脉粥样硬化疾病的药物	17
3	A61P11/00	治疗呼吸系统疾病的药物	14
4	A61P1/04	治疗溃疡、胃炎或回流性食管炎的药物	11
5	A61P11/14	镇咳药	10
6	A61P11/06	止咳药	9
7	A61P25/20	安眠药；镇静药	8
8	A61P1/00	治疗消化道或消化系统疾病的药物	7
9	A61P15/00	治疗生殖或性疾病的药物；避孕药	7
10	A61P31/16	用于流行性感冒或鼻病毒的	7

（五）复方创新

作者面向北京市名老中医传承室（站）以问卷形式开展调研，回收有效问卷

118 份。通过对名老中医问卷调研的结果统计得知，有 61 个室（站）公开了其技术成果，通过文献检索最终确认有与之相关的 104 个的复方已被公开。对这些复方的创新来源进一步调研，发现这些成果的创新类型以完全创新（自拟方）为主，占 44.2%（见表 3-10）。

表 3-10 104 个复方创新类型的分布

类型	数量（个）	类型解释
古方配比变化	9	系指相较于古方，原料药组成不变，但配比变化，致使产生了新的剂型或用途
古方加减	15	系指在古方基础上对原料药组成改进，这种改进可以是对古方的加减，也可以是对古方中部分原料药的替换
多个古方组合	10	系指将两个或两个以上古方合并，再加味或减味而形成新的处方
自拟方	46	系指在中医理论指导下，创造发明出的有显著疗效的新的复方，在文献中表示为自拟方
未知	24	在 CNKI 中未查到相关内容，故无法对其进行分类

通过对已公开的 104 个复方进行信息提取和整理，以对照实验、实验类型、实验疗效观察指标等进行统计：发现 36.5% 的公开复方仅以典型病例说明效果或是仅提供药物有效率，没有记载实验方法及过程，并以断言性结论对药物疗效进行描述；从专利角度来看，这类技术效果证明力不足，不利于专利的授权。63.5% 的公开复方进行了相关实验，可以通过实验数据来说明复方的技术效果（见表 3-11）。

表 3-11 104 个复方实验数据记载情况分布

序号	分类	数量（个）	比例（%）
1	有实验	66	63.5
2	无实验	38	36.5

对已公开的 104 个复方中 66 个有实验的复方按照实验内容进行统计，结果表明 75.8% 的技术成果仅进行了临床试验，24.2% 的技术成果有动物实验（见表 3-12）。

表 3-12 66 个实验数据的研究类型分布

序号	类型	数量（个）	比例（%）
1	仅有临床试验	50	75.8
2	仅有动物实验	7	10.6
3	二者均有	9	13.6

据表 3-12，上述有实验的 66 个研究中，有 59 个研究进行了临床试验。临床试验的疗效观察指标分为中医症状指标和西医理化指标：中医症状指标是指以中医的证和症来表示研究对象的疾病情况和治愈情况，西医理化指标是指用现代医学仪器

对研究对象的生理指标进行检测观察。

对这 59 个临床试验的观察指标进行统计：结果表明使用西医理化指标的研究有 18 个，仅占 30.5%；使用中医症状指标的研究有 50 个，见表 3-13。

表 3-13　59 个临床试验的疗效观察指标种类分布

序号	指标种类	数量（个）	比例（%）
1	仅有中医症状指标	41	69.50
2	仅有西医理化指标	9	15.25
3	均有	9	15.25

在这 50 个使用中医症状观察指标的研究中，有 20% 的研究在表明疗效的显著性时未设定对照组，见表 3-14。然而，在专利申请时，缺少对照实验则不能证明其与现有技术相比的技术效果，从而影响专利授权。

表 3-14　50 个使用中医症状观察指标研究的疗效实验对照组设定分布

序号	是否有对照	数量（个）	比例（%）
1	有对照	40	80
2	无对照	10	20

对这 50 个使用中医症状指标表示中药疗效的研究的评定标准进行整理，从表 3-15 中可知：自行定制疗效评价标准的最多，其次是《中医病证诊断疗效标准》和《中药新药临床研究指导原则》。中药治疗特定疾病的临床研究指导原则使用频率较高，具体包括《中药治疗急性胆囊炎胆石症的临床研究指导原则》《中药治疗急性胆囊炎胆石症的临床研究指导原则》、中国中医药学会外科脉管专业委员会拟定的"动脉硬化性闭塞症（脱疽）诊断标准"和《成人股骨头缺血性坏死疗效评价草案》等。除此之外，还有少数会使用来自文献的诊断标准及治疗方案，其他这一类别则包括某些会议标准和西医标准。

表 3-15　50 个使用中医症状观察指标研究的疗效评定标准分布

序号	疗效判定标准	数量（个）
1	自行定制的标准	17
2	《中医病证诊断疗效标准》	13
3	中药治疗特定疾病的临床研究指导原则	12
4	《中药新药临床研究指导原则》	11
5	来自文献的诊断标准及治疗方案	3
6	其他	6

表注：由于每个实验应用的标准并不唯一，故总数量大于 50。

（六）成果转化情况

中药方药成果实现产品化主要有以下两种形态：第一种为药品，包括中药新药和医院制剂等类型；第二种为健康产品，包括消毒产品（民用）、化妆品、医疗器械（民用）、食品等类型。通过对北京国医网、名老中医依托单位官方网站、国科网成果数据及问卷数据统计发现，见图 3-19，共有 132 位北京市名老中医形成方药成果 641 项，均为名老中医多年实践形成的经验方，其中 81.27% 方药成果未进行转化，仅有 18.72% 的方药成果进行了产品化。这反映出了目前北京市名老中医大多数的方药成果仍"待字闺中"，即停留在临床应用阶段，大量优质的方药成果亟须转化。从已转化的方药成果来看，目前名老中医经验方转化形式以院内制剂为主，其次为药品、食品、日用品、化妆品。

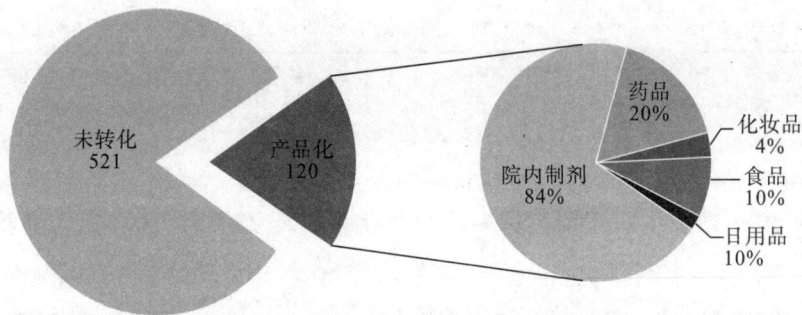

图 3-19　北京市名老中医方药成果转化情况

（七）小结

综上所述，名老中医技术成果创新主要呈现如下特征：

（1）名老中医技术成果集中为中药复方，复方以创新自拟方为主，经典方加减变化方为辅。对于自拟方及经典方加减变化方，在专利申请过程中需进行现有技术检索，并根据检索情况完善专利申请文件，以满足可专利性要求。

（2）名老中医中药技术来源于临床积累，药效学数据主要通过临床试验来体现，往往缺乏动物实验数据。对于仅以个别典型病例说明发明技术效果，或是仅结论性地说明药物疗效，而没有记载实验方法及过程的专利申请，可能存在技术效果证明力不足或难以支持该发明非显而易见性的问题，不利于专利的授权。

（3）名老中医技术水平现代化程度较低，临床研究大多采用中医证候标准，且不规范。当前《专利审查指南》中未明确规定说明书以中医证候标准证明技术效果情形下的审查标准。若中医药技术领域的专利申请采用以中医证候标准证明药物疗效的方式，则在面对非显而易见性或说明书支持等专利授权要件时，存在一定的不确定性。

第三节　不同中药创新主体研发的共性和差异

通过对我国各创新主体在中药领域研发现状进行客观描述，梳理各自的创新方向和保护需求，结合国家政策中中药领域的发展重点，我们研究发现以上市企业、高等院校、名老中医、医疗机构为主的中药创新主体在大的方向上均与国家政策鼓励方向相吻合，这说明国家政策起到了良好的引导作用，并得到有效落实。但由于各创新主体自身特点的差异，各主体对中药领域的关注点和研发方向也有所不同。详见表3-16。

表 3-16　我国中药创新主体研发方向一览表

类别	创新主体			
	上市中药企业	高等院校	名老中医	医疗机构
重点研究对象	已有品种	传统中药复方	传统中药复方	传统中药复方
研发重点	重视已有品种二次开发的上市再评价	各方向分布较为均衡	集中在复方	侧重对无毒性药味医疗机构中药制剂的开发
研发特点	目标明确，贴近市场	现代化程度高，多采用现代西医标准。重基础轻应用	来自临床积累，缺乏疗效证明数据，多采用中医标准	在明确适应证与疗效的同时，会严格把控药物的安全性
疗效证明数据特点	侧重临床研究	侧重药学实验	侧重临床观察	侧重药效学和毒理学研究
治疗领域/重点科室	儿科、妇科、消化道和感染性疾病居多	心血管疾病、消化系统疾病、神经系统疾病	恶性肿瘤、心脑血管疾病、呼吸系统疾病	中医科、皮肤科、外科和儿科

从研究对象的角度看，各创新主体研究对象范围广泛：上市中药企业的研究对象包括中药材、已有品种和新品种（单一药材提取物、单一中药单体、复方），高等院校的研究对象包括了单味药（单味药提取物、单味中药饮片）、复方（经典方或经典方加减、自拟方、组分配伍）和已有品种，名老中医的研究对象包括传统中药复方、中药用途、中药炮制方法等，医疗机构的研究对象多为传统中药复方。各创新主体的研究对象中均涉及传统中药复方，这符合中药药理多效性的特点。

将四类中药创新主体单独比较：上市企业比较重视已有品种二次开发，高等院校中以单味药研究和复方研究为主，名老中医的传统中药复方占比最大，医疗机构重点关注无毒性药味中药院内制剂，这与各类主体不同的研发特点息息相关。上市企业更加关注市场需求，追求经济效益。将已有中药品种进行二次开发，通过新的临床证据重新明确临床定位，发现新的适用人群，使已有品种焕发新的生命力，从而保证市场销量持续增长。名老中医的成果多来源于历史传承和自身的临床经验积累，现代化水平较低，因此绝大多数研究都是传统的中药复方。中医药高等院校在大量传统处方的挖掘和保护上具有优势，这也是其传统中药复方研究较多的原因。医疗机构具有进行大规模临床实验和制备院内制剂的优势，但对临床试验的安全性要求较高。因此，医疗机构在进行创新时侧重对无毒性药味中药制剂的开发，同时重视药效学、药物作用机理和毒理学研究。

从疗效证明数据特点的角度看，各创新主体证明疗效数据的方式主要为临床研究和药学研究，对生产工艺和作用机制的研究较少。上市企业在中药复方新品种开发方面，主要采用临床研究（78.5%）、药效学研究（12.3%）和安全性研究（6.2%），对生产工艺和作用机制研究占比均小于2%。高等院校以药学研究为主（48%），其次是中药化学成分含量测定及检测方法研究（28%）、临床研究（17%）。名老中医贴近临床，注重临床研究。医疗机构重点采用药效学和毒理学研究。

将四类中药创新主体单独比较：上市企业更加侧重临床试验，高等院校更加侧重药学实验，这是由两类主体不同的研发特点和目标导向决定的，即企业重视新药上市，高校重视基础研究。名老中医的技术成果中，部分成果缺乏能证明其疗效的数据支持，数据大多为临床观察数据，且存在研究不规范的现象。医疗机构在将中药院内制剂转化为新药时，更加倾向开发临床疗效好、毒副作用低的制剂，因此最关注药效学研究和毒理学研究。

从治疗用途角度看，不同创新主体涉及的领域均围绕妇科、儿科等常见病和心脑血管、肿瘤等慢性病。上市企业的中药复方新品种在治疗用途方面包括儿科疾病、妇科疾病、消化系统疾病和感染性疾病，单一药材提取物有效部位的新药中，针对高尿酸症、老年痴呆、骨关节炎、原发性骨质疏松、更年期综合征的药品居多。高等院校以治疗心血管系统疾病为主，其次为神经系统疾病、消化系统疾病、免疫或过敏性疾病及肿瘤等。名老中医治疗领域包括肿瘤、局部缺血或动脉粥样硬化疾病、呼吸系统疾病、溃疡、胃炎或回流性食管炎。医疗机构中药制剂室研发产出的重点科室为中医科、皮肤科、外科和儿科。其中，在研中药制剂产出的重点科室为内科、骨科和儿科。但四类中药创新主体在治疗领域的研发侧重点有所不同，上市企业中的药品以儿科、妇科等常见病居多，治疗重大疾病的肿瘤药物较少，因为上市企业希望研发的新药可以尽快上市，而同阶段肿瘤药物的获批最少，难度最大[①]。高等院校的研究在治疗领域以心血管系统疾病等慢性病为主，名老中医专利申请主要聚焦于恶性肿瘤、心脑血管疾病、慢性呼吸疾病等具有中医药特色治疗优势病种。医疗机构为了突出中医特色专科优势，往往会重点建设"王牌"科室，推出"明星"产品，来满足患者多元化的用药需求，进一步扩大市场占有率。

综上所述，经典名方、中医经方和院内制剂成为中药创新主体开展中药研发的重要源头，各中药创新主体不断加强中医药关键技术创新研究和中医药优势特色领域的疾病防治研究，合力推动中医药领域的高质量发展。

---

① 陈瑞真，陈嘉音，冯霄婵，等．基于2009—2014年国产中药批准情况的数据挖掘［J］．中国医药导刊，2018，20（07）：442-448.

第四章

我国中药创新的专利保护现状

中医药是中华文明的瑰宝，是我国自主创新的优势领域。中医药对众多急慢性、重大、疑难疾病有确定疗效，对人民健康发挥着重要作用，也体现出中医药的重大社会价值和经济价值。专利作为目前最行之有效的创新成果保护方式，是中药领域创新主体保护创新成果的一种重要保护方式。中药领域专利授权率和保护情况，一方面会影响中药创新成果是否能得到有效保护，另一方面也会影响中药领域创新主体的研发积极性，与中医药产业是否能健康发展息息相关。

第一节　中药领域发明专利的保护现状

一、申请与授权的趋势

在现有的药品知识产权保护体系下，我国对中药专利保护的需求有所提升，表现在 2009—2016 年中药专利申请数量呈现平稳上升的态势[①]。本书作者对 2015—2019 年的中药领域专利的整体专利申请量和授权率进行分析，得到了这个阶段中药领域专利的申请和授权的变化情况，其中药领域发明专利的逐年申请数量见图 4-1，可明显看出其专利申请量呈逐年降低趋势。

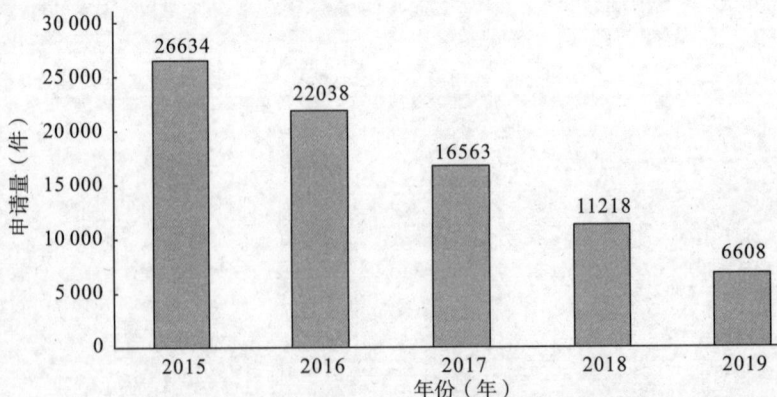

图 4-1　2015—2019 年中药发明专利申请趋势

此外，近十年中药专利授权率呈先上升后下降的整体趋势，2011 年前后专利授权

[①] 蒋玉.专利制度下的中药保护现状与对策[J].南京中医药大学学报（社会科学版），2021，22（02）：141-146.

率达到最高点后逐步降低。2015 年至 2019 年中药发明总体的专利授权率如表 4-1 所示。

表 4-1 2015—2019 年中药发明专利申请整体的授权率

年度（年）	2015	2016	2017	2018	2019
授权率（%）	12.48	8.80	12.04	12.73	8.05

注：授权率 = 授权专利数 / 专利申请总数 *100%

结合赵静[1]、寇学芳[2]及本研究的统计结果可发现，我国专利的申请量和授权率的变化趋势主要可以分成三个阶段。

第一阶段：1994—2010 年，在日益完善的药品知识产权保护体系下，对中药专利保护的需求有所提升，申请量稳步增长。2006 年前后，国家知识产权"20+1"战略开始推行，各省市政府根据国家"十一五""十二五""十三五"规划制定鼓励专利申请的地方政策，将目标分解，设置专利定量指标。一系列用利益驱动创新的地方专利政策逐步与国家知识产权战略制定的初衷相背离，药企作为各省市的纳税大户，成为受这一政策驱动影响最明显的主体，专利申请量迅速增长。2010 年前后我国中药专利申请量年增长达到 5000 件以上。这一阶段中药专利的整体授权率较高。

第二阶段：2010—2015 年，中药专利申请量继续快速增长；但是中药专利的授权率逐渐下降。分析这一趋势的原因：一是伴随专利申请量的突然迅速攀升，专利质量参差不齐，存在部分非正常专利申请；二是授权率在 2011 年前后出现高点后专利审查部门采取缩紧专利授权的措施，通过说明书公开不充分、实验数据不完整等理由控制驳回率。因此，中药专利的授权率整体有所下降。

第三阶段：2015 年后，中药专利申请量增长放缓，甚至开始呈减少趋势。这是由于 2015 年前后，国家知识产权局实施专利质量提升工程，强调专利"质"的提升，对专利授权和专利审查尺度进行进一步调整，引导各地政府出台鼓励专利质量提升的政策，避免一味鼓励"量"的增长，专利申请量增长变缓。但是随着专利申请的质量有所提升，中药专利的整体授权率有所回升。

由此可见，我国中药专利申请量和授权率变化趋势受专利政策因素影响较大。

二、申请主体及专利法律状态分布

按照个人、企业、高校、科研院所及其他 5 种类型对中药发明专利申请主体进

---

[1] 赵静.基于专利文本分析的天士力中药类发明专利战略的研究［D］.北京：北京中医药大学，2013.
[2] 寇学芳.我国中药专利保护现状研究［D］.济南：山东中医药大学，2017.

行分类统计，2015 年至 2019 年中药发明专利的申请主体及法律状态分布情况如图 4-2、图 4-3 所示。其中，中药发明专利申请的各主体占比从高到低依次为个人（42620 件，51.31%）、企业（28389 件，34.18%）、高校（5676 件、6.83%）、其他（4721 件，4.83%）和科研院所（2366 件，2.85%）。个人和企业两类主体比例合计高达 85.49%，这说明个人及企业是目前我国中药发明专利申请的重要主体，故我国中药发明专利的整体趋势更多受到个人及企业这两类申请主体的影响，尤其是"个人"这类申请主体。从专利法律状态来看，授权的发明专利是 9222 件，授权率仅为 11.10%，未授权（实质审查状态）的发明专利申请是 11162 件，占比为 13.44%，失效（驳回、撤回、未缴年费等）的发明专利为 52596 件，占比高达 75.46%。具体分析失效状态的各类型占比：占比最高为撤回状态（45.47%），共有发明专利 37768 件；其次为驳回状态（23.24%），共有发明专利 19303 件；两者合计占比高达 68.71%。这说明目前我国中药发明专利申请状况不佳，存在着授权率偏低、撤回率过高的情况。

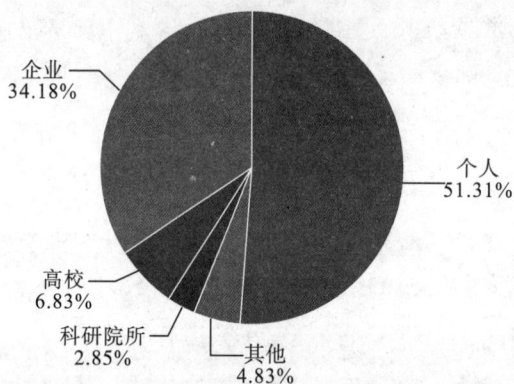

图 4-2　2015—2019 年中药发明专利申请主体分布情况

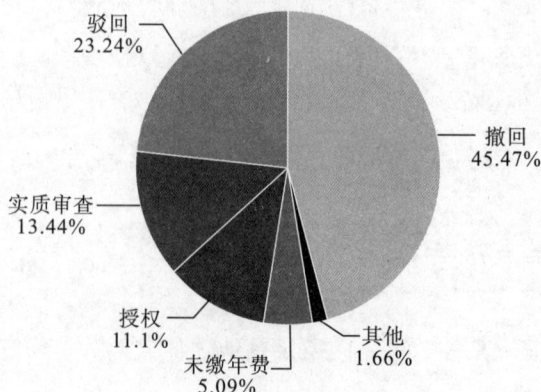

图 4-3　2015—2019 年中药发明专利法律状态分布情况

三、中药发明专利申请特点

我国中药领域专利申请具有 2 个特点：

（1）中药发明专利申请主体最多为个人，且不同主体的专利授权率差异明显。这说明中药领域研发创新的主体是以个人为主，但由于个人的实际研究能力和水平较低导致其专利授权率远远不及其余各类主体，存在发明专利申请数量较多而质量不高的问题，进而影响了中药发明专利整体的授权率，这也是在设立中药领域专利审查标准时需要考虑的因素之一。

（2）中药发明专利存在授权率低且撤回率高的现象。这一方面反映了目前专利申请质量不佳，研发成果创新性不够，非正常专利申请占比较多；另一方面也表明中药领域的特殊性导致其与专利审查制度存在不兼容之处，在中药发明专利的现行审查标准下难以获得专利授权。

综上，我国在专利量迅速攀升的阶段确实存在部分非正常专利申请，但这属于特殊历史时期的必然现象，以利益驱动创新必然导致非正常专利的产生。随着专利质量工程的开展，各地方政府由鼓励"量"的政策向鼓励"质"的政策转变，非正常专利的现象会有所改观。另外，可通过建立完善非正常专利申请行为审查制度来区分和辨别非正常专利，而尽量避免通过提高创造性标准或缩紧授权的办法来"减少"非正常专利的产生。而对于当前中药专利存在的专利授权率及专利申请质量双低、非正常专利申请多、个人申请多等情形，中药专利的司法保护一方面要避免突破专利法的规定给予超保护，另一方面也要避免脱离中药的特殊性给予机械的弱保护[1]。

四、不同主体专利研发差异性

中药领域不同创新主体研发的差异性较大：一方面，不同创新主体所掌握的资源不同、研发手段和研发能力不同；另一方面，各创新主体也受到政策变化的影响。由于中药领域是一个重视实验资料证明力度的领域，不同创新主体所能提供的实验资料也对他们进行后续的专利申请和保护造成影响。表 4-2 为我国中药创新主体研发特征一览表，该表是在本书第三章第二节研究结论的基础上，进一步我国中药领域上市企业、高等院校、名老中医、医疗机构各自的研发特点和疗效证明数据特点

[1]　罗霞，岳利浩，潘才敏，等．中药品种权保护相关法律问题研究［J］．中国应用法学，2021，28（04）：6-32.

的概括。

表 4-2 我国中药创新主体研发特征一览表

类别		研发特点	疗效证明数据特点
创新主体	上市企业	目标明确，贴近市场	侧重临床研究
	高等院校	现代化程度高，多采用现代西医标准。重基础轻应用	侧重药学实验
	名老中医	来自临床积累，缺乏疗效证明数据，多采用中医标准	侧重临床观察
	医疗机构	在明确适应证与疗效的同时，会严格把控药物的安全性	侧重药效学和毒理学研究

比如企业研究重点为已有品种的二次开发，尤其是上市后再评价和生产工艺升级。这与国家在2009年开始频繁出台和完善《药品上市后临床试验指导原则（草案）》《药品再评价管理办法（草案）》《中药注射剂安全性再评价生产工艺评价等7个技术指导原则（试行）》《中华人民共和国药品管理法》等药品上市后再评价政策有关，企业会根据国家政策导向及时调整研发重点。高等院校在2014年之后专利申请量和授权量均呈现下降的发展趋势，可能受到了《中国药典》新版颁布与国家知识产权局实行专利质量提升工程等缩紧专利审查尺度等影响。医疗机构中药制剂的管理受到《医疗机构制剂配制质量管理规范》《医疗机构制剂注册管理办法》等法律政策的约束，随着《中医药法》和新版《中国药品管理法》的出台，我国中药制剂由原来的注册制变为备案制，意味着医疗机构中药制剂取得制剂批准文号的时间将大大缩短，在一定程度上降低前期研发的投入成本与风险，但与此同时也规范和统一医疗机构中药制剂的标准，进一步加强了对中药院内制剂的监督和管理。

从不同创新主体科研特征情况来看，个人和上市企业的中药专利申请主要基于临床数据，但其授权率相对低于侧重药理学毒理学研究的医疗机构和高等院校的中药专利申请授权率，不同类型的实验数据可能对中药专利的授权率产生影响。当前中药专利审查对于药理学、毒理学数据存在一定的倾向性，中药的临床数据在证明发明的有益效果方面不如药理学、毒理学数据的证明力。然而由于中药具有辨证论治的特点，中药复方的开发主要依托临床实践，临床数据是体现中药复方有效性的主要依据，这跟现阶段的专利审查尺度存在一定的不契合性。

因此，不能仅仅用化学药领域的专利审查标准作为衡量中药专利创造性的唯一量尺，建议在审查中药专利时要结合中药领域各创新主体差异化的研发特点[1]，正确认识目前创新主体研发存在的差异化现状。

---

[1] 夏芬，刘子志，王瑞敏，等.基于中医药传统文化的中医药专利审查标准思考［J］.医学与社会，2017，30（04）：23-25.

第二节　不同中药创新主体专利保护的现状

作者统计了 2015 年至 2019 年各类专利申请主体的中药发明专利授权率，如表 4-3 所示，其中各年度中药发明专利总体授权率均处于 13% 以下，且 2016 年及 2019 年均出现了明显的下降。从不同申请主体来看，中药发明专利授权率从高至低依次为高校、科研院所、企业和个人，个人及企业的中药发明专利授权率远低于高校及科研院所的中药发明专利授权率，其中个人的各年度中药发明专利授权率均在 7% 以下，处于平均水平以下。

表 4-3　2015—2019 年各类主体中药发明专利申请授权率情况

主体	2015 年（%）	2016 年（%）	2017 年（%）	2018 年（%）	2019 年（%）
个人	6.80	4.02	5.58	5.91	4.13
企业	15.84	9.54	11.75	10.86	4.80
高校	14.26	20.75	38.58	34.28	16.62
科研院所	13.84	21.35	20.97	20.65	15.81

此外，作者针对第三章中所述的各类创新主体统计了其 2012 年至 2016 年各类专利申请主体对不同的发明技术类型的中药专利授权情况，从各典型主体的专利情况可以看出高校和科研院所、企业、个人这些不同创新主体的研发现状。

中药单体化合物的研发作为中药现代化研发方向之一，其在现行的专利审查标准及审查实践中能够获得专利保护。从专利授权率的情况来看，我国专利审查尺度与中药单体研发之间具有一定的契合性，其契合性体现在两个方面：一方面，中药单体属于我国专利保护的客体；另一方面，由于中药单体以现代化的研究思路进行研发，其基本适用我国现行专利审查指南规定的一般规则及化学领域发明专利审查标准。从专利授权情况来看，企业的单体化合物授权率最高，这与企业研发以市场为导向的目的有关，结构明确、含量检测指标清楚的单体化合物更利于获得专利授权，为后续新药研发奠定基础。

从专利申请总量来看，各创新主体在其自己的专利申请结构中都是传统中药复方的申请量最大，这是中药的特点所决定的。但将各类主体进行比较，名老中医的传统中药复方占比最大，中医药高校次之，上市企业相对少一些，这与各类主体不同的研发特点和市场需求有关。名老中医的发明专利多来源于历史传承和自身的临床经验积累，现代化水平较低，因此绝大多数发明专利是传统的中药复方。中医药高校在大量传统处方的挖掘和保护上具有优势，这也是其传统中药复方专利申请相对较多的原因。中医药高校具有丰富的处方资源的同时，现代化水平也较高，实验多采用现代西医学标准或中西医结合标准，因此在申请专利时，能够更好地运用现代西医标准描述专利，更容易获得专利授权，尤其是在中西医结合复方（即含化学药的复方）中体现出较为明显的优势。针对中药复方授权率低的问题，结合专利审查尺度来看，存在两个方面的不契合：一方面是开放性权利要求难以获得授权；另一方面是对中药复方发明的创造性审查尺度偏高，且在审查实践中，复审阶段与无效阶段的审查尺度存在不一致。

中药新药的上市销售，除了处方配伍之外就是中药剂型的选择，一个合理的中药剂型不仅能提高药品的治疗活性，更能促进药品的销售，因此，上市企业在中药剂型上投入了较多的研发力量。上市企业的中药剂型专利申请中，传统剂型如普通片剂、硬胶囊、注射剂等专利申请量占比高于创新剂型，如滴丸、脂质体、微囊、纳米颗粒等剂型。传统剂型的质量标准简单明确，易于研发，风险可控，而创新剂型研发成本高，且上市风险高，故上市企业的研发重点仍在于传统剂型。

此外，由于研发中药创新药物并不容易，研发难度相对较低的中成药二次开发、老药新用、探索已知中成药和提取自中药的化合物或衍生物的新制药用途的研发项目也日益增多。

中药领域创新主体专利申请和授权的主力军为个人和企业，高等院校、科研院所和医疗机构的占比严重不足，高等院校、科研院所与医疗机构这类主体申请的发明多数为职务发明，中药专利申请保护情况与专利激励体制紧密相关。我国高等院校和科研院所研究人员知识产权保护意识不强，对职称评定、申报课题和发表文章更重视，忽视了对中药专利保护。不同中药创新主体存在专利保护意识薄弱、专利保护技术手段不足、创新思维和能力有待提高等一系列问题，进而我国中药各创新主体的专利保护效果不尽如人意，在专利保护能力上仍有待提高。

第三节　不同中药创新主体专利保护的需求

现阶段各创新主体进行专利保护主要是为了促进技术的转化与实施。通过上述对我国典型中药创新主体研发重点的梳理，对我国创新主体现阶段的整体创新能力和特点及其与现阶段审查制度不契合之处进行总结，摸清我国创新主体对专利保护的需求的共性与差异。

一、中药创新主体专利保护需求的变化历程

作者对24个中药领域的创新主体进行了半结构式访谈,涉及4所中医药高校(北京中医药大学、南京中医药大学、浙江中医药大学、上海中医药大学)、2所中药专利代理机构、3家医疗机构、11个名老中医工作传承室及其他4位中药领域成果转化工作者,最终形成访谈记录。通过访谈,从中药创新主体申报专利的意识层面梳理其保护需求,以期更深层次、更准确地了解我国中药各创新主体的保护需求,访谈结果总结如下。

新中国成立至今,借助《专利法》制度优势,中医药发明人的创新精神和专利意识受到极大鼓舞,其专利保护需求大概经历了以下几个变化:2005年之前,普遍以保护上市药品核心技术为保护需求;2005—2016年,出现了以获得专利资助或奖励、评职称、课题结题为目的的保护需求;2016年以后,形成了以科研成果转化为目的的保护需求。

(一)1984—2005,对上市药品核心技术的保护

1984年我国第一部《专利法》正式颁布,当时我国药品技术的发展水平不高,并且对专利规则运用缺乏经验,该法仅对药品的生产方法给予专利保护,将"药品和用化学方法获得的物质"排除在专利保护客体范围之外;1992年对《专利法》进行了第一次修正,将"药品和用化学方法获得的物质"从不授予专利权的客体范围中删除,此次修正促使我国制药行业走向自主开发的道路。

在此期间,一些致力于将企业发展为中药现代化先驱的有前瞻性思想的企业家,在初步了解专利制度的保护作用,但还未全面、彻底的理解和学会运用专利制度时,为防止他人仿制、生产其已上市新药,便将已上市的、有竞争力的药品的全部核心技术申请专利,由此诞生了我国第一批专利,申请主体以亚宝药业、太极集团、康莱特药业为代表。至2000年左右,越来越多的中药企业逐渐有了专利意识,进行适量的专利申请,其申请的专利主要是对其技术处于保密级的已上市药品进行申请专利,如康缘药业。

(二)2005—2016,利益驱动下的保护需求逐渐凸显

2002年我国制定实施"国家专利推进工程",与之相配套的是,国家知识产权

局相继出台了《国家知识产权战略》《关于印发〈关于专利申请资助工作的指导意见〉的通知》和《关于大力开展专利电子申请推广工作的通知》三个重要指导性政策文件。2008 年国务院又颁布了《国家知识产权战略纲要》，初步确定了以鼓励申请专利为主要工作重点和政策抓手的国家创新追赶战略。

为更好响应我国的创新追赶战略及专利推进计划的落实，各级政府将目标量化，逐步形成了以专利数量增长为目标的创新追赶战略，政府官员为提升业绩需提高区域内企业的创新水平和专利数量，纷纷出台各类创新资助奖励政策和通过财政补贴、税收优惠的方式来激励创新主体积极创造专利，截至 2007 年，除甘肃省以外，中国各省均已经出台了各种形式的政府专利资助奖励政策，此系列政策具有种类多、覆盖广的特点，其种类包括高新企业技术认定补助、火炬计划补助及专利资助奖励等。同时，由于在此时期，一些企业为了获得更多的补助金额，便开始追求创新的数量和速度，部分企业还通过申请低质量甚至零含金量的专利来"套补贴"。同时高校和医疗机构也出现了以课题结项、职称评审、评奖评优、绩效考核等为目的的专利申请，此时他们对专利能否获得授权并不在意，导致产生了一批低质量或授权后维持时限较短的专利。

（三）2016 年至今，促进技术的转化和实施

为加快实施创新驱动发展战略，国家高度重视成果转化相关工作，自 2015 年起，我国围绕科技成果转化"三部曲"逐步完善了科技成果转化政策体系，其中 2016—2018 年促进科技成果转化的主要政策法规文件有 26 部，内容包括：下放高校科技成果的使用、处置和收益权，提高科研人员成果转化收益比例，减免科技成果转化收税（研发费用加计扣除政策、成果转化现金收入 50% 免征个人所得税、技术转让收入减免企业所得税、技术开发和转让免征增值税、股权奖励递延纳税等）等。同时，为应对我国知识产权大而不强、多而不优等问题，我国于 2016 年提出要提升专利质量，开始打击"非正常"申请，各地区的专利也开始从专利申请向专利授权、转化和实施阶段转移，低质量专利再难获得授权和"套补贴"，专利申请逐步回到以保护创新、促进技术运用为目的的专利申请。在访谈中发现高校、医疗机构和名老中医越来越重视成果转化，也表示当前专利保护和成果转化息息相关，专利转让、许可是其成果转化的最主要形式，部分创新主体基于明确的转化意向和转化需求开展专利申请活动。

二、目前中药创新主体专利保护存在的问题

从我国中药领域不同主体的专利申请量和授权率的情况看，不同的创新主体各自存在着不同的问题。

在各类创新主体中，以中医药高等院校为代表的科研型机构专利授权率较高，原因是其专利现代化水平相对较高，表现在其具备药学实验和临床试验的科研能力，研究多采用西医理化指标或中西医结合标准，更容易满足以化学药为参照的专利审查制度的要求。但也正因为这类机构是以科研或教育为目标导向，专利申请量在各类创新主体申请总量中占比很小，且其专利申请动机多为单位绩效考核或职称评定等，专利成果距离市场较远，产业化情况有效提升。

作为专利申请量占比超过半数的个人专利主体，其中有大量的名老中医、民间中医，其持有优秀的中药技术成果，是我国传统中药技术资源的重要来源，此类中药创新主体申请的专利多为临床上价值较高的传统中药复方。从我国中成药发展可以看出，大量优秀的中成药来源于经典古方或名老中医的临床优秀经验方，这是我国很重要的中药创新来源之一，符合目前以临床需求为导向的开发需求和市场需求。名老中医的专利来源于历史传承和多年临床实践积累，其疗效多已在临床上得到验证和认可，且一部分名老中医有较高的社会地位，如果可得到较好的资金和技术支持，专利申请和保护得当，其传统中药复方的授权率会较高。

但需要提出的是，名老中医只是庞大的个人专利申请主体中的一部分，其余大多数个人创新主体，由于存在与名老中医相似的研发特点，即来源于历史传承或临床实践、缺乏实验支持、临床试验不规范，同时又总量巨大、来源广泛、专利质量良莠不齐，专利申请、撰写和答复的能力相对其他主体较弱，不容易满足专利审查规定，故不易获得专利授权。

这就造成在实际审查中，名老中医或个人申请传统中药复方专利的数量较大，但授权率却远远不如高等院校，名老中医虽然有强烈的专利申请意愿，但其实验能力和自主创新能力还是低于高等院校[1]。并且，这类主体在临床中多是采用中医证候标准说明疗效，从中药复方的疗效数据有效性审查的角度看，常以"症候"虚实变化等抽象的中医术语判断治疗效果与疾病的转归，采用中医证候标准验证药物疗效，缺乏现代药理药效评价体系与规范的临床研究方案。于是，在证明专利申请请

① 魏颖，陈妍，袁红梅，等.基于中药专利授权率的中国专利主体研究与思考［J］.中国药业，2015，24（22）：1-4.

求保护的技术方案产生的有益效果时，难以提供毒理实验、药理实验、药物活性实验、药效对比实验等实验数据，进而较难证明专利申请中的技术方案相比于现有技术具有显著的进步，不易满足专利创造性审查规定。

因此，在传统中药复方的专利审查中，亟待解决中医药理论和中医证候标准是否可以被用于说明疗效的问题。除此之外，以名老中医为代表的个人申请专利时，团队、资金都较为匮乏。开展专利申报的经验不足，低质量的专利申请文件和审查答复会不利于专利授权。所以，名老中医十分需要与专业的代理团队合作，得到专业人士关于专利申请各方面的指导和帮助。

企业作为我国中药市场的主体，是发明创造的中坚力量，其专利授权率却较低。通过研究可以发现，企业专利保护意识已经基本达标，但创新水平仍然不足，且企业之间差距较大，专利运营能力也有待提升。对于医疗机构不同医院、同一医院不同的科室之间，研发重点和创新能力也存在较大差异。医院作为申请人，在申请专利时也会结合所在医院的发展规划，医院的支持对于激发申请专利的积极性至关重要。

从我国中药领域不同主体的研发特点看，医疗机构和上市企业的研发重点更加贴近市场，专利申请的目的清晰，更多是为了专利保护和后续的转化，对制剂和药物的安全性和有效性有更高的追求。总体来看，我国创新主体现阶段的创新水平仍然有限，目前在中药专利审查过程中，审查员将重点放在药味加减的分析上，忽略了功效和预料不到的技术效果[①]。建议审查员在后续审查中药专利创造性时，除了关注技术的显而易见性，更应从预料不到的技术效果着手。在考虑技术价值与法律价值时，还应考虑专利的市场经济价值，便于授权专利与后续的转化形成有效衔接。审查尺度的设定如果完全以上限的现代化水平来定义整体水平，不利于兼顾中药领域不同创新主体的实际创新能力，以及专利申请及保护能力等情况。

三、如今中药创新主体仍未被满足的需求

医药领域的实验都具有较高投入、高风险的特点。相比较其他领域，如机械领域，有较大差异性，较难开展尝试。中药专利申请能否获得授权与创造性的审查关系紧密，而专利审查中对"本领域技术人员的能力"的认定是创造性判断的重要因素，直接影响到创造性尺度的把握。通过前面的分析研究，可以看出，现阶段我国中药

---

① 夏芬.基于专利视角的中医院中药制剂的发展策略研究［D］.广州：广州中医药大学，2017.

创新主体整体创新水平仍然不高，并且各类创新主体创新能力、技术特点差异大，然而现阶段专利审查中对"本领域技术人员的能力"的估计高于我国目前中药创新主体的实际平均水平。这需要专利审查中对我国中药领域的"本领域技术人员的能力"有合理的估计，把握适宜的中药专利的创造性审查尺度。

研究结果显示，传统中药复方仍然是各创新主体的重点研发方向，尤其是名老中医，几乎所有的技术成果都是传统中药复方。可以预见，由于中医药理论体系的独特性、配伍及组方原则的重要性、国家鼓励经典方开发的政策导向，传统中药复方在未来很长时间内将处于不可替代的重要地位。传统中药复方的专利申请，如今面临着中医药理论是否可以被用于说明疗效的问题。作为传统中药复方专利授权率最高的中医药高校，其由于西医理化标准的实验水平，较易获得符合专利审查要求的实验数据；但对于名老中医等其他传统复方专利申请主体，在临床中多是采用中医证候标准说明疗效。尽管在我国的专利审查实践中，对采用中医理论定义疗效予以一定程度上的认可，但这一问题仍未在专利审查标准上予以明确[1]。

综上所述，从中药创新主体的专利保护需求来看，我国各类创新主体的整体创新能力和研发特点与专利审查制度仍然存在一些不契合之处，有待进一步磨合。这也对专利审查标准的研究和探索提出了更高的要求。

---

[1] 陈一孚 . 论中药和专利制度之间的兼容性——以中药发明的实用性审查为视角 [J] . 理论与改革，2016（02）：122-127.

第五章

我国中药专利现行审查标准

现有制度下，申请专利一直被公认为是最强的技术保护方式。我国中药产业在不断向内寻求创新、向外寻求发展的同时，也在积极地尝试使用各种形式对中药的创新技术给予保护。如果说中药技术创新是专利保护的源头，那么专利审查就是专利赋权的直接手段，而专利审查标准就是专利审查的基准。专利审查的标准包括了在专利审查过程中，针对专利申请所选用的专利法及其实施细则和专利审查指南中的有关审查标准性规定，以及对这些规定的理解和解释性的具体衡量标准的集合[1]。在我国现行的专利审查标准中，《专利审查指南》中已经制定了适应配套的关于计算机程序和化学领域发明专利申请审查的相关规定，但目前针对中医药只出台了审查指导意见的征求意见稿，故我国中药专利申请审查的相关制度仍有待于进一步完善，从而与现行专利审查体系完成有效衔接。

第一节 中药专利审查标准的重要性

《中华人民共和国专利法》（以下简称《专利法》）及其实施细则和《专利审查指南》，被用来调整申请人与社会公众间的关系，但专利申请纷繁复杂，不断变化，要使相对固定的《专利法》及其实施细则和《专利审查指南》明确、详尽地规范所有专利申请，显然是不可能的[1]。我国的药品专利审查体系是以西方化学药品的特征和评价体系为基础的，但是我国中医药的理论体系和中药药理成分与西医、西药有很大的区别。因此，中药专利审查评判标准长期以来不能很好地适应中药创新主体的需要，具体表现在以下三个方面：

①西医、西药一般药理机理研究较为深入，所治疗疾病、给药方式等都很明确，容易界定技术方案的保护范围。中医药具有独特的理论体系和诊疗方式。中医学着重于把握人体各功能系统之间的统一整体性质和矛盾制约关系，从而在宏观意义上对人体的生理、病理进行认识和探讨。同时，中医对疾病的诊断和治疗也要把握其所处的发展阶段，才能准确地进行辨证和处理。在临床的诊断与治疗方面，辨证论治是中医认识疾病和治疗疾病的基本原则，同时强调患者的个体因素，临床上往往要根据其年龄、性别、体质、生活环境等因素，来考虑治疗方法或用药原则。

---

① 唐楹琰，刘昶．论专利审查标准一致性［J］．商品与质量，2012（S7）：133．

②西药一般成分较为单一，容易通过现代科学技术明确其中含量。而中药多来源于天然植物、动物、矿物等，一般成分十分复杂且难以通过现有技术准确测定其含量。

③在现行的专利审查标准中，化合物的权利要求以化合物的名称、结构式、分子式来限定，它的保护范围不受该化合物用途、性能及制备方式的限制，因而化合物药品的保护范围最大，称为"绝对保护"。中药复方则与之不同，作为中药临床应用的主要形式，中药复方由多味中药按照"七情和合"与"君臣佐使"的原则及合适的剂量配伍而成，并发挥药理作用，最终实现综合调节的目标，最能体现中医药特点。在现有专利制度下，从中药中提取有效成分、有效单体化合物、化学修饰等开发的新药、中药的生产方法及某种中药的新用途，这些获得专利保护障碍较少。中药复方是中药最重要的用药方式，中药复方专利是我国中药专利申请量中最多的，但恰恰中药的专利保护中复方专利的保护是最弱的。

中药复方只能用其所含中药材品种及其含量来限定保护范围，但通过常规的组分加、减、替换便可能可以形成与所申请中药复方的君臣佐使配伍原则一致、技术效果相同的新的发明，新的发明便可以避开专利保护范围。因此，中药复方专利也就不能像化合物专利那样获得绝对保护。并且中药的许多研发思路和疗效界定方式也与化学药有很大不同，造成在技术方案的解读上、保护范围的判定上也难以清楚地界定，也为中药的专利审查、维权保护等带来了一系列问题。

此外，人的认知能力也具有一定的局限性，不同人对同一个技术方案也会有不同的理解，并且专利审查员在审查过程中也具有一定的自由裁量空间，这也有可能影响一个专利申请的最终审查结论[①]。这些不利因素阻碍了中药技术方案申请专利保护，打击了发明人申请专利的热情。

因此，深入研究中药发明创新的特点，了解中药创新主体的需求，搞清楚中药专利审查标准的评价体系的内在逻辑，建立符合中医药特色的中药专利审查标准尤为重要。中药专利审查标准应发挥好将中医药技术创新转化成专利权利的中间纽带作用。一个标准清晰、容易理解、公认易执行的中药专利审查标准不仅有利于提高中药专利的审查效率，也有利于中药创新主体和专利代理人能更好地配合专利申请、答复，促使中药专利实现从"数量"到"质量"的转变，有助于提高中药高价值专利所占比例，助力中国专利保护更好地与世界专利保护对接，提升中医药的国际竞争力。

---

① 唐楹琰，刘昶. 论专利审查标准一致性［J］. 商品与质量，2012（S7）：133.

第二节　我国中药专利审查标准的发展过程

　　我国中药专利审查在一开始并没有专属的审查标准，审查主要是依据同时期的《中华人民共和国专利法》（以下简称"《专利法》"）、《专利法实施细则》《专利审查指南》相关法条和审查标准进行审查。为了促进中医药知识创新，进一步完善中药领域发明的专利审查标准，可以使其在符合专利法律、法规的基础上更加适应中医药技术的保护，更好地通过专利保护引导中医药技术领域向着创新的方向发展。近年来，我国在不断尝试根据中医药的特点和问题，制定、修订和完善符合中医药发展规律的专有的专利审查标准。

　　国家中医药管理局与国家知识产权局曾经共同开展了《中药发明专利审查标准研究》项目，进行了初步的尝试，并于 2010 年底通过验收。此项研究工作对中药炮制品、中药复方、中药提取物和中药制剂四个方面的行业现状、审查标准现状进行了分析，对现行审查标准进行了明确、补充和完善，为中药专利审查人员在审查工作中提供了较为明确的审查标准。同时，此项研究提出了与专利保护和保密技术制度有关的政策建议。在当时，该项目填补了专利审查领域的一项空白，为中药专利审查的效率提升和审查结论一致性的提高做出了贡献。但是上述研究的具体成果并没有对外公开，中药的创新研究人员和专利申请人在专利撰写、答复审查意见时并没有相应的直接依据。

　　在此之后，2020 年 4 月 29 日，国家药品监督管理局向社会公开发布了《中药注册管理专门规定（征求意见稿）》。该意见稿专门规定了创新药、改良型新药、古代经典名方、同名同方药等新四类中药注册，同时提出了中药注册审评坚持人用经验与临床试验相结合等新理念。更值得注意的是，其中对于古代经典名方及同名同方中药注册可豁免临床试验的规定，旨在构建适宜于中药创新的专属体系。

　　与此同时期，2020 年 4 月国家知识产权局对《中药领域发明专利审查指导意见（征求意见稿）》（简称"《指导意见》"）[①]向社会公开征求意见，该指导意见的内容在中医药行业内引起了一定争议。该意见稿中突出强调了中医药专利中的新颖性、创造性、实用性的审查，厘清了一些审查的要点，同时结合了中医辨证论治的理论来判定加减和自主方，可避免以往审查中滥用"显而易见"的弊端。该意见是专利制度这一舶来品针对中药本土化保护的集中体现，并且将构建适宜于中药发明专属审查精神主旨，意见内容已在 2020 年 11 月 10 日纳入《专利审查指南修改草案》中，

---

　　① 国家知识产权局 . 中药领域发明专利审查指导意见（征求意见稿）［A/OL］.（2020-04-08）.https:// www.cnipa.gov.cn/art/2020/4/8/art_75_132083.html.

有待后续进一步审核后转为正式的《专利审查指南》的内容，有望为从源头上解决当前中药专利模仿化学药的"削足适履"情形。在《指导意见》中，对于中药加减方、中药自组方的专利创造性判断，提出了应站位于本领域技术人员，对发明和现有技术所述技术方案的"理、法、方、药"进行分析和比较，摒弃过度关注现有技术披露发明的技术特征的数量。同时，该意见中对于稀有中药材、有毒中药材、中药配伍禁忌、用法和用量不符合规定等与中药注册密切相关的技术参数特征，也进行了专利审查视域的分析与界定，这是中药注册与专利保护在中药专利审查规则下的协同关联的具体体现。

2020 年的《专利法》第四次修改后，2021 年 6 月 1 日起施行的新《专利法》中还新增加了第二十条"诚实信用原则"，以及第二十四条新增一项"不丧失新颖性的例外情形"，这两个法条与中药专利审查标准有如下关系。

部分专家学者认为中药专利质量较低，具体表现为中药专利申请文件质量不高和中药专利技术创新程度低等问题，中药领域非正常专利申请现象普遍，存在大量"垃圾"专利，难以通过严格的专利审查。《专利法》第四次修订引入民法中的诚实信用原则，新增第二十条规定"申请专利和行使专利权应当遵循诚实信用原则。不得滥用专利权损害公共利益或者他人合法权益"。作为专利申请和专利权行使的原则性条款，诚实信用原则引入专利法律制度将对专利权人的行为模式与专利发明的实施产生影响，也为中药领域非正常专利申请的审查提供了直接的法律依据[①]。

随后，国家知识产权局于 2021 年 3 月 11 日由公告发布《关于规范申请专利行为的办法》（以下简称"《办法》"）。《办法》规定了非正常申请专利行为的基本定义及其表现形式，明确了非正常专利申请的审查程序、法律救济途径和对于非正常申请专利行为的行政、刑事处罚处理措施。

在中医药领域，容易被认定为非正常申请专利行为主要是以下两类：第一类是编造、伪造不存在的发明创造内容、实验数据、技术效果等行为，或者对已有技术或设计方案加以修改变造后，夸大其效果，但实际无法实现该效果的中药专利申请，此时审查员可能基于确凿证据质疑该申请发明内容、试验数据和技术效果的真实可信度，提出质疑。第二类是在主要技术特征具备突出的实质性特点的基础上，对其他次要技术特征进行细微替换的多件专利申请。但是，在专利申请和审查实践中，申请人可能会基于核心专利进行布局，申请一系列外围专利。然而，有时这种申请方式系列申请中的技术差异太小，而申请量有较大的，很可能会造成非正常专利申

---

① 孙阳 . 论专利法律制度中诚实信用原则的规范价值——以《专利法》第二十条为切入点［J］. 中国政法大学学报 .2021，85（05）：155-166.

请的误判，申请人可以根据实际情况进行答复说明情况。因此，对此类情况的审查标准还有待于进一步细化，否则有可能使真正的创新主体的创新行为在一定程度上受到打击，反而恶意第三方通过要素简单替换实现规避专利侵权的行为会被助长，故应尽量避免此类情况的发生。

在新型冠状病毒感染抗疫期间，为了及时提供规范有效的诊疗方案或防治方案，2020 年 3 月之前，国家及各省、自治区、直辖市等地卫生健康委、中医药管理局官方网络平台公开的诊疗方案或中医药防治新型冠状病毒感染的方案多达 61 个，除此之外，各地医院、诊疗单位、一线医师等纷纷提供经验智慧，于网站、微博、微信公众号等平台公开了部分诊疗方案。以上信息的及时公开，为保护公共健康利益，为加速有效药品的创新开发提供帮助，但是以上信息均已构成网络公开。一边要鼓励发明人公开和共享技术，另一边又要保证其获得专利权的资格不受侵犯。

为了满足防控疫情等非常情况的需要，促进这些发明创造性在疾病治疗等方面的及时应用，解决公众健康问题，更好地保护发明创造性，2021 年 6 月 1 日起施行的新《专利法》中，在第二十四条新增一项不丧失新颖性的例外情形，即在国家出现紧急状态或者非常情况时，为公共利益目的首次公开的情形[①]。对于申请日在 2021 年 6 月 1 日（含该日）之后的专利申请，如申请人认为存在修改后的专利法第二十四条第一项规定情形的，可以向国家知识产权局提出不丧失新颖性宽限期的请求。以上修改，结合了此次《专利法》修订临近完善之时经历的新冠病毒感染这一重大公共卫生事件中的现实情况，反映出对疫情期间为公共利益目的而披露新技术的积极回应，体现了《专利法》与时俱进的精神和公平正义的立法追求。

国家知识产权局发布关于修改《专利审查指南》的第 391 号公告并于 2021 年 1 月 15 日施行。此次修改，进一步明确了依据《专利法》中关于发明专利补交实验数据部分的修改的规则。《专利审查指南》第二部分第十章第 3.5 节的"关于补交的实验数据"部分有较大修改，第 3.5 节下新增第 3.5.1 节"审查原则"和第 3.5.2 节"药品专利申请的补交实验数据"。其中，第 3.5.1 节修改内容涉及"对于申请日之后申请人为满足专利法第二十二条第三款、第二十六条第三款等要求补交的实验数据，审查员应当予以审查"；第 3.5.2 节内容为"按照本章第 3.5.1 节的审查原则，给出涉及药品专利申请的审查示例"。同时，示例 1 和示例 2 也有修改。该修改属于在《专利法》及其《专利法实施细则》的条款没有修改或没有实质性改变的情况下，对上位法作出具体解释、补入审查实务中形成共识的内容。其与以前版本对同一法

---

① 程诚，刘雪艳，柏宁宁. 中医药抗击新型冠状病毒肺炎专利信息及相关知识产权问题研究［J］. 中药材，2022，45（04）：1006-1014.

律问题如"补交实验数据"在内容和表述上存在差别，但是在法律层面仍然遵循"实体从旧，程序、解释从新"的原则。上述修改为中药领域使用合适的补交实验数据提供了直接的部门规章的依据，使中药专利申请中补交实验数据有了执行度更高的方式。

第三节　我国中药专利审查标准的具体内容及评述

中药发明专利和其他领域专利一样，也涉及产品、方法这两种不同主题的技术方案，而不同类型的中药专利技术方案涉及的法条也有所差异。中药领域发明专利的审查中实际上涉及的法条众多，常用的法条具体包括：专利法第五条第一款、专利法第九条第一款、专利法第二十条、专利法第二十四条、专利法第二十五条、专利法第二十六条第三款、专利法第二十六条第四款、专利法第二十二条第二款、专利法第二十二条第三款、专利法第二十二条第四款、专利法第三十一条第一款及专利法第三十三条等。

中药发明专利的审查既要符合《专利法》《专利法实施细则》《专利审查指南》的普遍标准，又要能解决其领域特有的问题和规则。结合本书前几章的分析可以看出，《指导意见》《专利法》和《专利审查指南》中最新修改的相关法条所涉及和要解决的问题，都是中药领域创新主体的迫切需求，但在审查实践中仍然存在申请人答复时却没有可依据的参考标准的问题。这些问题导致了专利申请实践中争议较多，容易出现多个存在同类缺陷的专利案卷得到不同的审查结论的问题。如果能对这些问题加以分析、总结，在一定程度上给出实践中大家认可度比较高、较为公认的判断规则作为依据，提供给申请人、审查员参考，将有利于减少实际操作中的困惑，从而加强审查标准的合理性和一致性。因此，本节中选取对中药发明专利审查标准中的重点和难点问题进行详细的说明。

一、专利法第五条第一款——涉及毒性中药材及稀有中药材的审查标准

根据专利法第五条第一款的规定，对违反法律、社会公德或者妨害公共利益的发明创造，不授予专利权。

涉及毒性中药材及稀有中药材的药物是否能够作为可授予专利权的客体，该适

用何种法条，一直以来具有不同的观点。中药领域关于专利法第五条的审查，涉及法律时，适用要求较为严格，主要涉及的法律有：《药品管理法》，《药品管理法》第三十二条规定"药品必须符合国家药品标准"，具体表现为国务院药品监督管理部门颁布的《中华人民共和国药典》和药品标准的相关规定；《野生动物保护法》，具体表现为《国家重点保护野生动物名录》的相关规定；《中医药法》等。

我国《指导意见》针对被禁止入药的稀有中药材、被禁止入药的毒性中药材、未禁止入药的毒性中药材分别规定：

（1）涉及利用被禁止入药的稀有中药材完成的发明因妨害公共利益，属于专利法第五条第一款的规定的不予授予专利权的范围。

（2）涉及被禁止入药的毒性中药材的发明创造的实施导致危害公众健康，通常属于专利法第五条第一款规定的妨害公共利益情形而不予授予专利权的范畴[①]。

我国药品监管部门对于含有毒性中药材的药物有着严格的管理，先后3次于2003年4月、2004年4月、2004年8月发文通报含马兜铃酸中药的肾毒性问题，因安全性问题取消了关木通、广防己、青木香的药用标准，规定凡2004年9月30日以后生产的中成药中仍含有广防己、青木香的，一律按假药查处，对含马兜铃、寻骨风、天仙藤、朱砂莲的中药制剂严格按处方药管理。并暂停受理含马兜铃、寻骨风、天仙藤和朱砂莲等4种药材的中成药的中药品种保护申请和已有国家标准药品的注册申请，暂停受理含上述4种药材制剂的新药注册申请，抗艾滋病病毒和用于诊断、预防艾滋病的新药，治疗恶性肿瘤罕见病等的新药及治疗尚无有效治疗手段的疾病的新药等特殊情况除外[②]。

含毒性中药材的中药新药注册管理要求也更为严格。例如，中药新药申请临床试验，处方中含有毒性药材或毒性成分时，综述资料应写明毒性药材的主要毒性及日用量是否符合法定用量要求；应结合工艺、质量标准研究情况，分析药学研究与毒理学研究的相关性，综合评价安全性[③]。来源于古代经典名方的中药复方制剂，如果处方中含有毒性药材，不仅需要提供非临床安全性研究资料，还应提供临床安全性研究资料[②]。对含毒性药材中药制剂减免临床试验的改剂型和仿制品种的研究和评价应从严要求：处方中含有分类为大毒药材的口服制剂，申请改剂型或仿制，

① 国家知识产权局.中药领域发明专利审查指导意见（征求意见稿）[A/OL].（2020-04-08）.https://www.cnipa.gov.cn/art/2020/4/8/art_75_132083.html.
② 国家食品药品监督管理局政策法规司.食品药品监督管理规范性文件汇编（1998年—2011年）[M].北京：中国医药科技出版社，2012：111-143.
③ 国家食品药品监督管理局.药物研究技术指导原则（2006—2007年）[M].北京：中国医药科技出版社，2007：75-84

必须提供安全性研究资料；处方中含有分类为有毒药材，且功能主治为儿科用药、妊娠期和哺乳期妇女用药的口服制剂，申请改剂型或仿制，必须提供与适用人群相关的安全性研究资料；处方中含有现代研究发现有严重毒性的药材，如处方中药材含有马兜铃酸的口服制剂，申请改剂型或仿制，应提供安全性研究资料[①]。对于处方涉及毒性药材的已上市中药制剂的生产工艺变更，应关注生产工艺变更对药品安全性的影响[②]。

由上可见，新药审批时，药品监管部门对毒性中药材及其制剂的安全性有更严苛的管理要求。专利审查与新药审批的目的和要求不同，安全性是新药审批中必须重点审核的"三性"之一，它并不是专利审查必须审查的内容，但部分观点认为，为提升中药领域发明专利申请和授权的质量、保障临床用药安全、减少专利给社会带来的不良影响，对于含毒性中药材的专利申请，在专利审查中有必要参考行业的相关要求对其安全性进行适当和合理的考量[③]。

需要注意，对于含有关木通、广防己、青木香的中药组合物，由于属于是禁止使用在药品中的，审查中适用于专利法第五条第一款的规定。而对于含有马兜铃、寻骨风、天仙藤、朱砂莲的中药制剂，则按下述"国家未禁止入药的毒性中药材"的审查标准来执行。

（3）对于国家未禁止入药的毒性中药材，使用时如果不符合国家规定的用法和用量，会危害公众健康，可以"妨害公共利益"为由，纳入专利法第五条第一款规定的不能被授予专利权的范畴，但能提供可信的证明其安全性的证据的除外[④]。

2015 版《中华人民共和国药典·一部》中记载的中药材中包括：大毒药材（10种）、毒性药材（42种）、小毒（31种）。大毒药材：川乌、马钱子、马钱子粉、天仙子、巴豆、巴豆霜、红粉、闹羊花、草乌、斑蝥。毒性药材：三颗针、干漆、土荆皮、千金子、千金子霜、制川乌、天南星、制天南星、木鳖子、甘遂、仙茅、白附子、白果、白屈菜、半夏、朱砂、华山参、全蝎、芫花、苍耳子、两头尖、附子、苦楝皮、金钱白花蛇、京大戟、制草乌、牵牛子、轻粉、香加皮、洋金花、臭灵丹草、

① 国家食品药品监督管理局政策法规司.食品药品监督管理规范性文件汇编(1998—2011年)［M］.北京：中国医药科技出版社，2012：562-563.

② 国家食品药品监督管理局.总局关于发布已上市中药生产工艺变更研究技术指导原则的通告（2017年第 141 号）［EB/OL］.（2017-08-24）.http：//samr.cfda.gov.cn/WS01/CL0087/177333.html.

③ 陇萃源.专利审查中如何考量毒性中药材的安全性［EB/OL］.（2018-12-03）.http://www.longcuiyuan.com/news-id-3996.html.

④ 国家知识产权局.中药领域发明专利审查指导意见（征求意见稿）［A/OL］.（2020-04-08）.https://www.cnipa.gov.cn/art/2020/4/8/art_75_132083.html.

狼毒、常山、商陆、硫黄、雄黄、蓖麻子、蜈蚣、罂粟壳、蕲蛇、蟾酥、山豆根。

含有上述药物的中药或含上述中药的组合物在申请专利时，如果没有按照药典所规定的剂量和使用方法，则有可能在审查过程中受到专利法第五条第一款的质疑，例如《药典》记载"红粉：本品为红氧化汞（HgO）。功能与主治：拔毒、除脓、去腐、生肌。用法与用量：外用适量，研极细粉单用或与其他药味配成散剂或制成药捻。注意：本品有毒，只可外用，不可内服，外用亦不宜久用，孕妇禁用"。当专利申请如果内服药物中含有红粉，则有可能受到专利法第五条第一款的质疑。建议在说明书中尽量提供完整的毒理或安全性试验和说明。

"十九畏"——硫黄畏朴硝，水银畏砒霜，狼毒畏密陀僧，巴豆畏牵牛，丁香畏郁金，川乌、草乌畏犀角，牙硝畏三棱，官桂畏赤石脂，人参畏五灵脂[1]。"十八反"——甘草反甘遂、大戟、海藻、芫花；乌头反贝母、瓜蒌、半夏、白蔹、白及；黎芦反人参、沙参、丹参、玄参、细辛、芍药[2]。

对于技术方案中涉及"十八反十九畏"的情形，鉴于其属于配伍禁忌、存在较大的毒副作用，甚至会危及生命，应从危害公共健康的角度指出其不符合专利法第五条第一款。能提供反证证明组方不存在毒副作用的情形除外。比如，半夏与乌头就是"十八反"的一种，但是现代研究证明，半夏与乌头配伍，未见明显的增强毒性，此时对于组方中同时含有半夏与乌头的专利申请，在申请人合理陈述之下，可以克服所述缺陷。

然而作者认为此类情形的审查可考虑另一种思路。对于国家未禁止入药的毒性中药材，无论是否符合国家规定的用法和用量，该专利本身与危害公众健康之间并不存在直接的因果关系。只有当该含有国家未禁止入药的毒性中药材的专利予以实施时，才可能产生危害公众健康的后果。从表面上看，在专利领域加大"妨害公共利益"的审查有利于防止危害公共利益行为，但随着市场监管的贯彻及中医药技术创新的发展，应当避免"妨害公共利益"适用范围的"口袋化"。此外，由于禁止入药的稀有中药材或被禁止入药的毒性中药材在我国不得入药，因此，利用被禁止入药的稀有中药材或被禁止入药的毒性中药材完成的发明，并不具有在产业中被制造或使用的可能性，因而不在我国具备实用性，建议使用专利法第二十二条第四款予以评价。

相比于我国，美国审查指南（MPEP）中并未明确规定涉及有毒物质、禁止入

---

① 侯士良.《中药学总论》自学辅导［J］.河南中医药学刊，2001（01）：70-74.

② 国家知识产权局.中药领域发明专利审查指导意见（征求意见稿）［A/OL］.（2020-04-08）.https://www.cnipa.gov.cn/art/2020/4/8/art_75_132083.html.

药的发明专利不予授予专利权，并且 MPEP706.03(a) 规定不得以发明无足轻重、欺诈的或违反公共政策为由驳回专利申请[①]。在 Juicy Whip v. Orange Bang （Fed. Cir. 1999）案中，法官指出："几年前，法院以赌博设备有违道德为由，宣告其专利无效，但这已不再是法律。国会从未想过专利法应该取代各州的监管权，监管权指的是那些促进健康、公序良俗、和平和公共福利的权力。我们在美国专利法第 101 条中没有找到仅仅因为发明能够欺骗某些公众，就可以因缺乏实用性而被裁定不可授予专利权的依据。"此外，我国台湾地区同样对涉及毒性中药材的发明审查持与美国相同的态度，即不以妨害公共秩序为由拒绝授予专利权。

可见，虽然《指导意见》指出涉及毒性中药材及稀有中药材的技术方案不应授予专利权，但是作者认为对于法条的适用仍然存在争议，并且较中国台湾地区和其他国家在该问题上存在不同的标准。因此，对于涉及毒性中药材及稀有中药材的技术方案，中药专利的申请人可以根据实际情况选择专利申请的范围。

二、专利法第二十六条第三款——说明书公开充分的审查标准

根据专利法第二十六条第三款的规定：说明书应当对发明作出清楚、完整的说明，以所属技术领域的技术人员能够实现为准。也就是说，说明书应当满足充分公开发明的要求。

（一）中药材名称的公开充分标准

中药材是中药发明专利的技术方案的核心，说明书应当清楚、完整地记录其中药材原料的信息，并且使用规范的中药材名称。

对于说明书所记载的中药名称为中药异名，其在现有技术中对应多种不同来源的中药正名，导致所述中药材名称指代不清时：

若依据现有技术和 / 或说明书记载的有关药材性味、归经、功效等的描述可以判断其必然是指某一种中药材，则认为说明书公开充分[②]。

若这些中药材的功效都相同或类似，现有技术表明无论采用哪一种中药材，都

[①]　Manual of Patent Examining Procedure［S/OL］.［2023-02-16］.https://www.uspto.gov/web/offices/pac/mpep/mpep-0010-title-page.html.

[②]　国家知识产权局 . 中药领域发明专利审查指导意见（征求意见稿）［A/OL］.（2020-04-08）.https://www.cnipa.gov.cn/art/2020/4/8/art_75_132083.html.

可以实现说明书的发明目的，则认为说明书公开充分；若现有技术中有证据表明，其中某个中药材确实不适宜在技术方案中使用，则认为其不能满足公开充分的要求。

若这些中药材的功效并不完全相同，选用不同种类的中药材可能导致中药组方整体功效发生变化，则认为其不能满足公开充分的要求。

（二）疗效证据的公开充分标准

对于中医证、病的说明书满足专利法第二十六条第三款"充分公开"主要涉及以中医治疗的证或病疗效的界定。中医治疗的证或病的疗效界定建议中医或西医标准均可以采用。

目前的中医技术研究中，中医证或病的动物病理模型已为学术所认可。因此，如果说明书按照中医领域认可的中医证或病的动物模型进行试验，这些实验室试验获得的定性或定量数据便可以作为说明依据，用以清楚地表述中医证或病的技术效果，作为该中医证或病技术特征的说明依据。

同时，临床试验中关于中医证或病的定性或者定量数据也可以采信。一般的中医证或病都有相应的诊断标准，需要在说明书中充分描述该中医证或病的病例选择及诊断标准、给药方法、观察指标及其治疗前后的变化、疗效判定标准各项内容。

需要注意，就专利审查角度而言，由于中医药独特的配伍理论，切不可因为形式上没有记载药效数据而一概驳回，要结合说明书的记载及现有技术进行综合判断。

三、专利法第二十二条第二款——新颖性的审查标准

根据专利法第二十二条第二款的规定：新颖性，是指该发明或者实用新型不属于现有技术；也没有任何单位或者个人就同样的发明或者实用新型在申请日以前向国务院专利行政部门提出过申请，并记载在申请日以后公布的专利申请文件或者公告的专利文件中。

在进行新颖性判断时，如果专利申请"权利要求所限定的技术方案与对比文件公开的技术方案实质上相同，所属技术领域的技术人员根据两者的技术方案可以确定两者能够适用于相同的技术领域，解决相同的技术问题，并具有相同的预期效果"，则认为两者相同。然而，中药专利的新颖性的判定有许多特殊的问题。

（一）现有技术公开的方式复杂多样

除了专利中最普遍认可的出版物公开外，中医药由于使用历史悠久，现实中使

用范围广、发明者和技术传承情况复杂，存在许多使用公开和其他公开的方式，而对这些公开方式的材料的认定是很复杂的问题。而一些中医药方面的古籍，目前仅存孤本、善本，由于其借阅或展出条件十分严格，因此其中部分文件是否属于《专利法》意义上的"公开出版物"也值得商榷。

使用公开的方式，包括能够使公众得知其技术内容的制造、使用、销售、进口、交换、馈赠、演示、展出等方式。若未给出任何有关技术内容的说明，以致所属技术领域的技术人员无法得知其结构和功能或材料成分的产品展示，则不属于使用公开。如果使用公开的是一种产品，即使所使用的产品或者装置需要经过破坏才能够得知其结构和功能，也仍然属于使用公开[①]。使用公开是以公众能够得知该产品或者方法之日为公开日。"为公众所知的其他方式，主要是指口头公开等。例如，口头交谈、报告、讨论会发言、广播、电视、电影等能够使公众得知技术内容的方式。口头交谈、报告、讨论会发言以其发生之日为公开日。公众可接收的广播、电视或电影的报道，以其播放日为公开日"[①]。对于上述证据的举证和材料认定，在中药新颖性的判定中也一直是一个难点。

对于因公众突发卫生事件导致的中药信息的公开，可以申请专利法第二十四条第一项规定情形的，可以向国家知识产权局提出不丧失新颖性宽限期的请求。

（二）中药提取物新颖性判断的难点

根据新颖性的审查原则，对中药提取物而言，如果对比文件记载用了相同原料制备的提取物，或其具有与请求保护的提取物相同或相近似的成分组成或制备方法，或经过分析，认为用对比文件的制备方法得到的产品与请求保护的提取物相同或相近似，就可以将该对比文件作为最相关的现有技术。再通过考察该对比文件公开的提取物的成分组成或制备方法，判断请求保护的提取物是否与比文件公开的提取实质相同。

然而，中药提取物是多种成分的混合物，其中的各种成分及其配比无法得到全部确认，对提取物化学成分描述的不同并不说明提取物一定不同。有时，对比文件中并没有公开提取物的成分组成，或所记载的化学成分的种类与所请求保护的提取物并不完全一致。此外，还可以考察对比文件中公开的制备方法这一制备提取物的关键技术特征，判断请求保护的提取物是否具备新颖性。用相同的原料、相同的提取方法得到的提取物肯定是相同的。但是，用相同的原料，即使提取方法不同，所

---

① 柳福东，朱雪忠.深入解读新专利法——论新《专利法》第62条［J］.湖湘论坛，2009，22（06）：5-9.

得提取物也不一定不同。

所以，在不能将请求保护的提取物与现有技术区分时，可以推定其不具备新颖性。当请求保护的提取物与现有技术相比确实不具备新颖性时，应考虑调整研究方向或修改技术方案后再提出申请，比如尝试保护提取物的制备方法或医疗用途，无疑将提高专利授权概率。

四、专利法第二十二条第三款——创造性的审查标准

我国专利法第二十二条第三款规定：创造性是指与现有技术相比，该发明具有突出的实质性特点和显著的进步。创造性是专利审查中最重要、最复杂的环节，中药领域的审查中创造性审查也是最重要的部分。《专利审查指南》（2010 版，2020 年修订）规定：判断发明是否具有突出的实质性特点，就是要判断对本领域的技术人员来说，要求保护的发明相对于现有技术是否显而易见。如果要求保护的发明相对于现有技术是显而易见的，则不具有突出的实质性特点；反之，如果对比的结果表明要求保护的发明相对于现有技术是非显而易见的，则具有突出的实质性特点[①]。

《专利审查指南》进一步明确了判断要求保护的发明相对于现有技术是否显而易见的"三步法"，即：①确定最接近的现有技术；②确定发明的区别特征和发明实际解决的技术问题；③判断要求保护的发明对本领域的技术人员来说是否显而易见。在专利审查实践的绝大多数情况下，审查员在判断发明专利的创造性时都是依据"三步法"来进行的。我国《专利审查指南》中还规定了 4 种应当考虑的其他辅助判断因素。具体如表 5-1 所示。

表 5-1　中国发明专利创造性审查标准的判断步骤及内容

关键点	具体步骤/内容
突出的实质性特点（非显而易见性）	首先，确定最接近的现有技术；其次，确定发明的区别特征和发明实际解决的技术问题；最后，判断要求保护的发明对所属领域的技术人员来说是否显而易见
显著的进步（有益的技术效果）	①发明与现有技术相比具有更好的技术效果；②发明提供了技术构思不同的技术方案，其技术效果基本达到现有技术的水平；③发明代表了新的发展趋势；④发明尽管在某些方面存在负面效果，但在其他方面有明显的积极技术效果

① 王博，韩雅婷.通过技术效果判断方法发明申请的创造性［C］//中华全国专利代理人协会.2013 年中华全国专利代理人协会年会暨第四届知识产权论坛论文汇编：第二部分.［出版地不详］：［出版者不详］，2013：308-316.

续表

关键点	具体步骤／内容
辅助判断因素	①发明解决了人们一直渴望解决，但始终未能获得成功的技术难题； ②发明克服了技术偏见； ③发明取得预料不到的技术效果； ④发明在商业上获得了成功

中药因其存在的特殊性和中西方对其认知的区别，中药发明专利中的重要技术方案类型的创造性审查标准在使用"三步法"时遇到了很多问题，下面结合中药发明专利技术方案中最常见的三种技术类型特点分别进行说明，所述的三种类型为：中药复方（组合物），中药提取物，中药新制药用途。

（一）中药复方的创造性

中药复方，也称为中药组合物，是指依据中医药传统理论形成的，以多种中药原料组合为主要技术特征的组合物发明[①]。中药复方是中药领域技术创新的重要组成部分，也是中药专利申请量最大的部分。由于中药复方从发明构思、有效成分、擅长治疗的疾病种类等都有别于化学药，因此在创造性的评价上也有自身的特点。

1. 中药复方专利审查的难点

首先，中药复方往往组成成分复杂，有效成分不明确。在临床应用时，单味中药还需遵循"七情"配伍和"君臣佐使"等组方原则，进一步形成复方，且病患服用前还需经过煎煮等制剂手段，中药复方的组成成分在制剂过程中又进一步变化，形成更为复杂的组成成分，其具体有效成分也更难以确定。这使得在对比专利的产品和现有技术时，不利于比较说明区别技术特征，难以说明专利申请的突出的实质性特点。

其次，中药制剂生产困难，临床疗效不稳定。中药复方制剂生产是实现中药复方临床应用过程中疗效稳定、质量可控的关键环节，国家相关管理部门也相继出台系列政策文件指导中药复方的制剂生产工作。但结合现有研究来看，中药复方的制剂受到多重因素影响，难以有效确保临床使用的安全、有效、稳定和一致。中药复方具有明显的来自天然的药物取向，其品质优劣受到品种、产地、采收时间、加工炮制、储存等多种因素的影响，并且目前中药药效物质研究针对主要有效成分进行深入研究，难以建立有效、详细的检测体系衡量中药的具体品质进而实现质量控制。

① 国家知识产权局. 中药领域发明专利审查指导意见（征求意见稿）［A/OL］.（2020-04-08）. https://www.cnipa.gov.cn/art/2020/4/8/art_75_132083.html.

中药发明如何才算"有实实在在疗效，可以解决临床难题"，只在理论上进行推导分析无法证明，仍需要应用于临床、实验等实践才能得到的结果。在申请中药的发明专利时也是如此，想要说清楚中药发明究竟具有怎样的效果，需要借助包括临床案例在内的实验数据才能表达明确，也更有说服力。而许多中药专利申请在进行对比实验时，难以得到合适的说明技术效果的可信数据，也就难以证明专利技术效果是非显而易见的。

再次，2020年新颁布的中药新药管理政策简化中药新药注册分类，按照中医药理论指导下的中药新药基本研发思路进行分类，不再强调化学属性，而更多考虑实际临床价值。上述政策简化来源于古代经典名方中药复方制剂的中药新药注册审批程序，并明确鼓励已上市中成药扩大治疗适应证，进一步挖掘临床潜力，通过二次开发提升药品质量和市场竞争力。因此，中药复方研发创新的重点为临床已有应用的中药方剂，以其作为技术起点将降低新药研发的风险并更好地满足临床实际需求。许多药厂、医院等对已有中药品种、院内制剂的二次开发，如新剂型、新制药用途等申请专利较多，这些中药复方往往是在现有中成药、方剂或验方等的基础上进一步改进和优化。所以，其与现有技术的区别技术特征往往不大，为了证明这些技术方案的创造性，对实验数据的要求就更高。

通过对比我国实质审查阶段审查员和复审阶段合议组对于相同案件在专利创造性上的不同评述结果，以及美国、我国台湾地区中药复方的创造性审查标准，可以看出我国对中药领域的创造性评价中，本领域技术人员的水平和能力设置较高。但是，有许多中药创造性的评述意见，将中药复方简单理解为把各个药味和用量的相加、选择、替换等形式，或是单纯将药效叠加就能够实现对目标疾病的治疗作用，忽视了中药复方内部复杂的配伍关系在组方过程中的变化，忽视该项工作的技术难度和中药领域的一般技术思路，赋予本领域技术人员不合逻辑、超出水平的分析、推理及试验能力，割裂看待中药复方的整体效果。对中药复方药味加减这一思辨过程，这些评述意见缺乏对中药复方天然存在的配伍关系的考量，而是简单从西医试验思维角度来看待中药复方的变化，认为在现有技术公开了某类中药或某几种中药具有某种功效，或某几种中药组方制成了具有某种功效的复方的基础上，通过选用具有相应功效的中药重新组方或者中药复方合方运用形成的新组方，也仍然保持相应的原有功效，甚至将会产生药效叠加。

本领域技术人员出于获得某些特定功效的动机，将中药进行组合形成疗效确切的中药复方，在此情况下运用"三步法"所确定的最接近的现有技术并不明确，且缺乏对于中药复方内部关系变化的考虑。进而导致创造性审查实践中的尺度超出合理范围。在运用"三步法"判断发明技术方案相对现有技术的显而易见性时，因中药在性、味、归经上天然存在联系，便认为药味替换的技术启示也明显存在，进而认为本领域技术人员将容易地做到对于类似中药的替换并保持相应的功效作用，忽视中药复方复杂的内部配伍关系。由此，审查员推定临床实践时，中药复方药味的调整属于本领域技术人员所具备的常规技术技能和手段，因而具有显而易见性，同时也不接受中药复方发明取得了预料不到的技术效果，最终得出该变化不具备创造性的结论。此时，如果申请人在专利申请文件及答辩中未能有针对性地提供有力证据，说明发明的技术构思及其所取得的技术效果，致使审查员继续对于发明技术方案的理解存在偏差，在创造性评述上产生分歧，忽视中药复方本身具有的领域特点，低估中药复方发明专利的创造性，便无形中提高其获得授权的门槛。

基于上述众多不利因素，在判断中药复方发明专利是否具备创造性时：首先，要准确站位本领域技术人员。作为中医药领域的技术人员，应当具备中医药的基本知识，掌握中医基础、诊断、治疗等各种基本理论，熟悉组方配伍的常见规律和变化原则，以及中医药现代研究的基本技能等[①]。其次，应充分考量中药复方发明的权利要求所要求保护的技术方案、说明书记载的内容及现有技术的公开情况，在此基础上方可对专利是否具有创造性作出合理评述。

2. 中药复方创造性判断要素的运用标准

专利"三步法"的操作步骤是创造性判断的一般性规则，下面结合"三步法"来解读一下中药组合物创造性评价要素的运用方法。

（1）"最接近的现有技术"的确定

在确定中药组合物发明最接近的现有技术时，不宜过度关注现有技术披露发明的技术特征的数量，而忽视对主要技术特征的把握。对于中药组合物发明，其主要技术特征应是组合物中起主要作用的有效成分。

中药组合物中君、臣、佐、使的确定，主要是以药味在组合物中所起的作用的主次为依据。因此，君药是组合物中起主要作用的药味。需要注意的是，当臣药为针对重要的兼病或兼证起主要治疗作用的药物时，臣药与君药均为该组合物中起主要作用的有效成分。

---

① 国家知识产权局. 中药领域发明专利审查指导意见（征求意见稿）［A/OL］.（2020-04-08）. https://www.cnipa.gov.cn/art/2020/4/8/art_75_132083.html.

无论发明所请求保护的中药组合物是加减化裁方还是自拟方，如果根据本领域的公知常识和说明书的记载，能够分清发明所述组合物的君臣佐使的配伍关系，明确主次地位，则应当选择与要求保护的发明技术领域相同，且所要解决的技术问题、技术效果最接近，以及主要药味（即君药，或者君药及臣药）与该发明相同的现有技术作为最接近的现有技术[1]。

（2）确定发明的区别特征和实际解决的技术问题

《指导意见》结合中药组合物特点给出了一种将中药组合物发明的区别特征进行"分层分类"的归纳的方法，该方法具体包括下述步骤：①按主次分层：依据区别药味在组方中发挥作用的主次地位进行分层，针对主病或主证，发挥主要治疗作用的药味为主要药味（君药），治疗兼证或次要症状的药味为次要药味。②按功效分类：如果发明的组方结构不明显，或者同一分层上的药味仍然很多，还可以将区别药味按其功效或作用进行分类。

《指导意见》指出通过上述方法，既可理清区别特征之间的复杂关系和作用，也利于从整体上考虑区别特征在要求保护的发明中达到的技术效果。实践中，审查员确实常使用该方式进行中药复方的区别技术特征的分析，因此，通过上述方法有利于申请人理解审查意见的思路，提高沟通效率。

在确定发明的区别特征后，根据该区别特征在要求保护的发明中所能达到的技术效果确定发明实际解决的技术问题。在确定中药组合物发明实际解决的技术问题时，《指导意见》建议应遵循以下原则：①实际解决的技术问题应依据说明书的记载、最接近的现有技术，以及本领域普通技术知识等技术信息来确定。说明书中声称但未加以证实的技术效果，不能作为确定实际解决的技术问题的依据。②说明书所记载并证实的任何技术效果都可以作为重新确定技术问题的基础。通常包括但不限于增强疗效、降低毒副作用、改变适应证或扩大治疗范围、简化组方以节省资源等方面。③应整体上考虑区别特征与组方中其他药味等特征之间的关系在要求保护的发明中所达到的技术效果[2]。

作者认为《指导意见》虽然给出了上述确定中药复方的技术效果的原则，但是审查实践中，往往审查员对中药复方的实际解决的技术问题归纳得非常笼统，只是简单地将实际解决的技术问题定义为"一种治疗 ** 疾病的中药 / 中药组合物"，

① 国家知识产权局. 中药领域发明专利审查指导意见（征求意见稿）[A/OL].（2020-04-08）. https://www.cnipa.gov.cn/art/2020/4/8/art_75_132083.html.

② 国家知识产权局. 中药领域发明专利审查指导意见（征求意见稿）[A/OL].（2020-04-08）. https://www.cnipa.gov.cn/art/2020/4/8/art_75_132083.html.

而很少进一步地去归纳分析特定区别技术特征与所带来技术效果之间的深层次的关联，造成对一些中药复方的发明的创新难度和技术价值过于低估，因此也造成了实际中对中药复方的创造性的评价流于形式。建议申请人在中药复方的专利审查标准中提高对确定实际解决技术问题判断、分类、评估的重视，以更客观地评价中药复方发明的技术成果。

3."技术启示"的判断

《指导意见》结合中药组合物特点具体列举了四种获取技术启示的常见来源，更加明确了运用"三步法"评述中药组合物发明专利创造性过程中技术启示的判定方法。判定技术启示是否存在的通常思路，为比对区别特征在现有技术中和在权利要求所保护的发明中，为解决"三步法"重新确立的技术问题所起的作用是否相同，如果作用相同则一般认为本领域技术人员存在改进动机，现有技术存在技术启示。由此可见，判断现有技术是否存在技术启示的重点在于正确理解发明的技术构思，即合理推断本领域技术人员对于解决发明涉及的技术问题所采用的技术改进思路。因此在判断现有技术中是否存在中药组合物的技术启示时，不能违背中药组合物的一般技术改进思路，如中药组合物药味替换时一般不采用使用频率低的类似药味和不同功效的药味，药味加减一般不涉及主要药味（如君药、臣药）的变化等，否则容易造成"重作用相同，轻改进动机"的问题。

以下为中药组合物发明的常见类型。

（1）药味替换（要素替代）

作者认为，对于中药组合物发明，如果其与现有技术的区别特征在于使用了功效相近的药味替换现有技术，但二者性味或归经不同，或临床区分使用，而现有技术中并未给出该替换的技术启示，则该中药组合物发明具备创造性，无须再证明发明产生了预料不到的技术效果。例如：沉香与降香虽均为辛温芳香理气药，然沉香善行气以止痛，而降香善降血中之气以活血止痛。二者性味归经不同，临床应用亦有所不同。如果本领域技术人员没有动机将两者替换使用，则替代后的组合物应当是非显而易见的。

对于药味替换，通常认为将某技术领域使用频率较低的中药药味替换现有技术中的某味，对本领域技术人员来说是不容易想到的，若现有技术未明确给出该药味替换的技术启示，则中药组合物发明具备创造性。

（2）药味减少（要素省略或选择发明）

《指导意见》中指出，如果原料药药味的增减或用量的加减没有改变其基本的配伍关系（如君药或主要药味不变），也没有改变其基本的主治功效（如主证、主病和基本病机不变），那么这种加减变化属于中医常见的"临证加减"。这种"临证加减"是中医药领域技术人员的常规技能，是本领域技术人员容易想到的，除非有证据证明该方案具有预料不到的技术效果①。换言之，《指导意见》认为临证加减对本领域技术人员而言是显而易见的。

但是作者认为即便随症加减是本领域技术人必须具备的技术水平，在判断突出的实质性特点时，也应当考虑发明对于现有技术而言是否显而易见，否则审查标准将过多受到主观因素的影响，这种主观衡量标准的合理和适当难以保证。在判断是否显而易见时，不应脱离"三步法"中规定的对技术启示的确认。如果直接将"临证加减"视为是显而易见的，而忽视对技术启示的确认，则也是脱离应有的判断步骤的一种主观宣判。"药味减少后的组合物仍能达到原方相同的技术效果"，这实际上也属于《指导意见》中规定的"临证加减"，而在"临证加减"情况下，除非有证据证明该方案具有预料不到的技术效果，否则该发明将不具备创造性。但《指导意见》中规定了当药味减少后的组合物仍能达到原方相同的技术效果的技术效果时，发明具备创造性。因此，若将"临证加减"直接视为是显而易见的，则这与药味减少但技术效果相同情况下的审查标准相矛盾。

因此，当组合物中的药味减少时，若现有技术没有给出省略某味中药药味的技术启示，则应当认为该中药组合物是非显而易见的，具有突出的实质性特点，若发明能够产生有益的技术效果，则该中药组合物发明具备创造性。

此外，当省略某味中药药味后，中药组合物仍能达到原方相同或更好的技术效果或带来预料不到的技术效果，则该中药组合物发明具备创造性。

（3）改变了已知方的主要药味（要素关系改变）

作者认为，若中药组合物发明改变（加、减、替换）了现有技术中的大部分药味或主要药味（君药，或君药及臣药），无论是否改变原方基本的主治功效，均不属于本领域技术人员的常规随症加减。若现有技术没有给出将区别特征应用到最接近的现有技术上以解决其技术问题的技术启示或教导，则发明是非显而易见的；当发明具有有益的技术效果时，该中药组合物发明具备创造性。

（4）限定了已知方中药味的含量（选择发明）

研究发现在审查实践中，审查员常认为在中药组合物组分已经被公开的情况下，组分的含量是通过限次试验可以得到的，从而认为组合物组分已被现有技术公开但

① 国家知识产权局. 中药领域发明专利审查指导意见（征求意见稿）［A/OL］. （2020-04-08）. https://www.cnipa.gov.cn/art/2020/4/8/art_75_132083.html.

含量未被公开的中药组合物发明不具备创造性。但若现有技术并未给出组分含量的技术启示，则按照"三步法"的判断标准，在中药组合物具有有益效果的情况下，该中药组合物发明是具备创造性的。因此"通过有限次试验可以得到"与"三步法"判断方法之间可能存在矛盾。

为了避免"通过有限次试验可以得到"与"三步法"判断方法之间的矛盾，建议判断发明是否属于"通过有限次试验可以得到"的情形时，应当按照"三步法"判断发明的显而易见性。因此，对于组合物组分已被现有技术公开但含量未被公开的中药组合物发明，不应简单地以"通过有限地试验或常规手段即可得出组合物的用量"为由否定创造性。根据"三步法"判断方法，如果现有技术未给出组分含量的技术启示，则该中药组合物发明是非显而易见的，当发明具有有益的技术效果时，其具备创造性。此外，若组合物组分已被现有技术公开但含量未被公开的中药组合物发明与现有技术相比，产生了预料不到的技术效果，则该中药组合物发明具备创造性。

4."预料不到的技术效果"的认定

预料不到的技术效果作为发明创造性判断的辅助因素，在中药复方发明专利审查实践中，往往对于认定预料不到的技术效果存在分歧。对此，首先应当明确中药复方的技术效果的具体内容，中药新药管理政策明确规定中药新药的疗效评价应当体现中药的治疗特点和优势，具体包括疾病痊愈或延缓发展、病情或症状改善、患者生活质量提高、与化学药品合用增效减毒或减少化学药品使用剂量等[①]，审查员在审查实践中应当接受申请人主张发明取得上述技术效果的一种或者多种，并在此基础上判断是否属于本领域技术人员不可预料。

其次，应当明确中药复方功效的功效表述方式，减少申请人与审查员两者在发明技术效果理解上的差异。由于中药复方的病、证与现代医学的病之间既有对应联系，也有区别差异，对此可采纳中药新药主治功能的规范表述要求，根据中药复方主治的不同设置为"病证结合""病""证候"三类，视情况采用中医专业术语、现代医学疾病术语或者两者结合进行表述[②]。

再次，应当明确如何体现中药复方的技术效果，中药复方多元化的技术效果应当适配综合性评价指标，评价指标应充分考虑中药复方有效成分复杂，作用机制不

①　杨忠奇，唐雅琴，杜彦萍，等. 我国中药新药临床试验发展概述［J］. 中国中药杂志，2021，46（07）：1691-1695.

②　赵炜楠. 预料不到的技术效果在发明专利创造性判断中的法律适用［J］. 专利代理，2017（01）：28-31.

明确的基本特点，从整体上反映中药复方的技术效果，避免使用单一的临床疗效评价指标。

最后，应当明确申请人承担预料不到的技术效果的举证责任，申请人应通过筛选试验或者对比试验等实验数据或其他材料，充分说明发明所取得的预料不到的技术效果。专利申请文本所记载的实验数据作为发明技术效果认定的关键支撑，专利申请人应当在能力范围内提供能够充分说明发明技术效果的实验数据，该实验数据包括动物实验、体外细胞实验、临床试验及临床治疗案例等，并需确保实验数据的真实、规范和完整①。

5. "有限的试验"的运用

审查员在审查实践中对有限的试验多有应用，特别在评述中药药量变化时，一般通过有限的试验可以得到具体药量配比的角度来进行驳回理由的阐述②。目前我国《专利法》《专利法实施细则》及《专利审查指南》中均未对有限的试验进行明确规定，仅提出判断发明相对现有技术是否属于本领域技术人员通过合乎逻辑的分析、推理或者有限的试验可以得到的情形，借此来判断发明的显而易见性③。在此表述下，可理解为合乎逻辑对于有限的试验是有明确的限定作用，即该有限的试验也应符合本领域的发明逻辑。具体到中药复方，虽然本领域中存在着正交设计、正交t值法、基线等比增减设计、均匀设计等中药复方配比的研究方法，但是目前这些研究方法基本是针对低于五味药的小复方和以单一指标评价来进行研究的，且普遍是药对研究，少见三味药或者四味药的复方配比研究。此外，对于同一适应证来说，采用不同评价指标所获得复方配比也可能相差很大，即使在每味中药常用量已确定的前提下，本领域技术人员也不能通过有限次的常规试验确定具体的药量配比。

因此，为了赋予审查员合理的自由裁量权，避免审查员滥用有限的试验进行驳回，确保审查结果的客观一致性，可借鉴美国专利审查指南相关规定，中药复方发明专利审查实践中运用有限的试验不应仅对方案相关参数的选择范围进行限定，而还需明确解决现有技术问题或者需求的潜在技术方案应是数量有限的已确定、可预测的，此种情况下本领域技术人员才有动机根据中药领域的一般发明逻辑开展相关工作获得发明技术方案。

① 庄铭，安佳丽，钟梦媛，等. 中医药临床疗效评价方法研究进展 [J/OL]. 中国中药杂志：1-7 [2023-04-08].https: //doi.org/10.19540/j.cnki.cjcmm.20230219.502.

② 姜宗月，邵亚琪. 从复审直撤案件浅议公知常识的认定 [J]. 专利代理，2020（01）：84-88.

③ 赵超. 简析药品专利发明中"有限的试验" [J]. 中国发明与专利，2016（10）：120-122.

（二）中药提取物的创造性

中药提取物是指以天然物质，例如植物、动物、微生物、矿物等为原料，根据最终产品的用途需要，应用现代物理化学的提取、分离和纯化技术，定向获取其中的某一种或多种目标成分所形成的产品。随着中医药现代化研究的逐渐深入，提取物发明专利的申请量逐年增长。涉及中药提取物的发明专利申请主要为：中药提取物的产品专利申请、中药提取方法的方法专利申请等。

1. 中药提取物的产品专利申请

由于提取物领域自身的技术特点，当中药提取物为单体化合物时，需要考虑该化合物及其存在于天然原料中是否都是现有技术未曾认识的。当提取产物是作为混合物的提取物时，需要结合考虑所得产物的新颖性和创造性来进行判断。然而，中药提取产物的组成及其含量往往不明确，当请求保护此类中药提取物产品时，一般采用原料和制备方法来限定产品的保护范围，或者使用提取物中的主要有效成分及成分的含量范围来限定的保护范围。但是，在专利审查进行创造性"三步法"对比时，现有技术中使用同样或类似原料制备的提取物，并不一定能清楚公开所含有的有效成分或含量，或是在提取方法和参数方面有所区别，本领域技术人员难以仅根据已有的提取方法信息准确判断所得到提取物的结构、组成，造成既难以明确选出最接近现有技术，并且也会难以确定中药提取物专利与现有技术的提取物之间的区别技术特征的边界。上述不确定性给中药提取物的产品专利的创造性判断造成了困难。

2. 中药提取方法的方法专利申请

中药提取方法的本质是一种制备工艺，因此在判断一种中药提取物方法是否具备创造性时，都可以从提取原料、提取的工艺步骤和提取产物、提取物的技术效果几个方面进行考虑。但是，提取中药所用提取分离方法大多属于本领域常规方法或手段的应用，当请求保护这些技术手段和步骤的组合而成的中药提取工艺时，往往难以判断其与现有技术的区别是否具有"突出的实质性特点"。

（1）关于提取原料

当中药提取方法的发明与现有技术的区别技术特征在于提取原料时，一般常见的形式有以同种植物不同部位为原料的提取方法，或以不同种植物为原料的提取方法。此时应当考虑现有技术是否明确地或者隐含地给出了可以采用不同原料获得目标产品的技术启示，只要在任何现有技术中存在这种技术启示，本领域技术人员就有动机根据该技术启示采用不同原料获得目标产品，因此其不具备创造性。但如果现有技术中不存在这种技术启示，则具备创造性。

（2）关于提取工艺

将前沿技术应用于中药提取分离的方法，类似于转用发明，其创造性的判断方法可参考《专利审查指南》第二部分第四章第4.4节的相关规定。工艺步骤的改变包括工艺步骤的增加、减少、替代或者工艺顺序的调整，判断创造性时通常需要考虑这种改变是否存在技术启示，其技术效果是否能够预料等。工艺条件的具体选择涉及提取溶剂、分离提纯的介质（如色谱柱等）、流动相（洗脱剂）等关键参数，应当根据现有技术的教导情况进行判断。

（3）关于技术效果

中药提取方法的有益效果比中药复方、中药提取物产品所涵盖的范围要丰富得多，这种预料不到的效果可以是因方法的改进给产品的组成和性能带来了改善。这种改善可以是增加新用途、活性提高、毒性降低、纯度提高、稳定性提高等，也可以是给生产过程带来了有益效果，例如产品的收率提高、克服了技术难题、提供了新的思路、工艺更简化、有利于环保或资源保护等。可以看出，对中药提取物的制备方法所解决的技术问题和有益效果的分析和判断，比中药产品类的专利申请的所解决的技术问题和有益效果的分析和判断更复杂。因此，在撰写申请文件时充分挖掘和阐述所述中药提取物制备方法的有益效果，将对其创造性的阐述更有利。

（三）中药新制药用途的创造性

目前中药领域的创新方向：一方面，已有产品、经典名方的二次开发占了很重要的地位，且由于很多中药临床适用范围扩大，老药新用是目前药企和医院药物研发的一个重要方向；另一方面，科研院所和高等院校对中药有效成分进行分离提取后，也会采用高通量筛选、计算机分子靶点模拟、病理模型等各种方式对从中药中提取得到的单体或提取物进行新的药理活性的筛选，以期得到药理活性高的先导化合物或中药提取物。因此，近年来中药领域的已有复方/提取物/单体化合物申请新的制药用途专利的申请量大幅攀升。制药用途专利，也被称为第二制药用途发明专利，是指将某种现有技术中已知的且已经用于治疗某种疾病的药物用于治疗其他不同的疾病，从而针对该用途获得的相应专利。然而，中药的第二制药用途专利的保护存在一定问题。

1. 中医证候与治疗疾病或改善机理的含义难以比较

在中药领域，对药物的药理活性的表述，不仅存在西医的病名、疾病生化机制表述，还同时存在中医的病名、证候、症状等表述体系，因此，在涉及第二制药用途发明专利的保护范围和特征对比时遇到的问题比化学药和生物药要复杂。这是由于在使用中医证或病来界定/限定中药组合物或中药提取物产品、中药组合物或中药提取物产品的中医证或病用途的技术方案中，中医证或病的特殊内涵使其与西医中的分子机理、病名相比无法直接对应。对于现有技术已经公开的技术特征，要充分考虑公开中医证、病的对应关系，再结合技术方案的其他特征综合认定技术方案是否具有新颖性或创造性的问题。若中医证在具备清晰的技术特征的意义上，可以与其他技术特征构成专利的技术方案，只要符合《专利法》的相关规定，同样得到专利审查的确认。

2. 制药用途的技术方案中所要求保护的活性成分是否是唯一活性成分

当没有限定所要求保护的活性成分是唯一活性成分时，制药用途专利的权利要求的保护范围解读是开放式的。然而，中药领域存在大量的已公开的复方、药材、有效成分、提取物的临床、药理实验、细胞实验等公开信息，极有可能存在能够影响新颖性或创造性的现有技术。因此，请求一个已有的中药复方/提取物/单体化合物的新制药用途专利时，是否采用开放式的写法，需要谨慎决定。

五、涉及实验数据的审查标准

在对中药领域发明专利申请的审查中，多个《专利法》的法条都可能与实验数据的有无及公开程度相关，分别可能涉及实验数据的形式、公开程度、真实性等。《指导意见》中提及的专利法第五条第一款、专利法第二十六条第三款和第二十二条第三款的相关审查基准中全都涉及实验数据的问题，由此可以看出实验数据在中药领域发明专利申请的重要性。除此之外，实际审查中，实验数据还有可能涉及专利法第二十二条第二款、第二十二条第四款、第二十六条第四款的评述。

由于大部分中药发明都是符合中医理论的，中医药治疗疾病的治法治则、中药配伍理论及中药材药效等内容已经被认为是现有技术或所属领域公知常识。在这种情况下，中药发明的可实施性及可实现的有益效果往往可以运用中医理论进行分析判断。这导致对于中药发明而言，专利法第二十六条第三款有关说明书公开是否充分的规定对于实验数据公开程度要求最低，但创造性缺对实验数据的公开程度要求最高。与其他领域相比，中药发明创造性对于实验数据的要求也是更高的，因为很多中药发明都可能被视为仅是在现有技术的基础上做出的改动，取得的技术效果也是在现有技术的基础上可以合理预期的。然而实践中，由于中药不同创新主体实验的条件和能力不同，他们所能提供的实验种类也是不同的。很多中药发明特别是中药方剂的发明专利申请中，仅记载了药物能够治疗某种疾病的实验数据，却声称其药物具有在治疗所述疾病中更好更有效的技术效果，当其在申请时被认为不具有创造性后，申请人或发明人通常会用中医理论中的配伍理论来进行争辩，但是这种理由往往难以获得成功。建议申请人在研发的过程中除了收集整理申报专利的技术方案部分的实验数据，还应当收集和整理与该技术方案相关的，能够体现出该技术方案有益之处的对比方案的实验数据，为以后在申请材料中可以够体现出技术方案的有益效果的内容做准备。

对于因实验数据问题导致发明专利申请不能获得或者丧失专利权的，申请人通常希望用提交补充的实验数据（申请日后提交的实验数据）的方式克服上述缺陷。我国就补充实验数据的审查标准问题对《审查指南》进行了多次修改，对该方式的许可度不断提升，目前对补充实验数据的审查依据是2021年1月15日起施行的修改后的《专利审查指南》，其明确了"对于申请日之后申请人为满足专利法第二十二条第三款、第二十六条第三款等要求补交的实验数据，审查员应当予以审查。补交实验数据所证明的技术效果应当是所属技术领域的技术人员能够从专利申请公开的内容中得到的"。并且，上述问题也受到了司法机关的重视，最高人民法院在（2014）行提字第8号判决书中认定：在专利申请日后提交的用于证明说明书公开充分的实验性中间，如果可以证明以本领域技术人员在申请日前的知识水平和认知能力，通过说明书公开内容可以实现该发明，那么该实验性证据应当予以考虑。从上述规定可以看出，目前，无论是专利的审查过程还是审判过程，对于补充实验数据都是予以考虑的，接受的标准必须符合"补交实验数据所证明的技术效果应当能够从专利申请公开的内容中得到"，并且应是"为满足专利法第二十二条第三款、第二十六条第三款等要求补交的实验数据"。

相对于一些其他国家，我国对于补充实验数据的判定标准还是偏向严格，因为我国目前的专利制度，对于接受补充实验数据仍然面临着以下实际操作上的困难：

1. 真实性无法确认

同上述申请文件中涉及的实验数据一样，我国目前的专利实审和复审的审查模式本身决定了对补交数据的真实性难以确认，也无惩罚性的措施予以保障。此外，涉及补充实验数据的申请容易因补交数据的认定引发争议，甚至法律纠纷。

2. 无法公开及时效性滞后

中国目前的专利制度中没有让公众获知补充实验数据的渠道，公众无法及时获取该信息，因而有碍于公众了解该领域的相关信息，不利于发明创造尽早地推广利用。

对于上述真实性的问题，美国具有宣誓（声明）制度，且在后续的法律体系中也包含对虚假证词的严厉处罚，因此在后续实验数据的提交上减少了存在虚假的可能；就欧盟而言，其制度设计和法律体系同样存在对提交证据的真实性的完备保障。对于上述时效性的问题，美国专利商标局和欧洲专利局的整个审查过程都是对公众公开的，公众可以随时关注其审查过程并可以了解审查过程中的相关信息。欧洲专利局更是在发明的授权文本扉页上标明是否包含补充实验数据，上述措施均使得公众能够及时了解相关信息。而我国目前只能通过判断补充实验数据是否"能够从专利申请公开的内容中得到"，并结合前述判断实验数据真实性的方法来对实验数据进行严格审查以尽量确保其真实性，这种方式同样造成了很多案例的补充数据不予考虑的情况出现。至于补充实验数据的公开及其时效性，只能期待专利审查制度的进一步完善。因此，建议申请人撰写申请文件时，还是应尽量将需要的各种实验数据记载于原始申请文件中。

第六章

美国及我国台湾地区中药领域适用的专利审查标准

第一节　美国专利审查标准介绍

随着中医药的国际化发展，中药产品的创新保护也逐渐延伸到海外市场。产品出口，专利先行，研究其他国家和地区对中药专利的审查规则，探究其与我国授权标准之间的异同，对我国中药企业构建海外专利壁垒、产品推向海外市场来说至关重要。美国的药品、保健品市场是十分重要的海外市场，并且美国的专利审查标准也在世界上有很大的影响力，因此研究美国对中药专利申请的审查标准对我们具有重要的意义。

一、美国专利审查标准

（一）美国适格性审查标准

专利适格性，是指专利的保护客体必须在国家专利法规定的可授予专利权的客体范围内[①]。对于客体适格性的审查是美国专利审查过程中的首要问题，其主要目的是确定专利申请是否属于可专利主题，即是否在美国专利法允许的可授权客体的范围内。虽然美国可授权客体的范围较为宽泛，但并非百无禁忌。

美国专利法第 101 款（即 35U.S.C.101）规定了可授予专利权的发明：凡发明或发现任何新且有用的方法、机器、产品、物质的组合，或进行了新且有用的改进的，在符合专利申请条件与要求的情况下，可以获得专利权。即，可以在美国获得授权的专利必须属于以上四种法定范围，否则将以不符合 101 条款驳回。

美国最高院在司法实践中，也出于防止技术垄断和妨碍科学研究的角度，将自然规律（Laws of nature）、自然现象（Natural phenomena）和抽象概念（Abstract ideas）这些涉及技术创新基本工具的客体排除在法定范围之外，即司法例外（Judicial exceptions）。然而在过去几十年间，由于 IT 技术和生物技术的迅猛发展，使得判断某些智力成果是否属于适格的专利客体变得困难起来，因此，如何判断"客体适格性"一直是美国及其他国家专利法关注的重点难点之一。近十几年间，美国联邦

[①]　黄蹀基，田思齐，唐先博，等. 中药在美国的专利申请与专利适格性探讨［J］. 中国药房，2016，27(16)：2168-2171.

最高法院（SCOTUS）和美国联邦巡回上诉法院（CAFC）数次推翻、修正与第101条相关的先例，美国专利和商标局（USPTO）也频繁修订、补充《美国专利审查指南》（Manual of Patent Examining Procedure，以下简称 MPEP）中的《专利客体适格性审查指南》（Patent Subject Matter Eligibility Guidance，以下简称 PEG），都反映了该领域法律适用的艰难[①]。

　　USPTO 最早曾于 2009 年 8 月出台了《专利客体适格性审查暂行说明》，根据 Bilski 案全庭裁判，明确了用两步测试法判断客体适格性。接着 USPTO 又于 2014 年 3 月出台了《权利要求涉及自然规律、自然现象和 / 或天然产品的专利适格性分析指南》（以下简称"旧指南"）[②]。该指南详细地阐述了涉及天然产品的判断专利适格性的步骤，以及"显著差异"的衡量因素。随后，USPTO 于 2014 年 12 月 16 日发布了新的《专利保护客体适格性的临时指南》（以下简称"临时指南"）[③]，临时指南的出台对于包括中药发明在内的所有"含有天然物质的产品"来说具有重要影响。此后根据联邦法院多年的司法判例、各方利益诉求以及公众评论，USPTO 又分别针对临时指南于 2015 年 7 月补充发布了《2015 更新：专利适格性》[④]，2016 年 5 月发布了《专利适格性审查意见制定以及对申请人意见陈述的评估》[⑤]，以及 2016 年至 2018 年的三个相关案件的《备忘录》，逐步提出和完善了 USPTO 专利客体适格性分析框架的第 2A 步。最后，USPTO 于 2019 年 1 月，发布了《专利客体适格性审查指南修订版》（以下简称"2019 版 PEG"），修改了认定权利要求是否指向司法例外的程序，并于同年 10 月发布了《专利客体适格性审查指南更新》（以下简称 2019PEG 更新），澄清 2019PEG 若干问题，特别是指南列举的抽象概念类型，以及如何判断、评价某项司法例外是否被整合到某个实际应用中[⑥]。至此，美国专利审查形成了较为完善、明确的专利适格性审查标准和操作流程。

　　1. 一般的判断步骤

　　2019PEG 及其更新明确了在 35U.S.C.101 款下分析美国专利适格性的"两步法"的判断步骤和流程，具体包括：

　　① 张韬略. 美国《专利客体适格性审查指南》的最新修订及评述［J］. 知识产权，2020，(4)：13.

　　② USPTO. Procedure for Subject Matter Eligibility Analysis of Claims Reciting or Involving Laws of Nature/Natural Principles,Natural Phenomena,and/or Natural Products issued in view of Mayo and Myriad［S］．［S.l.］：［s.n.］，2013.

　　③ USPTO. 2014 Interim Guidance on Patent Subject Matter Eligibility［S］．［S.l.］：［s.n.］，2014：74621–74625.

　　④ USPTO. Update:Subject Matter Eligibility［S］．［S.l.］：［s.n.］，2015:1–11.

　　⑤ USPTO. examples: Nature–Based Products［S］．［S.l.］：［s.n.］，2014:1–17.

　　⑥ 张韬略. 美国《专利客体适格性审查指南》的最新修订及评述［J］. 知识产权，2020，(4)：13.

第一步（Step 1）：发明"必须是四个法定范畴：方法、机器、制品或物质组合中的一个"；

第二步（Step 2）：发明"不得完全属于司法例外"，其中这一步又包括下列两步（Step 2A 和 Step 2B）；

Step 2A——确定权利要求是否属于自然规律、自然现象或抽象概念；其中 Step 2A 又被细分成 2 个测试步骤：测试 1 和 测试 2。

测试 1 主要考察该权利要求是否援引了某项司法例外，例如自然法则、自然现象（自然物）或抽象思想，其中涉及所述主题的限定特征可以是单个或者组合的。如果是，将进入测试 2，主要考察该权利要求是否援引了其他技术特征，将司法例外整合成为一项实际应用。如果答案依旧是否定的，才进入 Step 2B。

Step 2B——确定权利要求是否记载了附加元素，显著不同于司法例外。

具体如下图 6-1 的整体流程图所示。

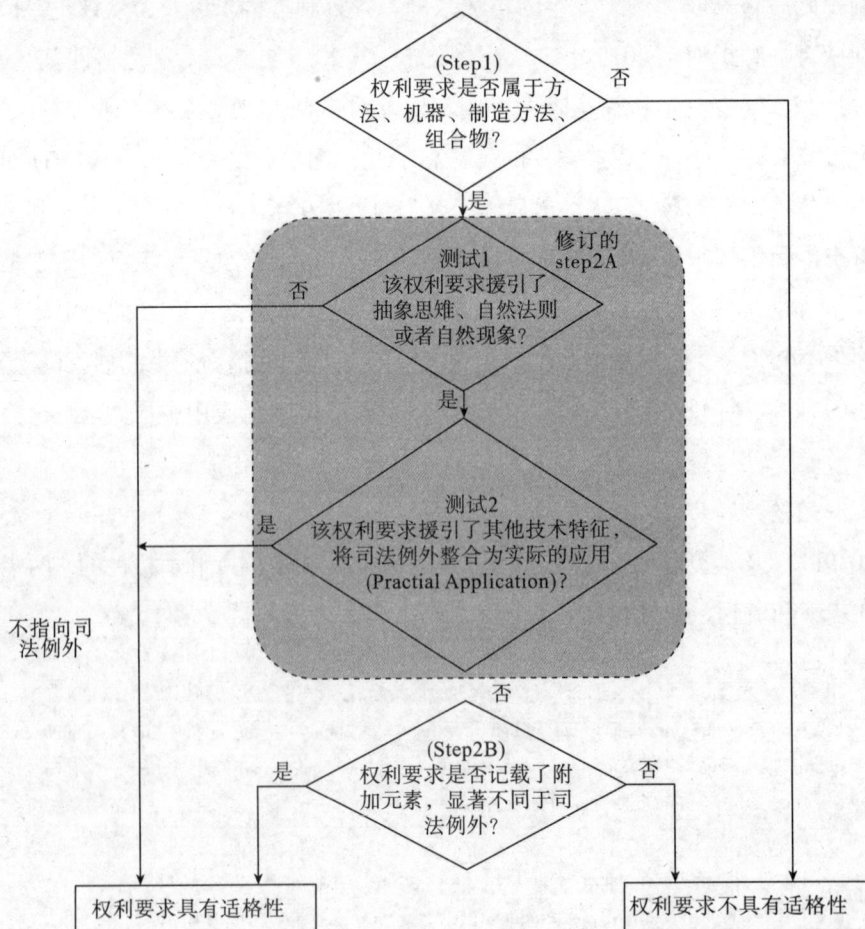

图 6-1　2019PEG 及其更新后的专利适格性审查整体流程图

对于可能"妨害公共利益的发明创造"的专利申请的适格性审查，美国审查指南〔MPEP706.03(a)〕规定不得以发明无足轻重、欺诈的或违反公共政策为由驳回专利申请①。

2. 精简的判断步骤

为了提高审查效率，对于可能记载或没有记载司法例外的权利要求，当权利要求显然没有指向任何司法例外（使得他人无法实施）时，可以使用简化的适格性分析。即这些权利要求不需要进行显著区别特征分析来确认其是否属于"天然产物"。例如，记载了涂有天然矿物质的人造髋关节假体的权利要求，没有企图束牢矿物质。类似的还有仅仅包含辅助的天然成分的产品。例如，权利要求是有木头装饰的塑料椅子，将不需要分析基于天然的成分是否属于"天然产物"司法例外。

3. 中药产品专利适格性的判断步骤

中药专利分为产品专利、方法专利。而美国专利审查实践中最容易出现适格性问题争议的是请求保护中药产品的专利申请。中药产品一般包括但不限于：中药原植物、中药饮片、中药组合物、各种中药提取物（包括简单提取物，分离得到化合物，甚至天然化合物的化学衍生物），各种中药原料的加工产品等。对于中药原植物以及天然化合物的化学衍生物，中美审查时在适格性的判断标准是一致的。但是对于其他处在两者之间状态的各种产品，在中国均认为其属于可授予专利权的主题，但是在美国却由于存在着完全不同的判定标准，很有可能被认定为存在适格性问题。为了便于本书读者理解上述规则的应用，下面针对这一类申请在美国申请专利时可能遇到的适格性判断的问题进行详细的分析。

根据《2019PEG更新》的规定，USPTO在判断涉及中药的产品专利的适格性时，首先，需要经过Step 2A的测试1判断权利要求技术方案所涉及的中药是否属于"自然现象"，这取决于相应中药是被定性为"天然产物"还是"基于自然的产品"。"天然产物（Product of nature）"指天然物质本身和一些与天然物质基本上没区别的人造产品，例如中药的原植物，某些炮制方法并未改变自然状态下原植物中有效成分的中药饮片等；一般认为"天然产物"属于自然规律和自然现象的范畴而属于不可授予专利权的客体，而"基于自然的产品（Nature-based products）"则指含有某些从自然界中获取的天然物质的产品，如一种中药组合物、植物提取物、微生物提取物、从天然产物中分离得到的化合物单体等。其次，"基于自然的产品"虽然一般情况下含有天然物质，但由于天然产物在提取、加工过程中除了富集浓缩的过程，

① Manual of Patent Examining Procedure〔S/OL〕.〔2023-02-16〕.https://www.uspto.gov/web/offices/pac/mpep/mpep-0010-title-page.html.

往往由于部分化学成分的不稳定性，在加工过程中可能发生化学反应，从而产生自然界中不存在的物质，带来原材料不具备的效果。因此基于自然的产品不一定属于天然产物。最后，所评述权利要求的技术方案是否属于这种情况，不论是经过 Step 2A 的测试 2 的显著区别特征、还是经过 Step 1A 测试的被认定为的天然产物，都需要再通过 Step 2B 分析，判断其是否由于附加技术特征、显著不同于司法例外，才能最终确定所涉及的"基于自然的产品"是否属于《美国专利法》第 101 条的适格客体。

在进行显著区别特征分析时，应当将基于自然的产品与其自然状态下天然存在的对应物进行比较，当基于自然的产品没有天然存在的对应物时，应与最接近的天然对应物进行比较，例如一种三七皂苷，其最接近的天然对应物为存在于三七中的自然状态下的三七皂苷。对于"含有天然物质的组合物（Nature-based combination）"，最接近的对应物可以是形成组合物的各个天然组分，即将组合物的特征与其自然状态下的各组分特征进行比较。但是，方法权利要求不适用于显著区别特征分析，除非该方法权利要求与产品权利要求没有实质上的区别（例如"提供人参的方法"）。

显著区别特征可以通过产品的结构、功能和 / 或其他性质来表示，并将根据权利要求中记载的内容的具体情况进行评估。如果要显示出显著差异，那么该特征必须与天然的相比有所改变，并且不能是天然对应物所固有的或其固有特征，也就是说，显著区别特征不能仅仅是天然物本身的特征，而是需要有人类智慧的创造性劳动体现。法院在确定是否存在显著区别时所考虑的特征类型包括但不限于：生物或药理功能和活性；化学和物理性质；表型；化学、遗传、物理的结构和形式。

如果经过比对，权利要求记载的含有天然物质的产品具有显著区别特征，那么该权利要求就没有记载天然产物，符合适格性要求（Step 2A: NO）。但是，如果权利要求所包含的产品与其自然状态下的天然对应物相比没有显著区别特征，那么该权利要求就涉及"天然产物"（Step 2A: YES）。此时，就需要进一步在 Step 2B 中分析，根据附加元素（Additional elements）是否增加了更多显著性来确定适格性，详见图 6-2。

需要注意的是，涉及司法例外的权利要求必须经过充足的分析，以确定权利要求的元素不论是单独的还是作为有序组合，是否足以确保该权利要求作为一个整体超越了司法例外本身。记载了司法例外的权利要求必须包含附加特征，以确保权利要求描述的方法或产品能够以有意义的方式予以应用，而不是仅仅为了垄断这一司法例外。

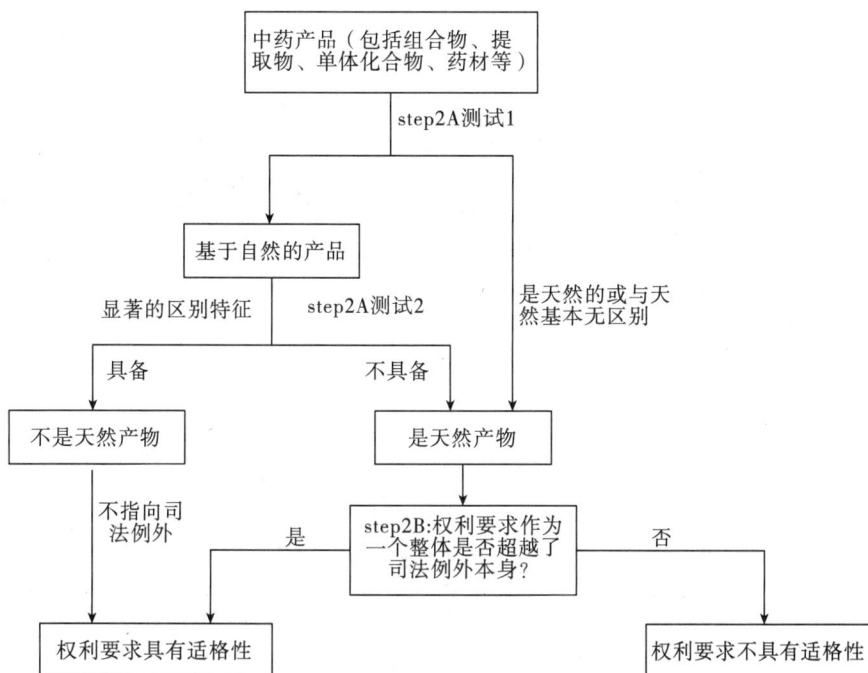

图 6-2　含有基于自然的产品的权利要求适格性审查流程

在判断权利要求记载的技术方案是否超越司法例外本身时，引入一个概念"Significantly More"，其直译为"显著更多"或"显著多于"，是指权利要求作为一个整体，其所记载的技术方案与司法例外相比超越了司法例外本身。符合以上"显著更多"的情形包括但不限于：改进另一技术或技术领域；通过特定机器使用司法例外；添加一个特定的限制特征，而不是该领域广为人知、常规和惯例的限制特征，或者添加了非常规的步骤，将权利要求限制在特定的应用中；或除了将司法例外的使用与特定的技术环境或应用领域普通的联系起来之外，还有其他有意义的限制等。

如果权利要求作为一个整体满足"显著更多"的要求，那么权利要求是适格的（Step 2B: YES）；如果权利要求中不存在能够使司法例外转化成适格申请的有意义限制特征，该权利要求就未满足"显著更多"，进而不适格（Step 2B: NO），并且应该基于 101 款被拒绝。例如，申请号为 US13807500 的专利，要求保护中药组合物在心肌梗死二级预防中的应用，当权利要求中限定了该药物施用给特定的人群而不是任何人时，该权利要求因添加了"特定人群"这一附加特征，限制了应用对象，因而具有适格性。

（二）美国单一性审查标准

1. 基本原则

美国 35U.S.C.121 规定：如果一件专利申请案中含有两项或两项以上相互独立的不同发明，专利商标局可以要求申请限定于其中的一项发明。美国联邦法规 37CFR1.142(a) 对上述法条进一步说明。美国联邦法规 37CFR1.142(a) 规定：如果一件专利申请中含有两个或两个以上的相互独立（Independent）且不同（Distinct）的发明，审查员将要求申请人在答复审查意见时选择其中一项发明。该审查意见被称为"限制性要求"（Restriction Requirement，RR），也被视为"分案要求"，此类要求通常会在就案情采取任何行动前作出，但是，也可以在最终诉讼之前的任何时间提出。此外，根据美国 35U.S.C.121 关于分案申请（Divisional applications）部分的规定，如果未被选择的发明的权利要求没有被取消，审查员将在被选择时撤回对该发明的进一步考虑。但是，如果限制要求被撤回或被驳回，审查员将恢复对该发明的权利要求。

2. 审查员提出限制性要求的前提条件

审查员提出限制性要求的前提条件为：①这些发明必须是独立或不同的；②如果不进行限制性要求，将会给审查员带来沉重的检索负担。对于以上两点的具体要点分析如下：

（1）独立与不同

独立（Independent）指两项或两项以上的发明之间不存在公开的联系，即在设计、操作和效果上无关联，例如：一种方法和不能用于实施该方法的装置是独立的发明。不同（Distinct）指存在联系的发明在设计、作用或效果上，至少有其中一方面不存在联系（例如，可以由实质上不同的方法制造或在实质上不同的方法中使用），并且至少其中一项发明相对于其他发明来说是可专利的。

以下是一些存在联系的发明（Related inventions）：

① 结合体与子结合体；

② 多个子结合体联合发挥作用；

③ 方法 / 过程与实施该方法 / 过程的设备；

④ 制备方法与所制备出的产品；

⑤ 设备与所制备出的产品；

⑥ 产品与使用方法；

⑦产品、制备方法与使用方法；

⑧ 相关的产品或方法。

以下是一些存在联系但是不同的发明（Related but distinct inventions）：

①结合体与子结合体（可理解为结合体与结合体的子部件）：当结合体没有要求子结合体中具有专利性的细节特征，并且子结合体可以单独发挥作用或可以在另一种实质上不同的结合体中使用时，结合体与子结合体属于有联系但不同的发明；

②多个子结合体联合发挥作用：如果在一个结合体中有两个或两个以上的子结合体联合发挥作用，并且显示出子结合体可以单独发挥作用，那么当子结合体在范围上不互补重叠并且不是明显的变体时，通常是可以进行限制的；

③方法与实施该方法的设备：若该方法可以由实质上不同的其他设备实施或手工完成，或该设备可以被用于实施实质上不同的其他方法，则该方法与实施该方法的设备属于有联系但不同的发明；

④制备方法与所制备的产品：若该方法不是显著用来制造产品的方法且该方法可以用来制造实质上不同的其他产品，或该产品可以由实质上不同的其他方法制造出，则该制备方法与所制备出的产品属于有联系但不同的发明；

⑤设备与所制备出的产品：若该设备不是显著用来制造产品的设备且该设备可以用来制造实质上不同的其他产品，或该产品可以由实质上不同的其他设备制造出，则该设备与所制备出的产品属于有联系但不同的发明；

⑥产品与使用方法：若该使用方法可以应用在实质上不同的其他产品上，或该产品可以被用于实质上不同的其他使用方法中，则该产品与使用方法属于有联系但不同的发明；

⑦ 产品、制备方法与使用方法：同④或⑥；

⑧相关的产品或方法：若这些发明之间范围不重叠或不是明显的变体，并且这些发明要么不能一起使用，要么可能具有实质上不同的设计、操作模式、功能或效果，则为不同的发明。

（2）沉重的检索负担

"沉重的检索负担"是指审查员通过合理解释，初步显示出（乍看之下）不同的技术分类，或在某技术领域内的不同状态，或不同的检索领域。同时，MPEP803[①]指出，如果对一件专利申请中的所有权利要求进行的检索和审查不存在沉重的负担的话，那么审查员必须根据案情对所有权利要求进行审查，尽管这些权利要求包含

---

① Manual of Patent Examining Procedure［S/OL］.［2023-02-16］.https://www.uspto.gov/web/offices/pac/mpep/mpep-0010-title-page.html

了独立或不同的发明。可能给审查员带来过多检索负担的示例如下：

不同技术分类（Separate classification）：指不同的技术分类号，美国普遍采用美国专利分类号，而非国际分类号。

不同状态（Separate status）：指同一分类（包括一级分类或次级分类）下的发明，具有不同的新用途，此时审查员需要进行不同的检索来确定发明的可专利性。

不同检索领域（Different field of search）：指需要检索不同的分类号、不同的电子资源。其与不同技术分类、不同状态部分略有重叠。

3. 对"子类（Species）"的限制性要求

美国的限制性要求包括对发明（Inventions）的限制要求和对"子类（Species）"的限制性要求。这里所说的子类权利要求（Species claim）和上位权利要求（Generic claim）是一组相对的概念。一项权利要求属于子类权利要求还是上位权利要求取决于该权利要求的范围。如果一项权利要求的范围限于一个单一的实施例，即一个种（Species），那么该权利要求就特指"具体的子类权利要求"（Specific species claim）。如果一项权利要求包含两个或两个以上的实施例，那么该权利要求就特指"上位权利要求"。

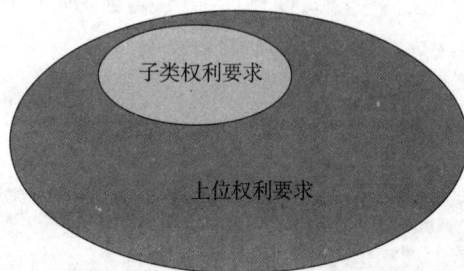

图 6-3 子类权利要求与上位权利要求的关系

对于一件含有一项上位权利要求和至少一项可授权的子类权利要求的专利申请，审查员可能会要求申请人选择其发明中的一项具体子类发明，如果发现上位权利要求不可以被授权，那么申请人的权利要求将被限制在该具体的子类发明中。

4. 专利具备授权条件后的重新载入

当所有被选发明具备授权条件时，需重新对限制性要求的正当性予以考虑，并且未被选发明（Nonelected invention）将被考虑重新载入专利中。对于被选发明和未被选发明的限制性要求将被撤回。但是，只有当记载了未被选发明的权利要求（A claim to a nonelected invention）从属于一项可授权的权利要求，或要求了该可授权权利要求的所有限制特征时，该未被选发明才具有被重新载入的资格。即，记载了未被选发明的权利要求必须从属于一项可授权的权利要求，或要求了该可授权权利要求的所有限制特征。例如，一件专利申请中包含产品发明及其制备方法发明，其中产品发明为被选发明，且可授权，则所有记载了未被选发明（方法发明）的权利要求必须从属于产品权利要求，或要求了产品权利要求的所有限制特征，该方法发明才可被重新载入。

5. "单一性" 要求

需要注意的是，除了针对国内申请的"限制要求"，美国也存在"单一性审查"，两者的区别在于：①后者是仅适用于专利合作条约（PCT）国际阶段申请或PCT进入美国国家阶段的申请；②后者的要求更为宽松且贴近各国标准。

因此，如果是PCT国际阶段申请或PCT进入美国国家阶段的申请，则适用较为宽松的"单一性"要求，而如果是通过巴黎公约途径进行的美国申请、By-Pass申请、分案申请、Continuation application、Continuation-in-part application 等则应当使用针对国内申请的"限制要求"。所以，在实践中不乏在国际阶段符合单一性要求而在国家阶段收到"RR"的情形。

对于PCT途径进入国家阶段申请，根据美国联邦法规37CFR 1.475(a) 的规定，国家阶段申请应仅涉及一个发明或属于一个总的发明构思的一组发明。凡在国家阶段申请中要求的一组发明，只有在发明包含一个或多个相同或相应特定技术特征时，才能满足单一发明的要求。"特定技术特征"是指对发明做出贡献的技术特征。

同时，37CFR 1.475(b) 规定，如果权利要求属于以下类型组合之一，那么包含不同类别发明的国家阶段申请将被视为具有单一性的发明：

① 产品和专门用于制造所述产品的方法；

② 产品和所述产品的用途；

③ 产品、专门用于制造所述产品的方法和所述产品的用途；

④ 方法和为实施该方法而专门设计的设备；

⑤产品、专门用于制造所述产品的方法和为实施该方法而专门设计的设备。

其中，专门用于制造所述产品的方法是指该方法不能用来制造另一个实质上不同的产品。

（三）美国新颖性审查标准

2011年9月16日，美国总统奥巴马签署了对美国专利法进行全面修订的《美国发明法案》（America Invents Act）。新的专利法对新颖性规定作出较大修改。已有学者对美国新旧专利法新颖性规定作出详细说明[①]，司艳雷[②]指出，新的专利法将先发明制修改为发明人先申请制，并将混合新颖性判断标准修改为绝对新颖性判断标准。本文对上述内容不再详述，仅就美国中药发明专利审查实践中广泛应用的35U.S.C.102款及具体审查标准展开说明。

美国专利法35U.S.C.102规定，除非存在下列情况［(a)或者(b)］，否则申请人有权取得专利权：

(a) 在发明的有效申请日以前，该项发明已经被授予专利权、记载在印刷出版物中、公开使用、销售或因其他方式可以被公众获得；

(b) 发明记载在根据151条核发的专利证书中，或者发明记载在公开的或根据122(b)款规定视为公开的专利申请中，而专利证书或专利申请中记载的是另外一个发明人，并且是在提出发明的有效申请日之前提出的有效申请。

美国专利审查程序指南规定，只有在权利要求中的每个元素都被明确地或固有地记载在单个现有技术中时，该权利要求才被在先公开（Anticipate），该规定是新颖性审查的核心原则。但是，作为在先公开的对比文件应当满足可实施性标准[③]。

通常情况下，新颖性审查应当仅与一份对比文件进行比对，但是当额外的对比文件满足下列条件之一时，应用多份对比文件是合理的：①是为了证明主要对比文件具有"能够实现的公开"；②是为了解释主要对比文件中某术语的含义；③是为了证明对比文件中未公开的特征是固有的特征（Inherent）。

1. 关于固有理论的规定

美国将在先公开分为事实公开和固有公开。正如"只有在权利要求中的每个元素都被明确地或固有地记载在单个现有技术中时，该权利要求才被在先公开"所述，在评价新颖性和创造性时，现有技术对比文件明示、隐含和固有公开的内容可予以采用。即，现有技术对比文件中的固有教导和事实问题均适用于新颖性和创造性的评价。

美国专利审查程序指南对"固有"的含义未作出明确的定义，而是通过下述规定以及大量的司法判例作为指导。

MPEP2112规定：发现现有技术组合先前不了解的性质，或是对现有技术功能的科学解释，并不能使旧组合对发明者具有专利性。且并不要求本领域的普通技术

---

① 孔令国，司彦斌，高天柱. 美国专利法最新动态及中美新颖性差异［C］// 中华全国专利代理人协会年会暨知识产权论坛. ［出版地不详］：［出版者不详］，2013.

② 司艳雷，黄亚男. 中美专利新颖性判断标准比较［J］. 中国发明与专利，2017，14（7）：85-89.

③ 李新芝. 从案例看美国专利新颖性审查中的"固有占先"［J］. 中国审判，2016（1）：70-73.

人员在发明时已经认识到固有的公开内容，而只要发明内容实际上是现有技术对比文件中固有的。

对于组合物权利要求，如果组合物与现有技术相同，那么其必然也具有相同的性质（Properties）。两个化学成分相同的产品不可能具有相反的性质，化学成分与其性质是不可分割的。因此，如果现有技术教导了相同的化学结构，则申请人请求保护的性质是必然存在的。应注意，此处所指的"性质"而非功能（Functions），应理解为产品的物理、化学性质等。

如果申请人请求保护一种通过功能、性质或参数表征的组合物，而该组合物与现有技术的组合物相同，尽管该组合物的功能没有被现有技术对比文件明确公开，审查员依然可以依据 102 款或 103 款拒绝该申请的授权。除组合物发明以外，该情况同样适用于通过功能、性质或参数表征的产品发明、方法发明、设备发明。

对于用途权利要求，发现已知结构或旧组合物的新用途，则该使用方法（用途）权利要求对发明者来说可能是可专利的。但是，如果权利要求记载了旧组合物或结构的用途，并且该"用途"是基于该旧组合物或结构的结果或性质而得出的，则权利要求是被在先公开的。

审查指南对审查员使用固有理论时应承担的举证责任作出明确要求，即在依赖于固有理论的情况下，审查员必须提供事实和/或技术推理的基础，以合理地支持其决定。当审查员提供事实或推理的基础后，举证责任转移至申请人。

2. 现有技术的例外

如前所述，在 35U.S.C.102(a) 中规定了总的现有技术，包括两种情况，35U.S.C.102(b) 则规定了 35U.S.C.102(a) 认定的现有技术的例外情况，具体包括以下情形：

（1）在本发明的有效申请日前 1 年（宽限期，Grace period）及 1 年内做出的公开——在请求保护的发明的有效申请日之前一年内作出的披露，如果符合以下情况则不应作为现有技术：①披露是由发明人、共同发明人，或者直接或间接地从发明人或者共同发明人处获得披露的主题的其他人作出的；②或披露的主题在此前已由发明人或共同发明人公开披露，或由直接或间接地从发明人或共同发明人处获得披露的主题的其他人公开披露。

（2）在美国专利申请和专利中出现的公开——如果存在以下情况，披露不应作为现有技术：①所披露的主题直接或者间接地来源于发明人或者共同发明人；②在根据 35U.S.C.102(a)(2) 款的规定有效提出申请之前，披露的主题已由发明人或共同发明人或直接或间接地从发明人或共同发明人处获得披露的主题的其他人公开披露；③或所披露的主题和请求保护的发明，不晚于请求保护的发明的有效申请日，属于同一人所有，或负有向同一人转让的义务。

（四）美国创造性审查标准

1.Graham 要素和 TSM 标准

美国专利法 35U.S.C.103(a) 规定：虽然不是按照本法 35U.S.C.102 条的规定所披露的发明，但若其与现有技术之间的差别微不足道，在发明的有效申请日前，对于具有本专业普通技能的人员来说发明是显而易见的，则该发明仍然不能获得专利授权。上述规则也被称为"非显而易见性"判断规则，其早在 1952 年美国国会重新颁布的《专利法》就作为可专利性要件进行了确立。

1966 年，美国最高法院在 Graham vs. John Deere 案的判决中第一次提出 Graham 要素适用并对其适用作出解释，该判断方法沿用至今。具体判断步骤如下：

① 确定现有技术的范围与内容；

② 确定现有技术与权利要求的区别；

③明确相关技术领域的普通技术水平，并且基于此，发明的新颖特征是否显而易见；

④辅助考虑因素，例如商业成功、一直渴望但未能解决的需求以及其他人未能实现所主张的发明等能够指明显而易见性或非显而易见性的客观证据。

除了上述流程之外，"教导—启示—动机"判断标准（Teaching-Suggestion-Motivation Test，TSM）是美国创造性判断中的另一重要标准，该法案是美国联邦巡回上诉法院（CAFC）为了避免审查员"后见之明"在 South Corp. vs. United States 案、In re Howard Sernaker 案、Dennison Mfg. Co. vs. Panduit Corp 案等一系列案件的总结和提炼出来的审查标准。这种标准不仅可以避免审查员基于后见之明否定本应授权的专利，并且使得非显而易见性的判断在实践中得到更为统一的执行。

经过大量判例的适用和检验，Graham 要素和 TSM 标准构成了美国专利非显而易见性判定的标准体系，两者在具体案件中地判断顺序经历了不断地调整，终于在 2007 年的 KSR vs. Teleflex 一案中，最高法院对于 TSM 标准进确立了其辅助地位。

2. 非显而易见性示例

仅仅通过结论性陈述不能做出显而易见性审查决定，必须以具有合理基础的明确推理来支持显而易见性的法律结论。可以支持显而易见性的示例性理由包括：

① 根据已知方法将现有技术中的元素进行组合以获得预期的效果。

② 一种已知元素对另一元素的简单替换以获得预期的效果。

③ 使用已知技术以同样的方式对相似设备（方法或产品）加以改进。

④将一种已知技术应用在一个有待改进的已知设备（方法或产品）上以获得预期的效果。

⑤ 显而易见的尝试：从有限数量的确定、可预期的方案中进行选择，并且具有合理的成功预期。即，该可选方案必须是有限数量的，并且应为确定的、可预期的方案。相比之下，我国规定的"可能的、有限的范围内进行选择"与美国规定的"从有限数量的确定、可预期的方案"存在差异，我国对选择发明的审查标准高于美国。

⑥某一领域的已知成果，基于设计或其他市场驱动，促使对该已知成果进行变更，以应用在相同或不同的领域中，如果该变更对本领域技术人员来说是可预期的。

⑦现有技术中的某些教导、启示或动机会引导本领域技术人员修改现有技术文献或将现有技术文献中的教导结合起来以实现所申请的发明。

美国专利审查程序指南进一步规定了上述理由的具体推断步骤，已有国内学者[①]对该推断步骤进行详细翻译，本文不再赘述。应注意，基于上述理由的创造性审查决定必须首先确定 Graham 四要素事实证据，即 Graham 四要素是判断非显而易见性审查的基础。

（五）美国说明书支持审查标准

在美国，权利要求记载于说明书的结尾，权利要求与说明书并非两个单独的文件。中国专利法中的"能够实现"和"以说明书为依据"要求与美国专利法 35U.S.C.112(a) 款相似。

美国专利法 35U.S.C.112(a) 款规定，说明书应该对发明、制作与使用该项发明的方式和工艺过程，用完整、清晰、简洁而精确的词句描述，使任何熟悉该项发明所属技术领域或与该项发明最密切相关的技术领域的人都能制作及使用该项发明。说明书还应该提出发明人或共同发明人所拟定的实施发明的最佳方式。

美国专利法 35U.S.C.112(b) 款规定发明人或共同发明人应该提出一项或一项以上的权利要求，具体指出并明确要求保护的其所认为的发明的内容。从美国专利审查实践来看，35U.S.C.112(b) 款在实际应用中与我国专利法第 26 条第 4 款的"权利要求应当清楚、简要"规定相似。

35U.S.C.112(a) 款规定了关于说明书公开的三个独立要求：书面描述（Written

---

① 李鹏.中美专利法创造性标准研究［D］.上海：复旦大学，2012.

description of the invention）、可实施性（Enablement）和最佳实施方式（Best mode of carrying out the claimed invention）。

"书面描述"指说明书必须足够详细地描述所要求保护的发明，以使所属领域的技术人员可以合理地推断发明人已经拥有该发明。书面描述的目的，在于确保发明人在申请的提交日时已经拥有该项发明。"可实施性"指说明书的教导必须使本领域技术人员不需要"过度实验"便可制造和使用所要求保护的发明的全部范围。"最佳实施方式"的目的，在于避免发明人在申请专利的同时向公众隐瞒其实际构想的发明的优选实施例。在判定说明书是否满足最佳实施方式要求时，需要考虑两个问题：①主观判断发明人在提交申请时，是否知道实施该发明的最佳方式；②如果发明人已拥有实施发明的最佳方式，则必须通过客观的决定，该最佳实施方式的公开是否足够详细，以使本领域技术人员能够实践它。

"可实施性"是美国专利法 35U.S.C.112(a) 款的核心要求。判断可实施性的关键在于是否需要过度实验。MPEP2164.01 根据 Angstadt 案〔即 In re Angstadt,537 F.2d 498, 504,（CCPA 1976）〕明确规定：可实施性的判断不应以是否需要进行实验为依据，而应是当需要进行实验时，该实验是否"过度"。因此，"过度实验"应当理解为本领域技术人员不能依据说明书公开的内容及现有技术制造和使用发明，为制造和使用发明，本领域技术人员不得不进行另行的实验，只有当实验程度达到过度时，专利申请才不满足可实施性要求。

Wands 案确立了判断实验是否"过度"的一些因素，并被广泛应用于美国审查实践中，包括但不限于如下：①权利要求的范围；②发明的性质；③现有技术的状况；④所述领域普通技术人员的水平；⑤该领域的可预见性水平；⑥发明人给出的指导的数量；⑦工作实施例的存在；⑧基于公开的内容，为制造或使用该发明所需的实验数量。过度实验的判断不是一个单一的事实判断，而是权衡所有事实考虑而得出的结论。

"最佳实施方式"原则是美国专利法体系中较为独特的一个制度，其出发点在于"公开"换取"保护"的一种平衡，强迫申请人申请专利保护时必须公开自己核心的技术方案，最大限度地降低其他创新主体在其基础上进一步研发的难度，最终推动科技进步。2011 年以前，"最佳实施方式"原则不仅要求发明人在申请专利时符合的条件，同时也是专利可以被无效的理由；而在 2011 年之后，该条款仅在授权程序中保留，在确权程序中删除，不再是可以提起无效的理由之一。

二、中美专利审查标准差异性

（一）中美适格性审查标准差异性比较

中国与美国专利适格性审查标准及其实践相差较大，具体体现在四个方面：

第一，中国与美国对天然物质的判断方式不同。中国专利审查指南直接规定：首次从自然界分离或提取出来的物质可被授予专利权。相比我国，美国需通过显著区别特征以及显著性等判断步骤来确定是否属于天然物质，具体包括如下步骤：

（1）确定发明是否属于方法、机器、制品或物质组合中的一个；

（2）判断权利要求是否记载了基于自然的产品；

（3）将基于自然的产品与其自然状态下天然存在的对应物进行比较，判断基于自然的产品是否属于天然产物；

（4）若权利要求记载了天然产物，确定权利要求中的任何元素或元素的组合是否足以确保权利要求，不指向司法例外或给司法例外增加了显著性。

中药由于其自身的"天然产物"属性，在面临美国的专利适格性审查时会遇到较多障碍，例如：实践中，直接从天然物质中分离出来的未经修饰的中药单体化合物、单一中药提取物，以及中药有效部位往往被视为不可获得专利权的客体，申请人在答复过程中需要说服审查员这样的产品与天然状态的产品是有显著区别的，其获取过程不仅有"分离"的过程，还具有创造力的投入，同时克服诸多困难，才能最终在功能和活性方面产生"显著的不同"。除此之外，其他的专利类型，如特定组分和（或）特定药效的药物组合物、药物提取制备方法、治疗方法、药物用途等，在证明权利要求所包含的要素、步骤、功能、效果方面，能相对容易地证明其与天然产物、自然规律存在显著不同，故其适格性审查会更容易通过。

第二，中国与美国关于疾病诊断和治疗方法的可授权性要求不同。中国规定物质用于诊断或治疗疾病的医药用途出于人道考虑原因不可被授予专利权，但物质用于制造治疗某疾病的药品可依法被授予专利权。然而，美国倾向于最大限度地保护一切可获得保护的发明创造，可授权的主题非常广泛，物质用于诊断或治疗疾病的医药用途在美国则可被授予专利权，同时为了规避人道主义和社会伦理上的风险，美国专利法第 287 条免除医疗人员在从事医疗活动时使用医疗方法专利的侵权责任。需要注意的是，此类专利为了满足 35U.S.C.101 的规定，还应记载实施该方法的必要步骤或行为。

第三，中国规定物质用于诊断或治疗疾病的医药用途不可被授予专利权，但物质用于制造治疗某疾病的药品可依法被授予专利权。然而，物质用于诊断或治疗疾病的医药用途在美国则可被授予专利权。但是，为了满足35U.S.C.101的规定，还应记载实施该方法的必要步骤或行为，如给特定患者施药。

第四，关于适格性其他方面的审查。在中国专利审查实践中，中药材"指纹图谱"被认为不符合专利法发明的定义，中药"质量控制方法"被认为是智力活动规则而不可被授予专利权，但中药"检测方法"可依法被授予专利权。虽然美国的专利审查实践中目前没有这方面的案例，但是根据USPTO适格性判断的审查流程，可以通过step1排除中药材"指纹图谱"，通过step2测试1、测试2排除中药"质量控制方法"，并确认中药"检测方法"满足35U.S.C.101的规定。在我国中药专利审查实践中，对中药及其组分的毒性具有详细的审查规则和要求，这主要是由于我国对中药领域的药效、毒理的研究和临床应用更为深刻和全面，因此发展了与之相适应的专利审查规则，并将其归为专利法第五条"违反法律、社会公德或公共利益不予授予专利权"。但是美国国审查指南〔MPEP706.03(a)〕规定不得以发明无足轻重、欺诈的或违反公共政策为由驳回专利申请。在这一点美国的审查标准与我国有很大不同。

（二）中美单一性审查标准差异性比较

中国与美国对中药发明专利单一性的审查标准及审查实践存在较大差异。美国对单一性的审查尺度较为严格，但是分案制度更为灵活，可提分案的时机也更为宽松。另外，因PCT条约中对于分案的审查标准相比美国国内专利法的更为宽松，所以当申请人通过巴黎公约向美国提交专利申请时将面临比PCT途径进入美国更加严格的单一性审查标准。

从总体审查原则来看，我国以发明是否属于一个总的发明构思为审查原则，而美国则以发明是否独立、不同，以及是否给审查员带来检索负担为判断原则，因此，美国就是否需要分案给与审查员更大的自由裁量权。美国对不满足上述审查原则的专利申请的限制性要求可分为对发明（Inventions）的限制要求和对子类（Species）的限制性要求。在实践中，美国将一件专利申请中的产品发明、产品的制备方法发明、产品的用途发明视为三个"存在联系但不同的发明"，其给审查员带来检索负担，从而提出限制要求。相比美国，我国则认为一件专利申请中包含的产品发明、产品的制备方法发明、产品的用途发明属于一个总的发明构思，从而满足单一性要求。此外，美国对于一件含有一项上位权利要求和至少一项可授权的子类权利要求的专利申请，可能会要求申请人选择其发明中的一项具体子类发明。

当专利申请不符合单一性要求时，申请人需以分案的形式对申请中的其他方案进行保护。从分案类型和时机来看，美国的分案分为分案申请（Divisional Application，DA)、续案申请 (Continuation Application，CA)，以及部分续案申请（Continuation-in-part Application，CIP）。DA 往往是在专利申请不符合 35U.S.C.121 的单一性要求而被发出限制性要求、申请人需要在美国申请文件中保留一组权利要求继续审查时，针对其余的权利要寻求保护而提交的（被动）分案；CA 则是申请人出于特殊的审查策略，或为了加快小范围专利授权，而将大范围专利提交的（主动）分案；CIP 适用于申请人在申请日之后，对发明有新的研究成果或研究进展时，就该新研究成果提起的"部分"接续案。其中，CA 和 DA 可以享有原说明书的申请日和优先权日，但是说明书不能超出原说明书的范围；CIP 说明书可以增加新的内容，但是新增加内容和相应的技术方案，不能享有母案的申请日。CIP 是美国最有特色的制度之一。上述三种分案形式提交时间均需要母案处于未决（Pending）状态，这种未决状态可以是母案本身，也可以是母案的任意一个延续申请。

与美国极为灵活的分案制度相比，中国的分案较为常规。根据中国《审查指南》的相关规定：一件专利申请包括两项以上发明的，申请人可以主动提出或者依据审查员的审查意见提出分案申请；对于已提出过分案申请，申请人需要针对该分案申请再次提出分案申请的，还应当在原申请的申请号后的括号内填写该分案申请的申请号。即，中国的分案包括申请人主动提起的分案和应审查员要求提出的分案，分别对应于美国的 CA 和 DA，如果分案仍然不符合单一性的要求，还可以提出"再分案"。但是，中国不存在 CIP 的情形，并且中国的分案可以享有母案的申请日和优先权，但是记载的内容不能超出母案所记载的范围。同时，中国的分案时机是以母案来进行判断的，除非是应审查员通知书提出的再分案，可以依据针对的分案状态来判断。可见，中国分案的制度比美国更为严格。

从具体审查细节来看，中美对中药发明专利单一性的审查实践还存在如下差异：

（1）中国与美国均不要求所有专利申请必须在检索现有技术之后才可提出缺乏单一性。但是，美国审查员可在大多数案件中，无须通过检索现有技术来说明缺乏单一性的理由，而中国仅当专利申请明显不属于一个总的发明构思时，方可不检索现有技术。

（2）美国对于产品及其制备方法专利，若该产品可以由实质上不同的其他方法制造出，则该制备方法与所制备出的产品不具有单一性。然而，中国审查指南指出，产品和专门用于制造该产品的制备方法具有单一性，并且"专用"并不意味着该产品不能用其他方法制造。

（3）在美国专利审查过程中，申请人无论是否同意审查员关于单一性的观点，均必须在答复审查意见时根据审查意见进行选择，否则将被认为是非响应的而被视为撤回。然而，从中国的专利审查实践来看，若申请人不同意审查员的观点，也可以只陈述意见但不选择发明。

（4）美国专利审查程序指南规定，当申请人选择的一组权利要求符合授权条件时，当初未被选择的其他组权利要求如果同样符合授权条件时，将有机会被考虑重新加入专利中。

表6-1　中美单一性审查标准比较表

	中国	美国
审查原则	判断两项以上发明是否属于一个总的发明构思，即判断是否具有相同或者相应的特定技术特征	两项以上发明是独立或不同的；并且如果不进行限制性要求，将会给审查员带来沉重的检索负担
检索现有技术	对于明显不属于一个总的发明构思的申请，可以不检索现有技术即可提出缺乏单一性	在大多数案件中，无须引用现有技术对比文件来说明缺乏单一性的理由
Species	—	美国独有的概念
选择发明	申请人在答复审查意见时，可以根据审查意见选择某项发明，若不同意审查员的观点，也可以只陈述意见但不选择	申请人在答复审查意见时，无论是否同意审查员的观点，均必须根据审查意见进行选择；若不同意审查员的观点，则在选择的同时提出反对意见及理由
重新载入	—	当所有被选发明具备授权条件时，未被选发明将被考虑重新载入专利中
其他	对于产品和专门用于制造该产品的制备方法具有单一性，"专用"并不意味着该产品不能用其他方法制造	对于产品及其制备方法专利，若该方法不是显著用来制造产品的方法且该方法可以用来制造实质上不同的其他产品，或该产品可以由实质上不同的其他方法制造出，则该制备方法与所制备出的产品属于有联系但不同的发明，不具有单一性

（三）中美新颖性审查标准差异性比较

中国与美国新颖性审查均以单独对比为原则。美国专利审查程序指南明确规定，只有在权利要求中的每个元素都被明确地或固有地记载在单个现有技术中时，该权利要求才被在先公开。通常情况下，新颖性审查应当仅与一份对比文件进行比对，但是当额外的对比文件满足一定条件时，应用多份对比文件是合理的。我国同样发明专利的新颖性适用单独对比的原则，引用的对比文件可以是数份，但不得将几项现有技术的组合或一份对比文件中的多项技术方案的组合进行对比。我国专利审查指南未明确规定引用数份对比文件的满足条件。

中国与美国新颖性具体审查标准的另一区别在于，美国的在先公开包括事实公开和固有公开。中国专利审查指南具有相似的规定，即对比文件公开的技术内容不仅包括明确记载在对比文件中的内容，而且包括对于所属技术领域的技术人员来说，隐含的且可直接地、毫无异议地确定的技术内容。但我国"隐含的且可直接地、毫无异议地确定的技术内容"与美国的"固有公开"存在应用差异。

除上述两个区别外，美国与中国新颖性审查最大的不同在于，对比文件的认定范围。美国为了鼓励和保护发明，给发明人设定了一年的宽限期，即一年内来源于发明人的披露不构成现有技术，不能被用于评价相应专利的新颖性和创造性，同时对披露方式也不做要求。而中国虽然也有宽限期，但是时长为 6 个月，并严格规定了披露形式（例如规定的展会或学术会议等）。可见，美国与中国相比，新颖性的标准更高，但给予发明人更高的自由度，申请人甚至可以在文章发表之后再慢慢考虑是否需要申请专利。

在美国，发现已知物质的固有性质或对其功能的科学解释无法获得专利权。对于用途发明，发现已知结构或旧组合物的新用途，并不一定具有新颖性或创造性，需进一步判断该用途是否基于旧组合物或结构的结果或性质而得出的，若该用途是基于该旧组合物或结构的结果或性质而得出的，则用途发明不具有新颖性。因此，美国对用途发明的新颖性审查标准相比我国较高。在美国的审查实践中，对于已知产品的新用途发明，申请人可尝试通过限定"特定人群"来克服新颖性缺陷。

（四）中美创造性审查标准差异性比较

中国的专利制度来源于欧洲，借鉴了欧洲"问题解决型"的创造性判断思路，包括：步骤 1，确定最接近的现有技术；步骤 2，确定发明的区别特征和发明实际解决的技术问题；步骤 3，判断要求保护的发明对本领域的技术人员来说是否显而易见。此即俗称的"三步法"。在这个判断过程中，审查员可以根据选定的最接近的对比文件的不同，而得到不同的区别特征，进而根据不同的区别特征所起的效果来确定技术方案所解决的不同技术问题。美国创造性审查则是区分于欧洲和中国的"非显而易见性"审查思路，在具体授权、确权过程中主要采用"Graham

要素 +TSM 标准"的方式来判断。"Graham 要素"与"三步法"的最主要的区别在于没有"确定发明的区别特征和发明实际解决的技术问题"这一步骤，而细微的差别可能直接导致审查员在寻找现有技术中结合启示时得到完全相反的结论，进而对创造性的结论完全不同。此外，美国专利局对公知常识的使用限制严格，实践中很少使用公知常识。

以下对具体的发明类型创造性的判断进行对比：

（1）对于组合发明，预料不到的技术效果均是中国与美国判断组合发明创造性的关键因素。对于中药组合物发明专利的创造性审查，中国与美国的差异主要体现在两方面：一是，中美两国的审查思路存在差异，美国按照化学领域组合物的审查思路进行中药复方发明专利的创造性评述，并不考虑中医药基本理论，技术启示的判断相对更为有限；二是，中美两国对于有限的试验的理解存在差异，美国明确是从"有限数量的确定、可预期的方案中进行选择"，而中国则认为是从"可能、有限范围内进行选择"。因此，中国和美国审查员在针对同一类型的中药组合物发明进行审查时的判断与结论也存在明显差异。

（2）对于选择发明，中国与美国在审查实践中均将组合物中各组分的含量视为本领域技术人员通过常规优化或常规实验便可确定的参数。但从审查标准来看，我国推断显而易见的选择包含三个条件：一是，在可能的、有限的范围内选择具体的参数；二是，通过常规手段；三是，没有产生预料不到的技术效果。美国推断显而易见的尝试应包含两个条件：一是，潜在方案须为确定的、可预期的、有限数量的；二是，具有合理的成功预期，即没有产生预料不到的技术效果。

对比发现，中美两国均以预料不到的技术效果为判断条件。但是，我国规定的"在可能的、有限的范围内进行选择"与美国规定的"从有限数量的确定、可预期的方案中进行选择"存在差异。我国规定的"有限"是对技术方案所涉参数选取范围的限定，而美国规定的"有限"是对方案数量的限定，中国审查员实际上未考量该方案数量是否有限。因此，中国与美国对选择发明的审查标准存在明显差异，对于中药组合物发明专利而言，由于中国药典等文献规定了常用药味及常用药量，中药复方药味及药量的相关参数可以明确在有限的区间范围，故我国审查员在无预料不到的技术效果情况下是否具备创造性的判断关键，在于技术手段是否属于常规，这导致审查员的自由"裁量权"相对美国更大，审查结果更易受到主观因素的影响。

（3）对于提取物与原材料要素替代的发明，当发明产生更优越的技术效果时，美国审查员认为该替换属于无技术启示的改进，并且产生了提高组合物质量或疗效稳定性的更优技术效果，进而认可中药提取物替换原料药的创造性，而中国认为该替换属于本领域的常规操作，技术效果也在预料范围内，故不具备创造性。实际上，由于美国审查实践中不考虑中医药基本理论，即忽略中药药味天然存在的联系，在现有技术无明确教导的情况下，故认为本领域技术人员不存在提取物替代中药材的动机和启示，进而认为该技术效果属于不可预料。而中国审查员需将中医药基本理论纳入考量，需要考虑中药药味之间天然存在的联系，进而认为提取物与中药材的替换属于本领域技术人员的常规操作，其产生的技术效果也属于预料范围之内。由此可见，我国对于提取物与原材料替换的创造性审查标准显然高于美国。

（4）对于已知产品新用途发明，我国专利审查指南第二部分第四章规定，如果新的用途仅仅是使用了已知材料已知的性质，则该用途发明不具备创造性，但若新的用途利用了已知产品新发现的性质，并且产生了预料不到的技术效果，则该用途具备创造性。该规定同时限定了两个条件：①新发现的性质；②产生预料不到的技术效果。实践中，我国对已知产品新用途发明的创造性审查主要以预料不到的技术效果为判断标准。相比而言，美国专利审查程序指南中未对"性质"的含义作出明确说明。在审查实践中，美国审查员往往将某已知物质的新用途视为基于该物质的医疗性质而得出的，即该物质凡用于医疗的用途均为基于医疗性质而固有的用途，除非该用途不应用于医疗。因此，美国对新用途发明的创造性审查标准高于我国。

（五）中美说明书支持审查标准差异性比较

从法律规定条文和初衷来看，除了美国特有的"最佳实施方式"要求以外，美国关于支持性的要求与中国较为相似，均体现出"清楚、完整""可以实施""说明书能够支持权利要求保护范围"等要素。但是从实践中来看，相比我国，美国专利审查过程中对具体配比的权利要求、开放式权利要求等极少提出说明书支持问题。笔者认为，上述问题主要由于如下原因导致：

首先，美国对可实施性的判断依据在于，本领域技术人员不需要"过度实验"便可制造和使用所要求保护的发明。"过度实验"的引入使得美国对说明书公开的审查标准于我国相比较为宽松。具体、明确的判断因素使得审查员在推断说明书公开的充分性或说明书对权利要求的支持程度时，对审查员提出了更高的要求及明确的举证责任。我国则不采用"过度实验"的判断标准。此外，我国审查指南中亦未对审查员的举证责任进行明确规定。

其次，从定义来看，我国"能够实现"要求除了强调必须实现发明的技术方案以外，还应满足解决技术问题并且产生预期的技术效果。美国的可实施性要求在于能够使本领域技术人员制造和使用发明，不包括产生预期的技术效果，但在美国审查实践中，对技术效果的证明仍然会影响发明的可实施性。但是，在我国实践中，存在将"产生预期的技术效果"狭义的限制为"权利要求记载的全部技术方案均产生相同的技术效果"的情况。

此外，美国规定了判断可实施性的考虑因素，但我国目前无论是对"以说明书为依据"，还是"能够实现"的审查规定，仍停留在框架性指导层面，更下位的判断标准有待被明确。

（六）我国较美国中药发明专利审查标准的合理性及不足

1. 我国中药专利审查的合理性

相较于美国的专利审查标准，我国中药专利审查标准在保护客体、单一性和公开充分性方面更为合理。

（1）关于保护客体审查标准的合理性

中国与美国对中药发明专利的审查标准不同。根据美国临时指南，无论是中药组合物发明还是中药提取物发明，均需通过显著区别特征及显著性等判断步骤来确定中药发明是否属于天然物质。中药组合物在具备显著区别特征或显著性时，可以被授予专利权。而中药提取物则基本属于不受美国专利法保护的天然物质。相比美国，我国专利审查指南则直接规定首次从自然界分离或提取出来的物质可被授予专利权。尽管我国专利审查指南中未明确规定中药组合物发明的保护客体审查标准，但在我国审查实践中，中药组合物发明为可授予专利权的保护客体。

笔者认为，对于中药组合物而言，中药是人们从自然界找到的以天然形态存在的物质，但自然界中并不存在由多种中药组合而成的组合物，中药组合物虽由天然物质组成，但不属于"科学发现"，且在产业上有利用价值，可依法被授予专利权。尽管美国提出了适用于中药组合物发明专利的保护客体审查标准，但该标准忽视了组合物本身并非天然存在于自然界中的客观事实，并过分强调显著区别特征，因此，我国的中药组合物发明专利保护客体审查更具合理性。

对于中药提取物而言，中药提取物本身并不独立地存在于自然界中，首次从中药材、植物中分离或提取出来的中药提取物本身就是技术创新的成果。笔者认为，首次从中药材、植物中分离或提取出来的中药提取物，该中药提取物不属于"科学发现"，可依法被授予专利权。因此，我国的中药提取物发明专利保护客体审查更具合理性。

（2）关于单一性审查标准的合理性

从总体审查原则来看，我国以发明是否属于一个总的发明构思为审查原则，即判断各项权利要求中是否包含一个或多个相同或相应的特定技术特征。美国国内申请则以发明是否独立、不同以及是否给审查员带来检索负担为判断原则。笔者认为，美国对国内申请单一性的审查尺度过于严格。从美国的审查实践可以看出，过于严格的单一性审查标准将衍生出三个主要问题：一是，导致专利审查周期延长，给申请人造成额外的答复审查意见负担；二是，催生出更多分案申请、继续申请；三是，申请人需负担更多的专利申请费用。相比美国，我国单一性审查标准则更加简洁、高效。

（3）关于说明书公开充分审查标准的合理性

我国专利审查指南规定：说明书应当记载发明的有益效果，有益效果可以通过数据予以说明，但在引用实验数据说明有益效果时，应当给出必要的实验条件和方法，不得只断言发明具有有益效果。根据美国审查实践，说明书中通过断言性的结论证明有益效果亦可符合美国专利法35U.S.C.112(a)款的规定。从对实验数据审查要求来看，我国的审查尺度明显高于美国。但笔者认为，要求说明书中记载的实验数据给出必要的实验条件和方法是合理的。实验条件和实验方法是公众能够根据说明书重复出发明且实现发明有益效果的必要根据。若缺少实验条件和实验方法，则发明将不具备"可实现性"。此外，根据我国国情，若仅以断言性的结论便可证明中药发明的有益效果，则有可能为滋生不以保护创新为目的的非正常专利申请行为带来更多便利。

2. 我国中药专利审查存在的不足

（1）所属技术领域技术人员水平的把握存在不一致

目前在审查实践中存在如下矛盾情形：对于组分被公开但其配比未被公开的中药组合物权利要求，若说明书只提供一定配比范围的实施例，审查员则认为本领域技术人员不能确定说明书中未记载的配比范围也能实现该发明的技术效果；但是，如果该配比未公开的中药组合物出现在对比文件中，此时本领域技术人员又能够在对比文件的基础上，通过常规实验确定各组分配比并达到该发明的技术效果。本领域技术人员的水平在创造性和说明书支持审查时存在不一致的情况。

如果审查员认为中药组合物发明其技术问题的解决不仅取决于组分的选择,还取决于该组分特定含量的确定,那么在创造性审查时,对于组分被公开但其配比未被公开的中药组合物权利要求,则不应以"通过有限次的常规实验就能够确定配比范围"为由提出发明不具有创造性,否则将造成对技术方案创造性水平的低估,不利于中药领域的相关创新获得专利保护。

(2)审查员缺乏举证责任

目前,我国对说明书支持的审查标准过高。审查指南规定"如果权利要求的概括使所属技术领域的技术人员有理由怀疑该上位概括或并列概括所包含的一种或多种下位概念或选择方式不能解决发明所要解决的技术问题,并达到相同的技术效果,则应当认为该权利要求没有得到说明书的支持"。然而,专利审查指南中没有明确规定"有理由怀疑"是否需要审查员在提出权利要求未得到说明书支持的审查意见时提供初步的证据证明。若宽泛的权利要求不能得到说明书的支持,审查员应提供能够支持"有理由怀疑"的证据,以避免第26条第4款在审查实践中的滥用。

(3)中药领域中上位概念与下位概念定义不合理

对于中药提取物与其下位成分是否构成上、下位概念,我国专利审查指南尚无明确规定,但在我国审查实践中存在将中药提取物的下位成分视为其下位概念的情况。以丹参素和丹参提取物为例,从概念的角度来看,丹参素这一物质落入"丹参提取物"概念的范畴内,构成"丹参提取物"的下位概念。但从物质的角度来看,丹参素和丹参提取物属于两种不同的物质,丹参提取物除含有丹参素外,还含有其他物质。根据"相同内容的发明"的审查原则,丹参素和丹参提取物属于两种不同的物质,丹参素不能评价丹参提取物的新颖性。笔者认为,将丹参素简单地理解为丹参提取物的下位概念是不适当的,应当从物质的角度将二者认定为不同的物质。因此,中药提取物与其下位成分属于两种不同的物质,不应将二者视为上、下位概念的关系。同理,中药材与其中药提取物属于两种不同的物质,而非上位概念与下位概念的关系。

(4)中药组合物发明开放式权利要求审查标准不统一

目前,我国对中药组合物发明开放式权利要求亦无明确的审查标准。但在实践中,中药组合物发明的开放式权利要求较难被授权,主要原因在于审查员认为在中药组合物中加入其他成分或改变配比关系将导致产生不同的技术效果。

但是，若中药组合物发明只能以封闭式权利要求保护，则第三方只需要在发明所保护的中药组合物基础上添加微量的或不产生主要作用的其他成分即可规避专利壁垒。中药组合物专利的保护作用被极大降低。而若一概允许中药组合物发明采用开放式权利要求，一方面可能超脱了发明人实际作出的技术贡献，另一方面中药组合物的君臣佐使配伍关系改变后其技术效果也确实有可能改变。因此，应当明确规定中药组合物发明在何种情况下采用开放式权利要求能够得到说明书的支持，在何种情况下不能得到说明书的支持，明确对中药组合物发明开放式权利要求的审查标准，而不是"一刀切"式的对所有中药组合物均不允许采用开放式权利要求。

（5）仅以组分限定的中药组合物权利要求审查标准尚不明确

在我国审查实践中，仅以组合物的组分进行限定而未有限定用量的中药组合物权利要求，可能会因为得不到说明书的支持而较难获得授权，主要原因在于审查员认为中药组合物中的原料药配比的变化会引起君臣佐使配伍关系的变化，从而对组合物整体的功效产生影响。也就是说，在审查实践中，审查员默认中药组合物功能或效果主要取决于组分及其用量或配比。因此，其技术问题的解决不仅取决于组分的选择，还与配比或用量有关。然而，在美国的审查实践中，仅以组合物的组分进行限定而未有限定用量的中药组合物权利要求并不存在未得到说明书支持的问题。这可能是美国审查员并不了解中医理论及中国审查员的上述认识，而是基于西医的思维，认为只要含有相应组分便会产生相应效果所导致。这样就导致中国关于此类发明的授权标准高于美国，相关专利在中国能难以获得授权，给我国申请人带来诸多困惑。

因此，在考虑是否应当对组合物发明允许仅以组合物的组分来限定而不限定用量时，较为合理的方式是应当综合考虑发明人实际作出的技术贡献、该组合物的组成原理、机制等方面加以判断，进一步明确规定中药组合物发明在何种情况下仅以组合物的组分进行限定的权利要求能够得到说明书的支持，在何种情况下不能得到说明书的支持。对于不能得到说明书支持的情形，应当明确其审查标准、增强标准执行一致性，提升相关专利审查过程的公允性、透明度和可预测性。

第二节　我国台湾地区专利审查标准介绍

中医药在我国有着悠久的历史，获得了民众的广泛使用。在我国的港澳台地区也一直有较多中医药从业人员，同时有一定量的中药专利申请。两岸四地之间中医药领域的交流与合作的繁荣，也带动了港澳台地区的中药专利申请量的增加。其中，台湾地区对中草药相关发明专利制定了专门的审查基准，在此予以介绍，以供参考。

一、我国台湾地区中草药相关发明专利审查基准

（一）我国台湾地区中草药相关发明专利审查基准架构

中医药是中华民族几千年传承和积累的文化瑰宝，与化学药物相比，中草药发明所含有效成分大多不明确，不宜分离纯化具有特定结构的单一活性物质的特性，且针对西药与中草药的理论有所差别，中草药存在单方、复方的运用特色。我国台湾地区高度重视上述差别，于2007年首次提出中草药相关发明专利审查基准（试行）。此后，于2013年制定并发布最新中草药相关发明专利审查基准（在本章中以下简称"《台湾审查基准》"）。从内容来看，可分为如下几部分：

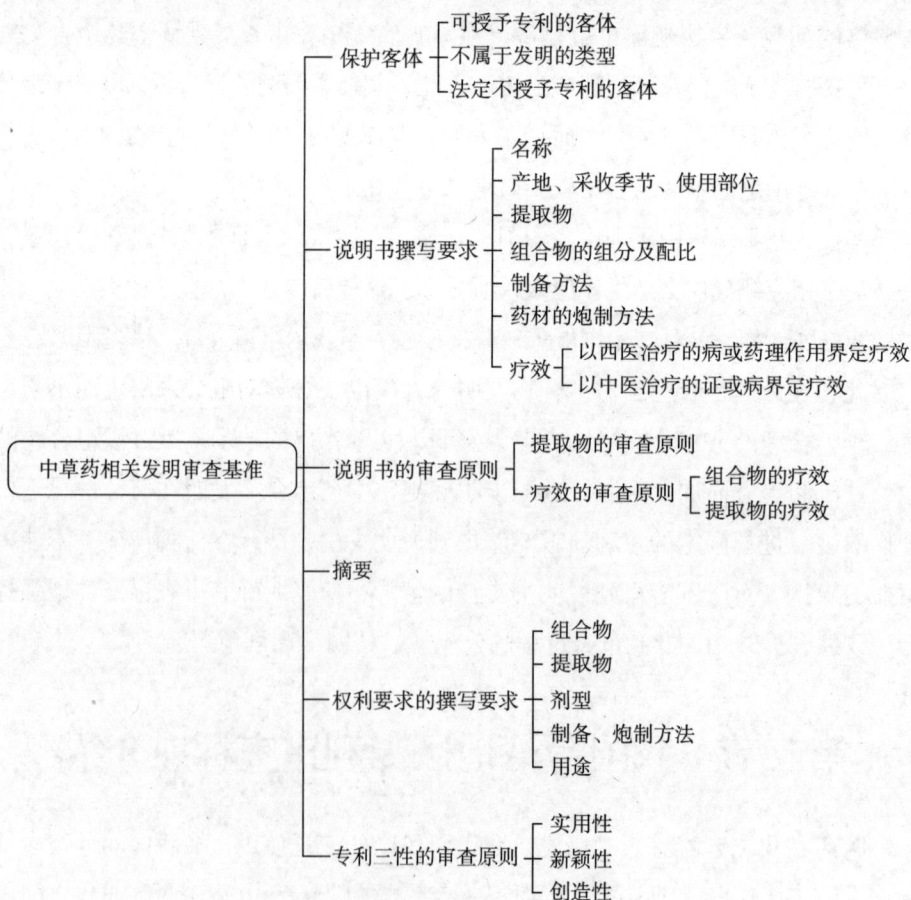

图6-4　我国台湾地区中草药相关发明审查基准架构

（二）我国台湾地区中草药相关发明专利审查基准的特色

1.确立权利要求类别（技术主题）

《台湾审查基准》中指出：中草药相关发明专利权利要求主要分为产品权利要求和方法权利要求两类。用途权利要求应当视为相当于方法权利要求。

其中，产品权利要求包括：①中草药组成物；②中草药提取物；③中草药剂型；④含有中草药的饮食品、化妆品；⑤含有中草药的药用材料，如一种含有中草药的蛀牙填补剂；⑥含有中草药之医疗器材或装置。

方法权利要求包括：①中草药的制备方法；②中草药的提取方法；③中草药的炮制方法；④中草药剂型的制备方法；⑤含有中草药的饮食品、化妆品的制备方法；⑥含有中草药的药用材料的制备方法；⑦含有中草药的医疗器材或装置的制备方法；⑧中草药的质量监控方法。

用途权利要求又分为：①中草药之医疗用途；②中草药之非医疗用途，例如一种雄黄作为杀昆虫剂的用途。

2.强调说明书必须记载中药用途的有效量及使用方法

《台湾审查基准》第3.2节规定：对于中草药的用途，说明书除了记载该用途（如治疗之病症或药理机制）以外，还必须记载有效量及使用方法等，并有具体明确数据或数据证实该用途。

3.明确允许以中医指标证明中药发明之疗效

该《台湾审查基准》指出，中草药发明疗效的界定可以分为两种：以西医治疗的疾病或药理作用界定疗效和中医治疗的证或病界定疗效。即，确立了可以通过中医证或病对疗效予以界定的审查原则。

对于以西医治疗的疾病或药理作用界定疗效的专利，说明书应以业者普遍采用的科学方法，如进行体外试验、动物实验或临床试验，以科学数据证明其疗效；亦可以说明有效成分与疗效之相互关系、药理作用或作用机制，但应列明相关的参考文献。

对于以中医治疗的证或病界定疗效的专利，说明书除以体外试验、动物实验或人体试验等西医治疗的方式证明其疗效之外，还可以中医辨证论治原则推论所申请的药物对该证或病具有疗效，但应同时提出可供验证及评估之客观量测指标，或提出足以证明其疗效之相当例证。即，可以不只用体外实验等西医治疗的方式证明其疗效，也能以中医的辨证论治原则推论所申请的药物对该证或病具有疗效，但需同时提出可供验证和评估的客观指标或足以证明其疗效的例证，如脉象或小便颜色的变化、典型病例等。

4. 明确口耳相传、组方加减替代等新颖性审查标准

对于仅由民间口耳相传，而未见诸文献、典籍等刊物的民间验方，其新颖性审查在于是否构成公开使用。因使用而能为公众得知其内容者，始构成公开使用；但若使用者或第三者不可能从使用中得知其内容者，则不构成公开使用，例如仅给他人药物，而保留处方，且他人不可能因使用该药物而得知其组分与配比时，不构成公开使用。反之，若他人能轻易由该药物得知其组分与配比，则构成公开使用。

对于组方加减或替代，若申请专利的发明属中草药固有方剂组分的加减或替代，且该加减或替代于申请前已见于刊物、已公开使用或已为公众所知悉，则该发明不具新颖性。

5. 明确组方加减变换、选择发明的创造性审查标准

（1）组方加减或替代

若申请专利的发明属于中草药固有方剂之组分的加减或替代，且该加减或替代于申请前未见于刊物、未公开使用且未为公众所知悉，则该发明具有新颖性；但若该加减或替代为该发明所属技术领域中具有通常知识者依申请前之先前技术所能轻易完成时，则该发明不具创造性。若无法判断中草药固有方剂之组分的加减或替代是否为该发明所属技术领域中具有通常知识者所能轻易完成时，可就该加减或替代后之中草药与原固有方剂相较，是否产生无法预期之功效予以判断。

例1：逍遥散为常用方剂，由当归、茯苓、白芍、白术、柴胡、炙甘草组成为散剂，煨姜、薄荷水煎冲服而成，用于治疗肝郁血虚所致之两胁作痛、头痛目眩、口燥咽干、神疲食少，因属固有方剂，故不具新颖性。

若兼见肝气热之象，于上述方剂加入牡丹皮、山栀子，即为加味逍遥散（又名丹栀逍遥散、八味逍遥散），该加方为典籍所载之固有方剂，亦不具新颖性。

若兼见食欲不振，于上述方剂加入神曲、鸡内金而成为逍遥散之加方，虽未为典籍所载，然而神曲具有消食化积、健脾和胃之功能，鸡内金具有运脾消食、固精止遗等功能，该加减变化，属该发明所属技术领域中具有通常知识者所能轻易完成，故不具进步性。

例2：四物汤为中医常用以补血之方剂，亦为民间习用之固有方剂，若除原药材之外，另加入药材X、Y、Z三味而申请加味四物汤，主张养血之功效更佳，其与固有方剂不同，且其加减未为典籍所载，加入之X具有补血之功，Y为补气之药，气生则血生，Z能柔肝补肾，加强精血之生化。申请专利之加味四物汤之功效，虽

为具有中医药理的通常知识者所能了解，但事后的推知不应抹灭先前的创见，故原则上应具有创造性。

以上两个例子已初步说明了我国台湾地区对于固有方剂组分加减或替代的创造性审查尺度。

（2）选择发明

若申请专利的发明为针对某已知个别药材用量范围的中草药方剂，具体限定其中部分或全部药材的用量于一较小范围，若该限定并非原方剂已特定揭露者，且与原方剂已知的功效相较，产生无法预期之功效，则该发明具有创造性。

6. 允许以组合物成分为技术特征的权利要求

《台湾审查基准》第 5.1.1.1 节指出：若发明的技术特征为组成物之组分，应界定原料药材的种类或成分；若其技术特征还包括组分的配比，另应界定原料药材的用量或比例。又如第 3.2.4 节规定：申请专利的发明为包含中草药组成物之产物或方法者，若其特征在于该组成物的组分及配比，应于说明书中详细记载。例如治疗头痛的某中草药复方组成物，包含特定含量的原料药材天麻、白芷、川芎、荆芥、当归、乳香等，说明书应记载各药材之种类及配比。通过上述规定可以看出，我国台湾地区允许仅以组合物成分为技术特征（不包含其配比）的权利要求。

二、我国台湾地区与大陆中药专利审查标准的差异性

《台湾审查基准》规定中药发明专利除依据一般性规定及医药、生物发明的特殊规定外，其他必须独特判读和处理的事项由该审查基准进行规定。而目前，我国大陆对中药发明专利的审查主要适用一般性规定和化学领域的特殊规定。尽管我国大陆尚未正式出台与中药技术现状相适应的审查规则，但 2020 年 4 月国家知识产权局发布的《中药领域发明专利审查指导意见（征求意见稿）》（在本章中以下简称"《指导意见》"）可以窥见目前国家知识产权局内部对中药发明专利的审查标准的初步意见，该意见中突出强调了中药发明专利的保护客体、说明书公开充分以及创造性的审查，确立了一些审查要点和关键步骤。

（一）审查标准框架结构差异性

《台湾审查基准》的框架如本章第一节所述。《台湾审查基准》的框架结构基本是按照专利申请书的结构来设置，即首先明确专利保护客体的审查标准，之后分

别确立说明书、摘要和权利要求书的审查标准，其中权利要求书的审查标准则涵盖了撰写要求和专利"三性"的审查标准。《台湾审查基准》的框架结构不包括关于说明书附图的审查标准。

我国《指导意见》的结构系根据《专利法》的法条而定，涵盖了专利法第五条（保护客体）、专利法第二十六条第三款（说明书公开充分）和专利法第二十二条第三款（创造性）的审查标准。从法条的角度来看，我国《指导意见》的框架结构没有涵盖专利法第二十六条第四款（说明书支持）、专利法第二十二条第二款（新颖性）以及专利法第二十二条第四款（实用性）。从专利申请书的结构来看，我国《指导意见》没有涵盖摘要、说明书清楚完整、权利要求清楚简要、权利要求以说明书为依据、权利要求新颖性和实用性的审查标准。之所以有这样的差异，很可能是由于我国《专利法审查指南》2001 版、2006 版、2010 版、2019 版、2021 版的第二部分第十章均已规定了关于化学领域发明专利申请审查的若干规定，其中包括了一部分中药专利审查的相关标准。在此基础上，我国《指导意见》所规定的仅限于该部分无法涵盖的、在审查实践中已经基本达成共识的关于中药领域审查的特殊性问题，所以《指导意见》没有将所有相关法条全部罗列在内。

（二）审查标准内容差异性

1. 关于保护客体的审查标准

相对于我国《专利法》《专利法实施细则》和《专利审查指南》规定授权专利权的客体和不授予专利的客体；台湾还在《台湾审查基准》中增加了"不属于发明类型的客体"包括自然法则本身、单纯发现、违反自然法则的发明、非利用自然法则的发明和非技术思想的发明。

此外，我国《指导意见》针对被禁止入药的稀有中药材、被禁止入药的毒性中药材、未禁止入药的毒性中药材分别规定：

（1）涉及利用被禁止入药的稀有中药材完成的发明因妨害公共利益，属于专利法第五条第一款的规定的不予授予专利权的范围。

（2）涉及被禁止入药的毒性中药材的发明创造的实施导致危害公众健康，通常属于专利法第五条第一款规定的妨害公共利益情形而不予授予专利权的范畴。

（3）对于国家未禁止入药的毒性中药材，使用时如果不符合国家规定的用法和用量，会危害公众健康，可以"妨害公共利益"为由纳入专利法第五条第一款规定的不能被授予专利权的范畴，但能提供可信的证明其安全性的证据的除外。

相比于我国大陆，尽管台湾地区专利有关规定中规定了妨害公共秩序或善良风俗者不予发明专利，但在《台湾审查基准》中依然规定了对于涉及毒性中药材的发明则以实用性进行审查，而非以妨害公共秩序为由予以审查。《台湾审查基准》规定，若发明系利用含有重金属或具有毒性的中药材而达成疗效，其可能同时危害人体，该发明是否具有产业利用性，应根据其说明或提供的资料、证据等综合判断。同时，《台湾审查基准》也强调了传统中药的单味药材有其合理的用量范围，所谓"合理用量"，乃基于传统经验，并非绝对不可改变。

《台湾审查基准》对于涉及毒性中药材的发明的审查标准具有部分参考价值：一方面，在于其强调了传统经验并非绝对不可改变，即认可对毒性中药材的使用和认知仍可不断地探索和开发，考虑到了这一技术探索和开发可能存在的前瞻性；另一方面，对于涉及毒性中药材发明以实用性进行审查，而非妨害公共秩序，体现了台湾对于妨害公共秩序的适用范围较为谨慎。尽管台湾未规定涉及被禁止入药的中药材的发明的审查标准，但台湾地区对该类发明的审查标准依然提供了一些借鉴，即不论是涉及毒性中药材的发明还是涉及被禁止入药的中药材的发明，应通过实用性审查来判断该类发明是否具有专利性，避免"妨害公共利益"的"口袋化"。

2. 关于说明书公开充分及说明书支持的审查标准

《台湾审查基准》明确了以中医证、病界定疗效的说明书审查标准。尽管我国《指导意见》中明确了技术效果的充分公开的审查标准，但在现有的《指导意见》中尚未明确对以中医证、病界定疗效的说明书公开充分以及说明书支持的审查标准。台湾地区关于以中医证、病界定疗效的说明书审查标准对我国大陆审查标准的提出具有一定借鉴作用。对于说明书中的实验数据，可以不只用体外实验等西医治疗的方式证明其疗效，也能以中医的辨证论治原则推论所申请的药物对该证或病具有疗效，但需同时提出可供验证和评估的客观指标或足以证明其疗效的例证。

3. 关于创造性的审查标准

《台湾审查基准》中明确规定：申请专利之发明为该发明所属技术领域中具有通常知识者依先前技术所能轻易完成者，不得取得发明专利，且显而易知与轻易完成为同一概念。故其专利进步性的判断重点在于"显然易知"，也即判断权利要求所保护的发明相对于现有技术是否显而易见。《台湾审查基准》没有对创造性的判断步骤进一步明确，而是直接在涉及进步性审查时将中药方剂分为两大类：固有方剂之组分的加减或替代、选择发明。其进步性审查重点在于是否具有"无法预期之功效"，即要求新中药方剂相对原固有方剂产生预料不到的技术效果。

　　我国《指导意见》则首先进一步明确了在中药领域的"三步法"判断步骤，这对于中药领域发明的创造性判断具有重要指导意义。"三步法"重点强调了要基于发明实质选取起主要作用的药味相同或相近程度较高的已知中药复方作为最接近的现有技术，以及对区别药味在组方中发挥作用的主次地位进行分层，或按其功效或作用进行分类。同时，《指导意见》将中药组合物分为两大类：加减方、自组方。但需注意的是，该指导意见中限定了"加减方"为在不改变已知组方主要药味的基础上所形成的中药组合物。因此，在中国大陆的中药复方发明专利创造性审查标准对中药复方创造性的理由显得更为多元。

第七章

我国中药专利审查标准
的案例解读和运用

中药发明专利的申请、审理、运用是一个十分复杂的运行体系，其中会涉及专利的实质审查、复审、无效，以及后续的行政诉讼、侵权诉讼、再审等一系列流程。

专利局实质审查部门可以对经过初步审查符合专利法要求的发明专利申请，自申请日起三年内，根据申请人随时提出的实质审查请求，对其申请进行实质审查。发明专利申请经实质审查没有发现驳回理由的，作出授予发明专利的决定；申请人无正当理由逾期不请求实质审查的，该申请即被视为撤回；实质审查部门认为不符合专利法相关规定的，则予以驳回。

申请人对专利局实质审查部门驳回申请的决定不服者，可自收到通知之日起三个月内向专利局复审和无效审理部（2019年4月前称"专利局复审委员会"，下同）请求复审，复审请求人在专利局复审和无效审理部作出复审决定之前，可以撤回其复审请求；根据复审请求，同意撤回原决定的，将发回原审查部门重审；不同意撤回原决定的作出维持驳回决定的复审决定。申请人对复审决定不服的可自收到通知起三个月内向北京知识产权法院起诉。

自专利局实质审查部门授予专利权之日起，任何第三人认为该专利权的授予不符合专利法有关规定的，可以请求专利局复审和无效审理部宣告该专利权无效，根据审查结果，专利局复审和无效审理部将作出维持专利权有效、宣告专利权部分无效，以及宣告专利权全部无效的无效决定。无效请求人对无效决定不服者，可自收到通知起三个月内向北京知识产权法院起诉。

北京知识产权法院收到起诉书后，经行政诉讼第一审，如果判决撤销复审及无效决定的，将发回专利复审和无效审理部重审；专利局复审和无效审理部、复审请求人，以及无效当事人不服北京知识产权法院一审判决的，均有权在判决书送达之日起十五日内向最高院知识产权庭（2018年10月之前是北京市高级人民法院，下同）提起上诉。

经行政诉讼第二审，最高院知识产权庭作出撤销行政一审判决的，将发回北京知识产权法院重审；不同意撤回原判决的，作出维持行政一审判决的判决，对行政诉讼第二审终审不服的，当事人可以在二审判决、裁定发生法律效力后的六个月内，依法向最高人民法院申请再审，经再审，最高人民法院作出维持或撤销行政二审判决的判决，撤销行政二审判决的，将发回最高院知识产权庭重审。

专利无效程序往往伴随着专利侵权纠纷，专利权人可向有管辖权的相关各级法院请求专利侵权判定，当事人对一审判决不服者，可申请二审。仍不服二审判决者可向有管辖权的高院或最高人民法院请求再审，经再审，有管辖权的高院或最高人民法院作出维持或撤销二审判决的判决，撤销行政二审判决的，将发回上一级人民法院重审。图 7-1 体现了中药发明专利审查与维权诉讼的全流程。

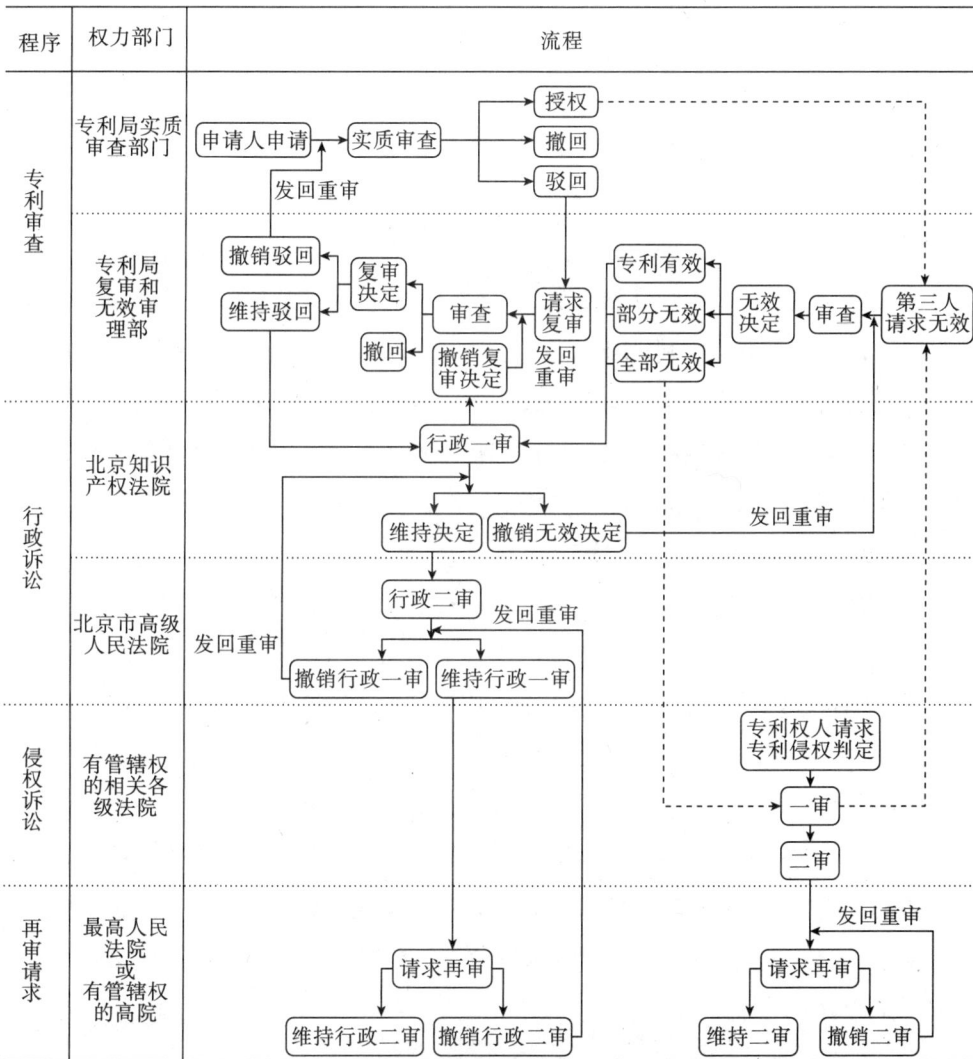

图 7-1　中药发明专利审查与维权诉讼的全流程

在发明专利审查与维权诉讼的整个流程中，都伴随着对专利申请的技术方案和保护范围的解读，与现有技术的对比等环节。这种判断和解读同时体现出申请人、专利权人、审查员、代理人等各方在专利的整个申请、审查、保护、运用流程中，各自对中药专利审查标准的理解和把握。梳理各流程中实际典型案卷的走向和处理方式，有助于我们加深对中药专利审查标准的理解和运用。

本书精心挑选了实践中涉及专利法第五条第一款、专利法第二十六条第三款、专利法第二十二条第二款、专利法第二十二条第三款，以及涉及实验数据审查的经典案例。这些案例不仅反映了专利审查中的重点或疑难点，同时还涉及上述专利审查与维权诉讼的每一个流程，有助于读者在了解中药发明专利审查与维权诉讼的全流程的基础上，进一步理解所述审查标准在后续每一个环节中的运用方式，和不同部门对相同问题看法的共同点和差异。同时还在某些案例中比较了中美对同一个案例在审查标准上的差异和相同点，有助于读者理解不同国家之间对中药专利申请审查标准的差异，有助于申请人/专利权人更好地维护自身利益。

我国有着世界上最大的中医药产业，故而中药专利申请是世界上最多的，中医药这种独特的技术对专利审查标准的建立带来了许多需要研究和尝试的问题。从专利制度设置至今，中药专利审查标准也经历了一个从无到有、不断地调试和发展的过程，目前也仍处在一个动态发展的过程中。专利文件是一个同时兼具技术属性和法律属性的文件。专利制度不仅保护专利权人的经济利益，还兼具调节私权和公众利益之间平衡的作用。因此，每一个中药专利的案例所折射出来的中药专利审查标准也是当时的技术、法律、特定社会关系调节下的产物。

"读史以明智，知古以鉴今"，我们只有更好地了解过去和现有中药专利审查的背景、技术环境、政策导向，才能够更好地理解现有中药专利审查标准设定背后的逻辑，了解这些标准所解决的问题，所克服的困难，也有利于更好地运用这些标准。随着科学技术水平的进步、私权和公众利益的形势变化、法律规定的与时俱进，都有可能使得当下对一个技术的认知、法律的设置、国家政策的调节的价值取向发生变化。因此，中药专利审查标准也会进行动态调整。我们在解读和运用这些现有不同时期的案例时，既要理解和把握每个案例所表达出的通用的审查思路和审查标准，同时也需联系当时的技术、法律、社会政策等环境，来理解设立相应审查标准的初衷，切莫一味地生搬硬套。

第一节　专利法第五条第一款

在专利法第五条第一款规定"对违反国家法律、社会公德或者妨害公共利益的发明创造，不授予专利权"，其立法本意是在利用专利制度保护发明人利益的同时，竭力保护社会公众利益不受侵犯，这其中包括对社会伦理道德的尊重和社会公共秩序的保护；专利有益性的要求也包括表现为反面的约束。2020 年 4 月国家知识产权局在《中药领域发明专利审查指导意见（征求意见稿）》中对于稀有中药材、有毒中药材、中药配伍禁忌、用法和用量不符合规定等与中药注册密切相关的技术参数特征给出了专利审查判断的具体执行标准。

药物的毒性会给社会公众的健康带来严重危害，如"反应停"事件和日本的小柴胡汤事件。中药领域是较为特殊的领域，中药药用成分复杂，会使用含有毒成分的中药材作为原料治疗疾病。有毒中药是传统中药的一部分，其合理应用体现了传统中医药的智慧与特色，如《神农本草经》记载："下药一百二十五种为左使，主治病以应地，多毒，不可久服。欲除寒热邪气，破积聚。愈疾者，本下经。"现代研究也发现，有毒中药或可在疑难杂症的治疗中发挥重要作用。所以，毒性中药不等同于假药、劣药，"毒"可指药物的偏性，用之得当，以偏纠偏是药物对疾病产生疗效的基础；用之不当，对机体产生非预期的反应则是产生毒性的根源。对于中药毒性药物不可以"见毒就禁"，应该科学地对待，理性分析。药物不良反应的发生与其炮制方法、每日用量、使用人群、疗程长短均密切相关，不可以孤立地看待每一味中药的毒副作用，专利审查实践过程中应结合申请文件中记载的药物用法、用量、有效性实验、安全性实验，与古籍或工具书中记载的药物用法、用量进行分析比对，从而对毒性药材的使用是否会妨害公共利益作出客观、审慎的判断[①]。

案例 1

专利申请号：201210586341.2。

发明名称：用于治疗慢性溃疡性结肠炎的中药组合物及其制备方法。

法律状态：复审维持驳回。

【基本案情】复审委第 109646 号决定涉及一种用于口服治疗慢性溃疡性结肠炎的中药组合物，其原料药仅由熟地黄、首乌藤、没药、山药、黄精、诃子、细辛、大黄、白头翁、龙胆、大青叶、片姜黄、川木香、蔓荆子、丹参、猪苓、白及、五倍子、半夏、益智仁、儿茶、三白草、千里光、马兜铃、杠板归构成。本申请中药组合物原料药中包含马兜铃，说明书实施例 5 记载了实验期为 7 天的急性毒性试验。马兜铃由于含有马兜铃酸，具有明显肾毒性，容易引发患者不良反应，有害公共健康，妨害公共利益。虽然本申请中记载了药物的急性毒性试验，但说明书实施例记载的

---

① 李慧，张倩. 中药专利申请中毒性药材的安全性问题［J］. 药物评价研究，2017，40（10）：1500–1503.

临床试验数据治疗时间均长达 2 个月，而说明书中没有长期毒性实验数据，不能证明本申请的中药组合在治疗需要的长期服用时间内，可以避免由于含有马兜铃引起的马兜铃酸对用药者的肾功能损害。决定中根据专利法第 5 条第 1 款的规定，认为该申请不能被授予专利权。

【案例解读】如果中药发明原料中涉及国家未禁止入药的毒性中药材，说明书中应尽量记载清楚药物的用法用量，最好能够直接或间接得到毒性中药材的用法用量，以供判断该药是否符合用药的规则或规定。如不符合用药规则或规定的需要提供药物完善的毒副作用相关实验数据。本申请中药组合物原料中含有限制使用的药材马兜铃，虽然说明书中已经提供了急性毒性试验，但是一方面由于本申请药物需要长期服用，另一方面马兜铃酸不仅具有肾毒性，还具有非常强的致突变毒性。说明书中缺少长期毒性实验数据，不能证明本申请的中药组合在治疗需要的长期服用时间内，可以避免由于含有马兜铃引起的马兜铃酸对用药者的肾功能等损害。本案审查实践中采取了更为谨慎的做法。

【案例启示】对于涉及毒性药材在说明书中提供毒性相关的实验数据时，需要结合含有毒性的中药材的使用剂量、使用方法，就有可能引起器官组织功能或实质的损害，甚至导致药源性疾病，进行有针对性的完善的验证，而不能只是泛泛地提供实验，否则有可能因相应的实验数据不足而导致申请被驳回。

案例 2

专利申请号：201410179758.6。

发明名称：甲状腺炎攻坚通络的中药组合物及制备方法。

法律状态：复审维持驳回。

【基本案情】本申请涉及一种甲状腺炎攻坚通络的中药组合物，主要由第一组分和第二组分的原料药制备而成，均为重量份，具体如下。

第一组分：陈皮 6～15 份，青木香 3～9 份，夏枯草 2～6 份，三七 8～15 份，急性子 2～6 份。

第二组分：煅牡蛎 15～35 份，海藻 6～10 份，制香附 6～15 份，瓦楞子 5～15 份，枳壳 3～12 份，白僵蚕 3～9 份，刘寄奴 6～12 份，升麻 4～12 份，连翘 6～15 份。

本申请技术方案的原料药中使用了青木香，由于青木香含有马兜铃酸，具有肾毒性，并且申请人也未提供明确证据排除该药物的安全性风险，因此以青木香损害公众身体健康进而妨碍公共利益为依据，认为该方案属于专利法第 5 条第 1 款规定的不授予专利权的范围而驳回了该申请。复审请求人在提出复审请求时将青木香修改为土木香。

经考证，青木香、土木香在某些历史时期确实存在名实混用的情况，但是本申请的申请日为 2014 年 04 月 30 日，至此之前，已经可以明确区分两种药材的基原、功效、主治。"青木香"之名始见于明·陈嘉谟《本草蒙筌》，为马兜铃科马兜铃属植物马兜铃和北马兜铃的根，味辛、苦，性寒，小毒，归肺、胃、肝经，功用为行气、解毒、消肿，主治脘腹胀痛、疝气、泄泻、痢疾、咳喘、高血压病、蛇虫咬伤、痈肿疔疮、秃疮、湿疹、皮肤瘙痒。"土木香"之名始载于《本草图经》，为菊科旋复花属植物土木香的根，味辛、苦，性温，归脾、胃、肝经，功用为健脾和胃、行气止痛、驱虫，主治胃脘、胸腹胀痛、呕吐腹泻、痢疾、食积、虫积。除了药物名称信息外，本案原始说明书中还记载了青木香味辛、苦，性寒，归肺、胃经，功效为行气、解毒、消肿，主治胸腹胀痛、痧症、肠炎下痢、高血压、疝气、蛇咬毒、痈肿、疔疮、皮肤瘙痒或湿烂。发明专利申请的说明书所起的作用在于对发明作出清楚、完整的说明，说明书所载青木香的性味、功效、主治均与正名药物青木香（马兜铃科）相符。至此，可以看出结合申请日以前工具书记载的公知常识性内容，以及本申请原始申请文件所记载的内容均能确定其原料药中使用了马兜铃科青木香，而未提及菊科土木香。因此，以土木香替代青木香的修改超出了原申请文件记载的范围，不符合专利法第 33 条的规定，不能被允许[①]。

【案例解读】我国药品监管部门先后 3 次于 2003 年 4 月、2004 年 4 月、2004 年 8 月发文通报含马兜铃酸中药的肾毒性问题，因安全性问题取消了关木通、广防己、青木香的药用标准，规定凡 2004 年 9 月 30 日以后生产的中成药中仍含有广防己、青木香的，一律按假药查处，对含马兜铃、寻骨风、天仙藤、朱砂莲的中药制剂严格按处方药管理[①]。

需要注意，对于含有马兜铃、寻骨风、天仙藤、朱砂莲的中药制剂则按下述"国家未禁止入药的毒性中药材"的审查标准来执行，可以通过说明书记载的毒理实验或现有技术、公知常识的合理证明来克服。而对于含有关木通、广防己、青木香的中药组合物，由于属于是禁止使用在药品中的，审查中严格适用于专利法第五条第一款的规定，难以通过其他手段克服。

【案例启示】专利申请文件的修改受限于原说明书和权利要求书记载的范围，除非原申请文件中记载了该毒性药物的可替代药物，否则在答复审查意见的过程中，

① 李慧，张倩.中药专利申请中毒性药材的安全性问题［J］.药物评价研究，2017，40（10）：1500-1503.

往往难以通过毒性药物的修改替换来克服上述专利法第五条的缺陷①。因此，当中药发明专利申请文件中存在毒性药物或配伍禁忌时，应尽可能详尽地记载相关的安全性实验数据，避免由此带来的权利要求的损失。

案例 3

专利申请号：201310602686.7。

发明名称：一种治疗过敏性血管炎的中药。

法律状态：驳回失效。

【基本案情】本申请涉及一种治疗过敏性血管炎的中药，由以下重量配比的药材制备而成：五蕊梅 12 份，单叶铁线莲 9 份，三加 14 份，云木香 12 份，蛇王藤 13 份，通城虎 8 份，土千年健 12 份，牛尾独活 10 份，驴断肠 10 份，接骨树 14 份，野冬青果 12 份，天蓬子根 16 份，半枫荷 12 份，巴巴花 14 份，乌脚枪 12 份，土大黄 14 份，横经席 12 份，香草仔 14 份，实葫芦 10 份。

本申请原料药中所包含的天蓬子根有大毒，《云南中草药》记载该药物为剧毒，现研究表明误食或过量服用天蓬子根可致中毒，一般在食后 0.5 ～ 3h 发病。中毒者早期出现口干舌燥、吞咽困难、声音嘶哑等症状，12 ～ 24h 后由烦躁转入昏睡或昏迷，四肢厥冷或强直，呼吸浅、慢，血压下降，若抢救不及时，可死于呼吸衰竭。内服应严格控制剂量，不可过量，一般原生药内服不宜超过 0.2g。本申请权利要求 1 中记载了该药物的用量为 16 份，说明书实施例 1 ～ 3 中记载该药物的日服用量均为 16g。可见，天蓬子根这一大毒药物在本专利申请中日服用量超过了该药最高限量的 80 倍，本领域技术人员有理由质疑该药物的超量使用能够导致口干舌燥、吞咽困难、声音嘶哑等中毒症状的出现，甚至对人的生命造成危害。可见，该申请中天蓬子根的使用量明显超出了常规用量的上限，且说明书没有提供毒理学试验证据来证明用药安全。本领域技术人员根据说明书的记载和现有技术难以确信该申请所述中药组合物不会对人体产生毒性。依据专利法第 5 条第 1 款的规定驳回了该申请①。

【案例解读】本申请组合物中含有大毒的药物——天蓬子根，并且使用剂量明显超出该药材的合理使用范围。值得注意的是，在该案中对药物组合物是否会产生毒性的评述中使用了"本领域技术人员"的概念，可以认为"本领域技术人员"对

①　李慧，张倩.中药专利申请中毒性药材的安全性问题［J］.药物评价研究，2017，40（10）：1500-1503.

此类非禁止使用的毒性药物，普通的认知就是所述药物按照要求的剂量和方式使用这些毒性药物是安全的，而如果不按要求使用药物原料形成的组合物，则存在毒性风险。可见上述判断是基于本领域的公知常识和一般认知。

【案例启示】对于并非国家药品审批部门规定的禁止用于药品的中药有毒药材原料，首先主要关注其法定或教科书、公知常识中规定的该有毒药材的给药剂量和给药方法，如果其在技术方案中的用量符合法定规定或现有技术中的教导，不必指出专利法第 5 条第 1 款的问题。然而当其用量或给药方式超出了常规认知，则有可能需要质疑所涉及技术方案的安全性问题，并且上述问题的克服依赖于申请人是否能够提供足够的证明所述药物的安全性证据，证据可以是毒理实验，也可以是现有技术甚至是公知常识。但是如果申请人陈述的理由不足以证明所述药物的安全性，则该技术方案违反了专利法第 5 条第 1 款的规定。

案例 4

专利申请号：201711126542.3。

发明名称：一种护脐贴。

法律状态：驳回失效。

【基本案情】本申请涉及一种护脐贴，是由护脐贴本体和药膏组成的，其中所述药膏原料按重量份包括：党参 35 ～ 45 份，白术 15 ～ 25 份，山楂 3 ～ 6 份，黄芪 2 ～ 7 份，肉苁蓉 1 ～ 4 份，猴头菌 1 ～ 4 份，白芍 8 ～ 12 份，麻油 135 ～ 147 份，三七 1 ～ 4 份，合成牛黄 2 ～ 4 份，元胡 11 ～ 16 份，珍珠层粉 4 ～ 7 份，黄丹 65 ～ 75 份；所述药膏的生产工艺的步骤包括将粉末 B（黄丹和元胡按重量组分均匀混合）加入液体 D（提取了其他药物有效成分后并升温后降温的麻油滤液），搅拌均匀形成膏体 E。本申请是针对婴儿单独研发的治疗婴儿脐带发炎开发的药膏，采用了黑膏药的生产工艺。

本领域公知，黑膏药中除含有中药成分外，还使用一定量的黄丹（无机铅）。铅及铅的无机化合物经完整皮肤吸收的可能性较小，但在皮肤伤处吸收的可能性则增大，特别是醋酸铅、油酸铅吸收的可能性更大。经皮肤损伤处进入体内的铅量与铅化物接触的疮面面积、贴敷时间长短有关，多数认为 24h 内局部铅吸收的量约在 0.5% ～ 1%。黑膏药中的黄丹，主要成分为四氧化三铅（Pb_3O_4）。黑膏药在熬制过程中，高热下黄丹与油反应即产生铅皂（脂肪酸铅或称油酸铅），临床应用时易从皮损处吸收进入体内。膏药含铅或铅化物的多少和加入黄丹的量有关。铅作为一种不可降解的环境污染物，在环境中可长期蓄积，主要通过食物、土壤、水和空气经消化道和呼吸道进入人体。儿童由于代谢和发育的特点，对铅毒性特别敏感。文献报道，儿童血铅水平在 $100\mu g/L$ 以上时，将影响儿童的生长发育，特别是损害儿童的神经发育，影响儿童的智力与行为，产生不可逆的损害[①]。具体到本申请的药膏所述药膏原料按重量份包括：麻油 $135\sim147$ 份对应着黄丹 $65\sim75$ 份；其中麻油：黄丹质量比接近 $2:1$，可见本申请中的黄丹相对用量比例远远超出了一般的黑膏药中黄丹的用量比例。

如前所述，黄丹粉过量外用容易导致婴幼儿铅中毒，而黑膏药即使是正常剂量使用也存在铅透皮吸收的隐患，本申请贴剂用于婴儿脐带发炎，使用剂量远远超出常规剂量，因此，本申请药膏中过量的黄丹中的铅皂会增大儿童铅透皮吸收的剂量。并且本申请说明书中仅记载了所述组合物的制备方法，没有提供任何组合物的毒理学实验和说明含有如此高含量的黄丹的制剂的安全性和合理性的实验数据或证明材料。本领域技术人员根据现有技术和普通技术知识难以确信本申请所述药膏在使用时不会对使用儿童的用药安全造成危害。因此，根据专利法第 5 条第 1 款规定驳回了该申请。

【案例解读】中药领域有毒或有小毒的中药材种类众多、应用广泛，如果毒性相对较弱，按规范使用通常不会对公众健康产生严重危害，故不会因妨害公共利益而被纳入《专利法》第 5 条第 1 款规定的不能被授予专利权的范畴，但现有技术中存在确凿证据证明其可导致严重毒性反应的或者用法用量严重不符合国家规定的使用方法和安全用量的除外。专利审查和申请中，对于此类药物，需要重视其在特殊人群中的用药安全性[②]。

【案例启示】对于含有有毒或有小毒的中药材组分的药物，关注其是否存在与儿童、孕妇、哺乳期妇女等相关的用药禁忌。例如：对于孕妇，应慎用有毒中药材半夏、全蝎，禁用有毒药材朱砂、雄黄。现代毒理学研究发现这些药材可造成胎儿畸形，因此，上述药材用于治疗妊娠期疾病的中药发明专利时，可能危害公众健康、妨害公共利益。申请人应提供与适用人群相关的毒理学试验证据，如发育毒性试验、生殖毒性试验等，否则可以发明危害公众健康、妨害公共利益为由纳入专利法第 5 条第 1 款规定的范畴[②]。

---

① 吕文芳，卓惠娴.112 例儿童高铅血症和轻度铅中毒临床分析［J］.中国现代药物应用，2009，3（16）：13-15.

② 宋江秀，束云.专利审查中如何考量毒性中药材的安全性［J］.专利代理，2018（03）：15-21.

案例5

专利号：ZL201610906402.7。

发明名称：一种治疗聋哑或耳聋的中药组合物。

法律状态：授权。

【基本案情】本申请涉及一种用于治疗聋哑或耳聋的中药组合物，该组合物由下列重量份的原料：银花20～40份，瓜蒌20～40份，当归5～15份，元胡20～40份，川芎30～55份，人参4～8份，五灵脂5～15份，冰片10～30份，麝香或人工麝香2～10份，磁石20～40份，枸杞果10～20份，蒲公英20～40份，山萸肉20～40份制成。

由于该组合物中同时含有人参和五灵脂，并且还含有麝香或人工麝香。本领域技术人员根据公知常识可知：十九畏是指相互不能配合在一起，属于配伍禁忌的药物，对于其中一些药物，若无充分依据和应用的经验，临床上应当尽量避免配合应用。人参和五灵脂的配伍属于中药配伍中的"十九畏"之一。此外，《中国药典》也记载了人参不宜与藜芦、五灵脂同用。使用属于"十九畏"的药物配伍是与本领域技术人员的常识和用药禁忌相违背的，然而本申请说明书中仅记载了所述组合物的制备方法、动物药效实验和临床药效试验，没有提供任何组合物的毒理学实验和说明含有人参和五灵脂的该组合物的安全性和合理性的实验数据或证明材料。因此，审查员指出：本领域技术人员根据说明书的记载和现有技术难以确信本申请所述中药组合物能起到相应的疗效，同时不会对服用者用药安全造成危害。其次，本申请的麝香包括了天然麝香，不能被用于任意的中成药中，然而本申请的药物组合物并非国家相关规定可以使用天然麝香的中成药品种。由此可见，本申请所要求保护的技术方案中所述组合物有可能使用了天然麝香，违反了国家的相关规定。

对此，申请人陈述：十九畏（人参—五灵脂）同方配伍的方剂古今文献中均有记载与应用。其中古代方剂47首，随着中药学的发展及研究的深入，在现代文献中（1949—2016）人参—五灵脂同方配伍共有458首（或篇），可见人参、五灵脂同用的情况从古至今一直存在[①]。因此，人参—五灵脂同方配伍与本领域技术人员的常识及用药禁忌并不违背，反而本申请通过创新性的使用包含人参、五灵脂的组合物，对耳聋有良好的治疗效果。此外，在申请文件进行修改［即将"麝香（或人

---

① 李梦雯，范欣生，张泠杉，等．基于复杂网络等方法的十九畏人参—五灵脂同方配伍探析［J］．中国中药杂志，2017，42（18）：3623-3627．

工麝香）"修改为"人工麝香"〕后，本申请所要求保护的技术方案中所述组合物仅使用了人工麝香，因此，并不违反国家的相关规定。

审查员接受了上述陈述理由。

【案例解读】天然麝香由于保护野生动物的原因在中成药中被限制使用，申请人通过修改将天然麝香修改为可在中成药中使用的代用品"人工麝香"，克服了该缺陷。类似的还有，如申请的技术方案中的"犀牛角"可以改成在中成药中使用的代用品"水牛角"。

【案例启示】对于含有组分特别多的组合物，其中含有十八反十九畏的药物配伍的可能性较大，对于此类申请，需要注意筛查，因为一旦该缺陷涉及无法通过陈述克服的药物配伍，上述缺陷也不可能通过修改克服，会造成案件被驳回。同时，由于技术进步和审查员对中药的认知的加深，"十八反十九畏"中某些配伍确实是被认为配伍使用并不会造成药效的降低或毒性的增加，在意见陈述时碰到此类情况可以充分说明理由。

案例 6

专利号：ZL201410264831.X。

发明名称：一种治疗束支传导阻滞及相关心脏病的中药组合物。

法律状态：授权。

【基本案情】本申请涉及一种治疗束支传导阻滞及相关心脏病的中药组合物，其中各中药重量：附子 30g，生地黄 15g，制何首乌 30g，玄参 30g，丹参 30g，赤芍 30g，生山楂 30g，川芎 15g，桂枝 10g，生龙骨 30g，生牡蛎 30g，地龙 20g，砂仁 15g，泽泻 30g，黄芪 45g，麻黄 6g，甘草 30g，山萸肉 30g，五味子 10g，麦冬 15g，三七 30g，红参 15g，五灵脂 15g，琥珀 15g，灵芝孢子粉 30g，鹿茸 15g，穿山甲 10g，水蛭 20g，全蝎 15g，蜈蚣 10g，桃仁 10g，黄精 20g，葛根 30g，檀香 5g，藏红花 10g，紫河车 30g。

审查员指出：由于本申请组合物原料中含有穿山甲，穿山甲是我国国务院批准，被列入Ⅱ级国家重点保护野生动物名录中的保护动物。我国野生动物保护法中规定，禁止任何单位和个人非法捕猎或破坏，禁止出售、收购国家重点保护野生动物或者其产品。因此，本申请技术方案违反了《中华人民共和国野生动物保护法》，不符合《专利法》第五条的规定。

申请人进行了如下争辩：为保护上述物种资源，兼顾我国传统中医药的可持续发展，我国林业局联合工商总局、食品药品监督管理局和国家中医药管理局在 2007 年 12 月 31 日联合发出通知，在通知第四部分明确限定"原材料使用范围，宏观控制资源消耗总量"中规定：为宏观控制资源消耗总量，今后所有穿山甲原材料仅限用于在特定的医院临床使用或中药生产加工，并不得在特定医院之外的场所进行零售。由此，可以显而易见地得出，穿山甲作为药物并非是禁售产品，只要来源合法即可。因此，本申请在药物中使用穿山甲并不违法法律规定，不属于专利法第五条规定的不能被授予专利权的范畴。另外，目前市场上已开始通过人工养殖穿山甲来替代野生穿山甲用药，如岑丽华等对人工饲养穿山甲进行了研究，结果证明：穿山甲可人工饲养并且在饲养 1 年后便可出栏供药用。由此，本领域技术人员能够显而易见地得出，可以用人工养殖的穿山甲来替代野生穿山甲，进而可以不使用野生穿山甲。因此，本申请中在药物中使用穿山甲并不违法法律规定，不属于专利法第五条规定的不能被授予专利权的范围。上述争辩得到审查员的认可。

【案例解读】本申请可以看出，除了药物中禁止或限制使用的珍稀中药材之外，其他珍稀中药材是否适用于专利法第 5 条第 1 款，主要取决于根据本领域的常识或本领域技术人员的判断，即：所述珍稀中药材是否可以满足药用。

【案例启示】申请人在撰写专利时，应当考虑到凡是涉及珍稀植物的中药材能否实现人工养殖，或法律规定的珍稀动植物中药是否满足制备中成药的限定，从而减少后续审查中可能出现的问题。

第二节　专利法第二十六条第三款

专利法第二十六条第三款规定：说明书应当对发明或者实用新型作出清楚、完整的说明，以所属技术领域的技术人员能够实现为准。

案例 1

专利申请号：200810047947.2。

发明名称：一种治疗烧烫伤的中药配方。

法律状态：驳回失效，行政二审。

【基本案情】本申请的说明书中记载了所涉及治疗烧烫伤的药物原料药包括"大百腊""桑米草""打不草""刺根菜""苦窝马""饭腾叶"。专利局以上述中药名称不符合专利法第 26 条第 3 款为理由，驳回了该申请。专利复审委员会于 2014 年 11 月 27 日作出第 74873 号复审决定书，维持专利局 2011 年 6 月 30 日作出的驳回决定。申请人提起了行政诉讼，将专利局复审委员会起诉至北京市知识产权法院，北京市知识产权法院（2015）京知行初字第 2804 号行政判决，维持专利复审委员会第 74873 号复审请求审查决定。申请人不服，向北京市高级人民法院提起上诉，北京市高院于 2018 年 9 月 12 日作出（2018）京行终 2202 号行政判决，维持专利复审委员会第 74873 号复审请求审查决定，驳回上诉。

驳回决定和前置审查意见认为：说明书中只给出了具体的技术方案和能够治疗烧烫伤的结论，对于治疗效果均为结论性的描述，即"在近十年里治疗病人一百多人，治疗成功率高达 97% 以上"，而没有描述实验或临床观察的方法。本领域技术人员无法得知该结果是如何得出的，也无法确定其实验过程、所依据的诊断标准和疗效判断标准是什么。因此，该药效数据无法使本领域技术人员确信本申请药物确实达到了治疗烧烫伤有效率达 97% 以上的技术效果，并且本申请说明书中记载的技术方案中，治疗烧烫伤的药物原料药包括"大百腊""桑米草""打不草""刺根菜""饭腾叶"。但在现有技术中并无关于"大百腊""桑米草""打不草""刺根菜""饭腾叶"的记载，而在说明书中也没有对上述原料的基原作出清楚完整的说明，使得本领域技术人员按照说明书的记载无法得到上述原料而实施本发明的技术方案。

请求人认为提供了陈述性文件，包括：父辈开始为患者使用该药方治疗烧烫伤达 30 多年，治疗患者众多，治愈之后无瘢痕，通过地方政府、党支部开了相关证明手续及患者的图片等资料。还做了如下陈述：本申请使用的几味中药的药性在本地是本领域人员共知的，它们的组合是可提升药效的，这在本地也是共知的。本申请的治疗效果是可以从药的组配上得出，这也是本领域的医生可以从药方上得到的；所以本申请治疗效果是可以从本申请的文本中得出。本申请组合物的药效、药材原料来源已经得到充分公开。

复审决定（第 74873 号）、行政判决书（2015）京知行初字第 2804 号、行政判决书（2018）京行终 2202 号中认为：本申请说明书中记载的技术方案中，治疗烧烫伤的药物原料药包括"大百腊""桑米草""打不草""刺根菜""饭腾叶""苦窝马"。这些材料在现有技术中没有记载，在说明书中也没有对上述原料的基原作出清楚完整的说明，使得本领域技术人员按照说明书的记载无法得到上述原料而实施本发明的技术方案。

【案例解读】涉案的专利说明书第 0012 段中记载了本发明所采用中药成分之药理药性，其中关于"大百腊""桑米草""打不草""刺根菜""苦窝马""饭腾叶"的记载如下："大百腊：性味甘、温，功效止血、收敛、生肌。桑米草：生长于湖北恩施地区，采用全草，功效提伤。打不草：生长于湖北恩施地区，采用全草，功效生肌活血。""刺根菜：藜科菠菜属，采用叶片，功效止血。""苦窝马：生长于湖北恩施地区，采用叶片，功效杀虫解凉。""饭腾叶：生长于湖北恩施地区，采用叶片，功效生肌。"法院认为：本专利申请说明书并没有详细的记载"大百腊""桑米草""打不草""刺根菜""苦窝马"和"饭腾叶"，具体为何种药材，也未记载药材具体来源于何种具体植物，仅在本申请说明书中记载了药材的功效、生长地区和药用部位。因此，基于现有技术结合说明书中对于上述药材的记载，本领域技术人员不能判断上述药材的基原，无法确认和获得药材，无法制备得到所需中药组合物。由此，本申请说明书没有对发明作出清楚、完整说明。

【案例启示】从本案可以看出，在中药领域专利审查实践中，当所要求保护的技术方案中的组分中药产品发明适用专利法第 26 条第 3 款时，最常见的理由分别为：①药效数据公开不充分，即说明书没有公开药效数据或所公开的药效数据由于不可信、未能证明所述治疗效果。对于中药组合物而言，由于有时根据现有技术和公知常识，可能能对组合物的疗效进行一定的合理预期。②药材原料来源公开不充分，即所使用的组分中药材由于根据说明书和现有技术的记载，本领域技术人员不能判断上述药材的基原，无法确认和获得药材，无法制备得到所需中药组合物。由于药材原料来源公开不充分一般是依据较为客观的记载比较后得出的结论，而药效数据有可能存在一定的主观判断的成分。相对来说以药材原料来源公开不充分评价中药产品发明适用专利法第 26 条第 3 款，优先指出药材原料来源公开不充分更合适或者可以同时指出 2 个理由，让申请人能更有效率的准备答辩文件，提高沟通的效率，申请人也更容易接受。

对于中药领域专利中药材原料来源公开不充分的评述和答复中，不仅要考虑本申请说明书中对药材的来源、功效、生长地区和药用部位等信息是否有记载，还需要基于现有技术结合说明书中对于上述药材的记载进行判断。如果说明书中虽然记载了所述药材的上述信息，但是本领域技术人员基于上述信息和公知常识、现有技术，仍然不能判断上述药材的基原，无法确认和获得药材，无法制备得到所需中药组合物，无法实施本发明的技术方案。那么所述本专利申请说明书对该中药组合物的公开仍然是不充分的，不符合专利法第二十六条第三款的规定。

案例 2

专利申请号：201310345106.0。

发明名称：一种治疗癌症的药物组合物及其制备方法。

法律状态：驳回。

【基本案情】本申请涉及一种治疗癌症的药物组合物，该组合物由以下原料药组成半夏3～50份，生南星3～50份，天麻3～50份，茯苓3～50份，橘红3～50份，白术3～50份，甘草3～50份，生姜3～50份，苍术3～50份，厚朴3～50份，川芎3～50份，白芷3～50份，羌活3～50份，独活3～50份，细辛1～10份，藁本3～50份，防风3～50份，蔓荆子3～50份，桑寄生3～100份，杜仲3～50份，牛膝3～50份，秦艽3～50份，肉桂心1～25份，人参3～50份，当归3～50份，芍药3～50份，干地黄3～50份，黄芪3～100份。

说明书发明内容部分记载了申请人作为一名癌症患者，自学医书医治自己的亲身用药体会及发明药物组方来源，用药体会部分记载了申请人先后服用《半夏白术天麻汤》《平胃散》和《独活寄生汤》或其加减方后的全身症状变化，但根据该记载，不能确定申请人的服用方剂是否为权利要求1请求保护的组合物。说明书中未记载任何实施例及实验数据。因此，审查员指出：说明书中未记载科学翔实的临床试验资料，仅描述了发明人本人的患病经历，但是病例描述中没有确切的临床诊断标准来确诊患者患有肺癌或脑瘤，且治疗过程中也未明确记载具体的治疗药物或方剂，也没有明确的临床治疗或治愈标准。在诊断标准、药物治疗方法和治疗标准均不明确的情况下，依据说明书的记载本领域技术人员无法确信药物能够治疗癌症。因此，本申请说明书公开不充分，不符合专利法第26条第3款的规定。

【案例解读】《审查指南》第二部分第十章第3.1节即"化学产品发明的充分公开"一节规定：对于新的药物化合物或者药物组合物，应当记载其具体医药用途或者药理作用，同时还应当记载其有效量及使用方法。如果本领域技术人员无法根据现有技术预测发明能够实现所述医药用途、药理作用，则应当记载对于本领域技术人员来说，足以证明发明的技术方案可以解决预期要解决的技术问题或者达到预期的技术效果的实验室试验（包括动物实验）或者临床试验的定性或者定量数据。本申请请求保护一种治疗癌症的药物，不仅没有公开药效学数据，而且也没有任何诊断或症状表述的记录。而且癌症的治疗难度很大，仅凭断言式的陈述难以达到效果。

值得一提的是，该中国专利申请的美国同族专利（申请号为US14846786），在美国被授权。美国审查员针对该专利未提出说明书支持及公开不充分的问题，并予以授权。授权范围为"一种治疗癌症的片剂或胶囊剂，其特征在于主要含有有效量的半夏提取物"。该案中，说明书中未记载任何实施例和实验数据，说明书中其他部分也未给出两端值附近、中间值的技术方案，仅记载组方来源，美国依然予以授权。虽然美国授权的权利要求与原权利要求相比，技术方案由组合物权利要求更改为中药制剂。仅就该案而言，美国审查员可以接受无实施例、无实验数据的专利申请，对专利申请的有益效果说明要求不高。此外，从美国授权权利要求保护范围来看，"主要含有"为开放式权利要求的撰写方式，"有效量"则替代了原权利要求中的"3～50份"。尽管权利要求更改为一种片剂或胶囊剂，但美国审查员依然给予了较大的保护范围。

【案例启示】需要充足的实验数据来支撑技术方案的充分公开，在化学、医药（包括中药）、生物等领域尤为突出。尤其是许多中药的个人申请由于认知和数据收集手段有限或撰写经验不足，常常不能提供足够的、有效的实验数据，并且许多科研院所、药厂等，有时也会由于想抢占申请时间、隐瞒技术内容、保留技术秘密等原因未在说明书中公开足够的实验数据信息。不同申请人的教育背景、专利申请能力存在差异，若机械地按照《专利审查指南》中规定全部予以较严格的审查，则可能损害一些专利申请能力不高的申请人的利益。此外，对于有一些确实根据现有技术容易得到的技术方案，使用公开不充分不如使用专利法二十二条第三款的创造性。

近年来，虽然中药申请中完全没有实验数据的情况已经很少见到，但是药效或其他有益效果的实验的数量或质量与所要求保护的技术方案的范围不匹配仍然有可能导致说明书存在部分技术方案公开不充分的隐患。专利代理人或者申请人在撰写中药的权利要求书时，一定要注意说明书具有充足的实验数据来支撑所述产品，勿仅断言该产品所能达到的功效，否则可能会存在公开不充分的问题。如果专利代理人或者申请人在撰写时，尽量给出详尽的实验数据，再出现问题时留有回旋的余地，才能避免造成不可挽回的损失，进而最大限度地维护申请人的权益。

第三节　专利法第二十二条第二款

案例1

专利申请号：200310101154.1。

发明名称：一种抗肿瘤药物及其制备方法。

法律状态：无效决定、专利权部分有效，行政二审。

【基本案情】本申请涉及一种抗肿瘤药物，其特征在于是由下述重量配比的原料制成的药剂：阿魏 7～13 份，九香虫 11～18 份，冬虫夏草 1～4 份，诃子 10～15 份，姜黄 8～25 份。无效请求人提供了《国家药品监督管理局国家中成药标准汇编——中成药地方标准上升国家标准部分——口腔肿瘤儿科分册》（下称《汇编》）中涉及"康力欣胶囊"的部分，认为该文件公开时间是 2002 年，属于申请日 2003 年 10 月 19 日前对公众公开的文件。专利权人则认为：《汇编》不是公开出版物，无法确认公开时间，不能作为现有技术评价本专利的新颖性和创造性。专利复审委员第 18328 号无效宣告请求审查决定，决定认为：虽然一方当事人在行政诉讼程序中提交了国家食品药品监督管理局于 2012 年 06 月 05 日出具的《政府信息公开告知书》，其中尽管《政府信息公开告知书》中载明《汇编》未公开发行，但其中也明确指出公众可以通过依申请公开政府信息的方式获取《汇编》中依法可以公开的信息，从而也证明《汇编》所载中成药标准处于公众想要获得即能够获得的状态。且根据《汇编》封面页注明的"国家药品监督管理局编二○○二"，以及第 399 页"康力欣胶囊"品种中记载的"本标准自 2002 年 12 月 1 日起试行，试行期 2 年"可以推定，《汇编》最迟公开日应为 2002 年度的最后一日，即 2002 年 12 月 31 日；其在本专利的申请日前公开，构成了本专利的现有技术。基于现有的证据，权利要求 1～3、5～7 具备新颖性和创造性，维持专利权有效；权利要求 4、8 不具备新颖性，宣告本专利权利要求 4、8 无效。专利权人云南名扬药业有限公司不服提起行政诉讼，北京市第一中级人民法院（2012）中知行初字第 3207 号行政判决，撤销第 18328 号决定；专利复审委员会不服一审判决上诉，北京市高级人民法院（2013）高行终字第 710 号判决书，撤销北京市第一中级人民法院（2012）中知行初字第 3207 号行政判决，维持专利复审委员会作出的第 18328 号专利无效宣告请求审查决定。

【案例解读】2001 年 03 月 08 日，国家药品监督管理局根据《中华人民共和国药品管理法》关于取消地方药品标准和《国务院办公厅关于施行〈药品管理法〉有关药品标准延期执行问题的复函》要求，对尚未纳入国家药品标准管理的中成药地方标准品种进行审评，将所有通过审评的中成药的地方标准上升为国家标准，并于 2002 年汇编成册形成《国家中成药标准汇编》（共 13 册），本案所涉及的即为其中口腔肿瘤儿科分册。

本案一审法院和二审法院针对该《汇编》在本专利申请日之前是否属于公众能

够得知的状态的观点不一致。综合分析该《汇编》成册的背景及目的，其是由负责国家药品监督管理的行政部门编撰发行的药品标准汇编，属于部颁标准汇编本，且《汇编》在"前言"部分记载"为强化中成药国标管理工作"，可以看出该汇编的目的是在全国范围内统一药品的生产工艺和质量标准，具有规范性、强制性的特点，为保证该药品标准的效力和实施，其应当处于公开的状态，且没有证据表明其属于在特定范围内发行并要求保密的出版物；该"前言"还记载"本标准汇编为使用方便，按医学分类进行了编排，共分十三册，并编制了医学分类、拼音、笔画及标准序号索引目录"，可以看出该《汇编》编撰的目的应为可以查询的工具书籍，其并非仅对特定人公开，尽管该汇编本没有出版单位名称、出版发行号等，但其仍属于公众可合法获得的公开状态，应当属于专利法意义上的公开出版物范畴。

【案例启示】随着《国家中成药标准汇编》（下称《汇编》）等汇编成册的药品标准的发行，请求人引用上述汇编中的药品标准作为证据对已授权专利提出无效宣告请求的情形愈来愈多，而在现有专利法制度框架下，综合汇编药品标准的发行背景、目的及实践中的应用情形，对《汇编》公开性的认定是比较客观的。

对于申请主体而言，提交专利申请的时机固然重要，其必须在其药品相关内容对公众公开之前提交专利申请。但是随着此类案件的数量逐渐增多，将此类案件作为普遍性问题进行综合考量，其更多是由于行政管理机关对药品行业进行统一管理的行政行为，导致未申请专利保护的技术公开或相关专利权人的权益受到损害，这种情况下，如果机械地对此类案件进行统一处理，形式上实现了法律的合法性，但是在一定程度上忽略了立法的精神和立法的价值。适用现行法律规定作出的决定对专利权人而言是否做到真正公平也值得商榷。在目前司法实践中，针对此类案件是否可以寻求更为公正、合法可行的解决思路需要进一步探索。

案例 2

专利号：ZL201010192182.9。

发明名称：一种戒毒的药物组合物。

法律状态：授权。

【基本案情】本申请涉及一种用于戒毒的药物组合物，包括药用植物原料断肠草或其提取物和药用植物原料洋金花或其提取物，和/或适量的药用辅料。现有技术中公开了一种猪用治疗呼吸道疾病、促生长的中药，由洋金花、钩吻（即断肠草）和其他中药原料组成。因此，审查员指出："包括"表明该权利要求采用开放式撰写形式，现有技术公开了与本申请一致的药物，所属领域的技术人员根据两者的技术方案可以确定两者能够适用于相同的技术领域，解决相同的技术问题（同样用于戒毒），并具有相同的预期效果，认为两者为同样的发明，该申请不具备专利法 22 条 2 款规定的新颖性[①]。

对此，申请人将权利要求 1 修改为如下后，审查员予以授权：

"一种用于药物依赖患者戒毒的药物组合物，其特征在于该药物组合物是按以下重量百分比的中药材为原料通过直接粉碎成均匀粉末或通过用水或乙醇提取得到的提取物与适量的药用辅料组合制成医药上可接受的制剂：断肠草 70%～85%，洋金花 30%～15%。"

【案例解读】中药领域由于存在大量的现有方剂及丰富的临床运用，并且常用的中药材的使用频率又特别高，所以如果药味比较少、不使用用量配比限定，同时又采用了开放式的撰写方式，会很容易造成新颖性或创造性的问题。本案原始的权利要求 1 采用了开放式的撰写方式，虽然本申请的治疗主题比较少见，但是作为产品与现有技术比较时，并不受功能性限定的限制，所以造成了新颖性问题的出现。当将技术方案修改成封闭式的撰写方式，又加以用量配比的限定后，往往能防止与现有技术中的技术方案相重叠。

该中国专利的美国同族专利（申请号为 US13702239）在美国被审查员指出适格性（保护客体）问题。基于 USPTO 于 2014 年 12 月 16 日发布的《专利保护客体适格性的临时指南》（以下简称"临时指南"），美国审查员认为对于中药材提取物，权利要求记载了由天然物质组合混合而成的组合物。组合物与其天然存在的对应物相比，不具有显著区别特征。没有证据证明，这些天然物质的组合物能够在结构上或功能上不同于其天然对应物。对于提取物组合物，没有证据证明提取物与其原药材中天然存在的成分有任何性质上的不同，所以提取物组合物与其天然存在的对应物相比，不具有显著区别特征。

申请人在意见陈述时指出"本发明的组合物用于消除或减轻成瘾物质引起的急性戒断症状和长期综合征，以消除或减少受试者对成瘾物质的欲望程度，并且防止其重新使用成瘾物质。而单独的洋金花或断肠草不具有这样的效果"。该观点被美国审查员接受并撤回原拒绝决定。需要注意的是，申请人必须提供证据证明组合物在功能上显著不同与其单一组分，否则陈述将不被审查员采信。

---

① 尹昕. 药物组合物封闭式权利要求的解释与侵权判定——由（2012）民提字第 10 号判决谈起［C］// 中国药学会医药知识产权研究专业委员会. 中国药学会医药知识产权研究专业委员会 2015 年学术年会暨知识产权与医药创新论坛会务资料. ［出版地不详］：［出版者不详］，2015：128-142.

　　从审查实践来看，如果申请人在答复该类审查意见时指出"尽管中药组合物中的各个成分均为天然物质，但自然界中不存在天然的组合物，故中药组合物不存在天然对应物"，此类意见陈述无法说服美国审查员撤回拒绝决定。而如果从组合物的功能上，证明组合物与其单一成分相比，具有与单一成分不同或更有效的功能，即组合物与其单一成分相比具有显著差异。此类意见陈述可以说服美国审查员撤回不予授权的决定。

　　除中药组合物专利申请以外，我国中药创新往往还涉及中药提取物、中药单体等。对于中药提取物专利申请，单一中药提取物其最接近的天然对应物为原药材中天然存在的成分，也即是提取物其本身。故单一中药提取物与其天然对应物并无区别，属于不受美国专利法保护的天然物质，在美国较难被授权。而对于中药单体专利，由于直接从原药材中提取分离出来的中药单体化合物与其最接近的天然对应物属同一物质，结构、功能、性质均相同，故不具有显著区别特征，因而同样在审查实践中将被以"天然物质不可授予专利权"为由拒绝授权。从目前来看，经修饰的中药单体化合物可以被授予专利权，但是直接从天然物质中分离出来的未经修饰的中药单体化合物较难被授予专利权。

　　【案例启示】虽然在权利要求书撰写时，在能够得到说明书试验资料支持的情况下，应当尽量要求更大的保护范围。但是在中药领域，对中药组合物采用开放式撰写、或不限定任何用量配比的情况需要谨慎。否则不仅可能会有新颖性问题，还有可能会有不支持的问题。

案例 3

专利申请号：200510023904.7。

发明名称：苦碟子药用提取物的制备方法及其药物制剂。

法律状态：逾期视撤失效。

【基本案情】本申请请求保护一种苦碟子药用提取物的制备方法，其特征在于采用大孔吸附树脂来分离纯化苦碟子药用提取物，包括以下步骤：苦碟子加乙醇回流、药渣水煎煮、滤过、浓缩、醇沉、滤过浓缩、大孔树脂吸附、水洗脱、乙醇洗脱、减压浓缩得到药用提取物。

　　对比文件公开了的苦碟子提取物的提取方法为：苦碟子水煎煮，煎煮液浓缩加 CaO，调整 pH 值至 10，放置，高速离心，将上清液上大孔树脂，用水冲洗至流出液无色，再用 80% 乙醇洗脱，至流出液为淡黄色，停止洗脱，洗脱液回收乙醇至流浸膏状，加 95% 乙醇沉淀，滤过，减压干燥。所得的苦碟子提取物含总黄酮。与请求保护的技术方案相比，对比文件公开的制备方法的两点不同在于：仅用水煎煮提取而没有乙醇提取的步骤，上大孔吸附树脂柱纯化之前采用碱化沉淀除杂而非醇沉除杂。但无论用乙醇提取还是水煎煮，都可以得到黄酮类物质的粗提取物；醇沉除杂和碱化除杂分别是基于黄酮类物质具有醇溶性和在碱性条件下成盐溶于水的特性，都能够将粗提物中的黄酮类物质与其他杂质初步分离。因而认为用对比文件的制备方法得到的提取物与请求保护的提取物相同，请求保护的提取物不具备新颖性。

【案例解读】中药提取物是多种成分的混合物，其中的各种成分及其配比无法得到全部确认，对提取物化学成分描述的不同并不说明提取物一定不同。有时，对比文件中并没有公开提取物的成分组成，或所记载的化学成分的种类与所请求保护的提取物并不完全一致。此时可以考察对比文件中公开的制备方法这一制备提取物的关键技术特征，判断请求保护的提取物是否具备新颖性。

【案例启示】用相同的原料、相同的提取方法得到的提取物肯定是相同的。但是用相同的原料，即使提取方法不同，所得提取物也不一定不同。当对比文件与所要保护的申请中对相同原料，采取了与请求保护的提取物不同的提取方法时，通常所得提取物不同，例如：请求保护当归挥发油类物质，对比文件公开的制备方法是水煎煮法，两种物质的溶解度和极性都不同，显然得到的物质不同。但是不能当然地认为其所公开的是不同的提取物，而应结合植物化学知识进行分析，判断通过对比文件记载的提取方法是否能够得到同样的提取物。在对比文件公开的信息较多时，可以将提取物的原料、提取方法、有效成分进行综合比较，判断请求保护的提取物是否具备新颖性[①]。

案例 4

专利号：ZL200510126430.9。

发明名称：一种藤梨根提取物及其抗癌用途。

法律状态：授权。

【基本案情】本申请涉及一种藤梨根提取物，其为通过下述方法得到的。

①提取：按 4 ～ 6mL/g 藤梨根的量，向藤梨根中加入乙醇，回流提取，合并提取液，旋转蒸发，干燥后得到棕色膏状物。

②分离收集：将步骤①得到的棕色膏状物利用二氯甲烷、甲醇和乙酸的混合物

---

① 岳雪莲.中药提取物专利新颖性的判断［J］.中国中药杂志，2012，37（16）：2483-2486.

作为洗脱剂在硅胶色谱柱梯度淋洗进行分离；所述的藤梨根的上柱量和硅胶粉的重量比为 1 :（250 ~ 400）。

使用上述洗脱剂开始进行洗脱，硅胶柱从下至上依次呈现三个色带：棕红色、黄色和浅黄色，分别对应着低极性、中极性和大极性的洗脱物；按照常规的洗脱方法，逐渐增加洗脱剂的极性，分别收集黄色和浅黄色两个色带的洗脱物。

③除去溶剂：将经步骤②收集到的洗脱物分别在 30 ~ 40℃旋转蒸发除去溶剂，得到黄色粉状物，真空干燥 24h，分别得到本发明的中极性和大极性的藤梨根提取物。

对比文件 1 公开了一种藤梨根提取物，其制备方法为藤梨根用 30% ~ 70% 乙醇提取，提取物进行聚酰胺色谱，溶剂洗脱得到洗脱液，浓缩、回收溶剂、干燥，得到一些含有中等极性和大极性成分的提取物，该提取物具有抗癌功效。虽然对比文件 1 公开的制备方法中的纯化步骤采用聚酰胺柱而非硅胶柱，但是同样得到藤梨根的中等极性和大极性成分的提取物，并同样具有抗肿瘤功效，有理由认为对比文件公开的提取物与请求保护的藤梨根提取物实质相同，推定请求保护的提取物不具备新颖性。

申请人对权利要求 1 进行了修改，增加了"步骤②中所用洗脱剂极性增加的顺序为：体积比为 1 :（3 ~ 30）的二氯甲烷和甲醇混合溶液、纯甲醇溶液、体积比为 1 :（2 ~ 5）的甲醇和乙酸的混合溶液"的技术特征。申请人结合植物化学知识阐明，同时用对比实验证明了用硅胶柱色谱分离得到的提取物与用聚酰胺柱分离所得提取物的成分组成不同，而且在抗肿瘤功效方面明显不同，克服了新颖性的缺陷，本案最终得以授权。

【案例解读】专利审查中，在考察对比文件提取物的成分组成和/或提取方法后，当无法明确判断请求保护的提取物是否与对比文件公开的提取物有所不同时，通常会认为二者无法区分，推定请求保护的提取物不具备新颖性。此时需要申请人提供证据证明二者的不同。

【案例启示】如果申请人在申请前的检索中发现请求保护的提取物与现有技术公开的提取物无法区分，可以选择公开了最接近制备方法的文献作为对比文件，用这两种相近的方法制备提取物并进行对照实验。如果实验证明所得提取物的组成不同，并导致了药效或其他性质方面存在明显差异，可以将实验过程及结果记载在申请说明书中，避免申请进入审查程序后，由于答复期限的限制难以按时提交合格的对比试验资料，以致无法阐明请求保护的提取物与现有技术的不同。

第四节　专利法第二十二条第三款

根据专利法第 22 条第 3 款规定：创造性，是指现有技术相比，该发明或实用新型有突出的实质性特点和显著的进步。

评价一项发明是否具备创造性时，应将其与最接近的现有技术比较以确定区别特征和实际解决的技术问题，然后考察现有技术整体上是否给出了将上述区别特征应用到该最接近的现有技术以解决其存在的技术问题的启示。如果现有技术中存在这种启示，并且所获得的发明的技术效果是可以预料的，则该发明不具备创造性。反之，发明创造的技术问题、技术手段或者技术效果中只要有一项是非显而易见，技术方案整体上都有可能是非显而易见的[①]。

中药复方的创造性评价是中药专利创造性评价的难点和重点：一方面，由于我国存在有关中医药的古籍、验方、国家和地方标准，还有大量现代科学和临床的研究成果及其记录，在此基础上，绝大部分的中药发明都能够找到与之相联系的现有技术，很难出现开创性的发明。另一方面，对中药复方现有技术进行改进时所使用的技术手段比较有限，复方一般是通过药味的加减、用量的调整，或者方剂之间的组合来实现创新。

中药提取物的创新一般采用现有的提取纯化方法进行组合，对工艺参数进行调整。中药组合物的新用途主要是通过各种临床或者现有的药物筛选手段，例如动物实验、细胞实验、计算机模拟等手段来发现的。很多时候中药复方的药味加减和用量调整难以做到非显而易见，达到的技术效果也往往被认为是可以预料的。如某中药组合物发明是由基础方进行改进而得，那么该中药组合物能够与基础方治疗相同疾病是可以预料到的；又如某中药组合物的遣方用药符合治疗某种疾病的治法治则，那么该中药组合物可以治疗的疾病也是可以预料到的。因此，在中药发明专利申请中更应当注意要体现出中药发明的创新之处。

这部分选择了较多的中药复方中复审后又授权的案例，是为了更深入地看出上述问题的各方观点和思路，作为学习和参考，现实中此类案卷复审后还是维持驳回的更多。因此，实际在专利申请和实践中，仍要具体案卷具体分析，才能更好地把握中药复方创造性评价的尺度，尽可能在专利的撰写阶段充分检索现有技术，做好技术比对和创新点的挖掘，并尽量在说明书中给予充足的实验数据，才能避免后续

---

① 胡婉珊. 基于相反证据如何判断技术启示［C］// 中华全国专利代理人协会 .2014 年中华全国专利代理人协会年会第五届知识产权论坛论文：第三部分 .［出版地不详］：［出版者不详］，2014：586-591.

在审查或维权、对抗无效的过程中处于被动地位。

一、中药复方的创造性

（一）最接近现有技术的确定

我国专利审查指南规定，判断发明相对于现有技术是否显而易见，通常采用专利创造性评价的"三步法"，其中第一步即为确定最接近的现有技术，最接近的现有技术作为发明的技术起点，是判断发明专利非显而易见性的关键[①]。对于中药复方发明专利，确定最接近的现有技术应当充分结合中药复方的基本特点，不应过多关注现有技术中所包含发明的技术特征的数量，而应关注中药复方发明的实质，优先选择主要药味相同或相似程度较高的已知基础方。具体而言，参照指导意见可分为三种情况确定最接近的现有技术：①对于可以明确是对基础方进行药味和药量调整的中药复方发明，选用该已知基础方作为最接近的现有技术。②在无明确基础方但可以明确组方内药味主次地位的情况下，将核心药味相同（主要药味或君药相同）且治疗病症相同的常用方剂（经典方剂或临床经验方等）作为最接近的现有技术。③在无明确基础方且组方内药味主次地位不确定的情况下，将技术领域相同、技术问题及技术效果或用途最接近且相同药味数量最多的中药方剂作为最接近的现有技术。

采用"三步法"判断中药复方发明专利创造性需要客观合理地进行逻辑的分析、推理，如果在缺乏中医药理论基础的情况下难以明确中药复方发明的实质，一定程度上仍机械采用化学领域组合物的判断思路，可能会对中药组合物的创造性标准过于严格。

案例 1

专利号：ZL201410667834.8。

发明名称：一种天然植物降糖剂及其制备方法。

法律状态：复审后授权。

组合物发明类型：药味的联用。

【基本案情】该申请涉及一种天然植物降糖剂，原料药为苦瓜、鱼腥草、枳椇、

---

① 王傲寒.欧洲专利局申诉委员会关于最接近的现有技术选取的思路及实例[J].专利代理,2017（04）：29-32.

枳实、蒲公英、甘草。

实审驳回阶段：审查员引用了1篇文献评述权利要求不具备创造性。对比文件1公开了糖尿病的基本病机及临床随症加减的常用药味。审查员认为本申请技术方案与对比文件1相比，区别在于：从治疗糖尿病的常用中药原料中具体选择了鱼腥草、蒲公英、甘草、枳实，同时加入苦瓜和枳椇并将其按一定比例组合。首先，对比文件1实际公开了鱼腥草、蒲公英、甘草、枳实等原料药可用于降糖剂中的内容。其次，本领域技术人员公知苦瓜主治烦热消渴引饮，现代研究认为苦瓜可使血糖明显降低，作用方式与甲苯磺丁脲相似而较强；枳椇即枳椇子，可止渴除烦、润五脏、利大小便，为历代治疗消渴病并发症常用中草药。在此基础上，本领域技术人员容易想到将其叠加到组方中以增强疗效。再则，各原料药之间的重量配比是本领域技术人员根据现有技术公开的内容，结合常规用量和实验方法可作出的一般性选择，且本申请的说明书中并未记载任何关于所述配比能给技术方案带来预想不到的技术效果的内容。由此可知，在对比文件1的基础上结合本领域的公知常识及常规选择，得出该权利要求的技术方案，对本领域的技术人员来说是显而易见的，因此，该权利要求所要求保护的技术方案不具有突出的实质性特点和显著的进步，不具备创造性。

复审请求人在提出复审请求时对权利要求书进行了修改，并在意见陈述中指出：对比文件1未公开各药味联合使用，且现有组方与本发明组方的药味组成大不相同，两者组方规则存在差别。

审查员在前置审查阶段坚持驳回决定。

复审阶段：复审决定指出，对比文件1公开了糖尿病治法治则，但与本申请说明书所述的天然植物降糖剂的组方原则不一致。对比文件1虽然公开了鱼腥草、蒲公英、炙甘草、枳实等原料药可用于降糖剂中，但上述药物仅是散见于对比文件1的不同方剂中，对比文件1既没有公开这些药物均具有降糖作用，也没有给出将这些药联用可以降糖或治疗糖尿病的启示。本领域技术人员根据对比文件1和公知常识无法得到选择鱼腥草、蒲公英、炙甘草、枳实组方，且将炙甘草换为甘草并将组方用于降糖或治疗糖尿病的启示。同时说明书记载的实验数据已能够说明本申请的天然植物降糖剂具有有益的技术效果。因此，驳回决定和前置审查意见书中认为本申请要求保护的技术方案不具备创造性的理由不成立。

【案例解读】本案涉及将常用药味进行组方联合运用的发明的创造性评价。实质审查阶段审查员认为本申请的中药复方是常见药味的简单组合，且依据各药味的功效可以预期复方疗效，并没有充分考虑组方规则是否改变，进而认为将散见于多个组方的药味组合使用产生治疗效果具有显而易见性。故而不接受权利要求具有创造性。复审阶段合议组采纳了复审请求人（即专利申请人）的意见，认为现有技术中不存在将散见于各个中药复方的药味联合使用的技术启示，且本申请与对比文件1的组方原则存在明显的差异，新组方的形成具有非显而易见性，同时本申请说明书中的实验数据证实了复方具有有益的技术效果。故而认为驳回决定中指出的本申请要求保护的技术方案不具备创造性的理由不成立。

【案例启示】对中药组合物进行创造性的判断时，对比文件公开的药味数量并不是寻找最接近现有技术的唯一标准，由药味和数量的区别所反映的治法治则的差异也是中药复方技术方案区别的实质体现，所以在比较过程中还需要进一步考虑本发明与对比文件所采用的治则是否相同或者相近。此外，虽然中药复方的配伍遵循整体性原则，但是如果现有技术具有明确的技术启示的情况下，本领域技术人员依据复方中按治则分类的药物功效来推断药味联用后中药复方整体的功效是常规思路；只有在现有技术没有明确的技术启示，且本申请的说明书中明确记载了所述中药复方取得了有益的技术效果的实验证据的情况下，本领域技术人员才不具备将某几味药味联用以获得确切疗效的组方的动机。

（二）技术启示的判断

中药复方改进型发明的创造性判断中，在判断技术启示时应当基于中医药理论，合理界定本领域技术人员所具备的中药复方临床随症加减替换的能力，并从治法治则、配伍关系、方剂功效等方面进行全面分析。在判断现有技术是否存在技术启示时，经常存在"重作用相同，轻改进动机"的情况，违背了中药复方的一般技术改进思路。然而如果未能合理考量中药领域的一般技术改进思路，将赋予本领域技术人员过高的中药复方药味加减和替换能力，有可能会过低估计中药复方改进型发明的创造性。中药复方药味替换时一般不采用使用频率低的类似药味和不同功效的药味，中药复方药味加减一般也不涉及主要药味（如君药、臣药）等。对于中药复方改进型发明，若主要药味或其用量改变导致复方主要的治疗原则发生变化，或者现有技术并没有给出药味替换或用量加减后能够达到发明所述的技术效果的启示，应当认为其具有创造性。

从"三步法"可以看出，由于审查员是在充分了解发明内容后再做出创造性判断，审查员与本领域技术人员之间的差异导致第三步中判断现有技术是否存在技术启示时受到主观因素的影响，容易发生"事后诸葛亮"的错误，降低对于发明专利创造性的估计，提高了专利授权的门槛。为了降低技术启示判定的主观性，我国《专利审查指南》列举了几种通常认为存在技术启示的情形及案例，《中药领域发明专利审查指导意见（征求意见）》中结合中药组合物特点具体列举了四种获取技术启示的常见来源，更加明确了运用"三步法"评述中药复方发明专利创造性的过程中技术启示的判定方法。判定技术启示是否存在的通常思路：比对区别特征在现有技术和权利要求所保护的发明中为解决"三步法"重新确立的技术问题所起的作用是否相同，如果作用相同则一般认为本领域技术人员存在改进动机，现有技术存在技术启示[①]。由此可见，判断现有技术是否存在技术启示的重点在于正确理解发明的技术构思，即合理推断本领域技术人员对于解决发明涉及的技术问题所采用的技术改进思路。

案例 2

专利号：ZL201210366720.0。

发明名称：一种含中药的蚂蚁水丸及其制备方法。

法律状态：复审后授权。

组合物发明类型：不同功效药味的替换。

【基本案情】该申请涉及一种含中药的蚂蚁水丸及其制备方法，该中药复方的原料药为：鼎突多刺蚂蚁，熟地黄，黄精，石斛，砂仁，人参，蛇床子。

实审驳回阶段：审查员引用了1篇文献评述权利要求1不具备创造性。对比文件1公开了一种老年病制剂及其制备方法，根据其说明书记载，该发明是以蚂蚁为主药，配以补肾、健脾、养心安神、活血化瘀类中药，采用新工艺生产的老年病制剂。案例2的药物组合物特征对比见表7-1。审查员认为发明技术方案与对比文件1相比，区别在于：中药组成不尽相同，权利要求1的蚂蚁具体为鼎突多刺蚂蚁，限定了各原料的用量，对比文件1的原料还包括其他原料。本领域技术人员在熟知各中药性味归经的基础上，有能力根据实际需要常规选用中药，如黄精、蛇床子、熟地黄、砂仁和石斛，各原料的用量是本领域技术人员在对比文件1公开配比的基础上，结合各味中药的特性及产品的功效要求，通过有限的试验即可调整确定的。因此，权利要求不具备创造性。

复审请求人提出复审请求时未修改权利要求。请求人认为：主题、组分、组分配比及制备方法不一致，应具备创造性。

---

① 潘满根.浅析中国专利实务中发明构思问题［J］.专利代理，2020（02）：101-105.

审查员在前置审查阶段坚持驳回决定。

复审阶段：复审决定指出，本案的焦点实际上在于在对比文件 1 的基础上以石斛和砂仁代替 C 和 D 类药是否显而易见。砂仁传统上被认为属于化湿类中药，其并不属于对比文件 1 中明确定义的 A、B、C、D 任何一类；性味归经划分也不属于现有公开的同类药物，故砂仁并未落入对比文件 1 所定义的 A、B、C 或 D 类中药的范畴。石斛同理。现有技术未表明在对比文件 1 的基础上以石斛、砂仁两味药材代替 C 类养心安神药，以及 D 类活血化瘀药得到本申请要求保护的中药产品。对比文件 1 中并未给出对所述制剂中各味药物用量进行调整的技术启示，根据目前的证据，本领域技术人员也无法预期对其药物用量进行调整后，是否仍然能够实现原有疗效，而说明书实施例证明技术方案取得了有益的技术效果。因此，驳回决定和前置审查意见书中认为本申请要求保护的技术方案不具备创造性的理由不成立。

表 7-1 案例 2 的药物组合物特征对比表

本申请权利要求 1 技术特征	对比文件 1 技术特征
鼎突多刺蚂蚁 700～800g	蚂蚁 50～62
地黄 50～60g，黄精 50～60g，蛇床子 50～60g	补肾类药（A）10～18（如淫羊藿、黑芝麻、黄精、五加皮、蛇床子、熟地黄、何首乌、仙茅、蜂房、枸杞子、花椒等）
人参 50～60g	健脾类药（B）11～20（如人参、云茯苓、山药、党参、白术、黄芪等）
石斛 80～100g，砂仁 30～40g	养心安神类药（C）6～10（如酸枣仁、灵芝、蜂花粉、莲子、茯神、夜交藤、五味子、合欢皮等）
	活血化瘀类药（D）4～8（如益母草、川芎、丹参、山楂、三七、蒲黄、菖蒲、大黄等）

【案例解读】本案涉及中药复方功效不同药味替换的发明的创造性评价。实质审查阶段对于替换药味的性味归经等影响临床应用的因素未仔细考量，简单认为药味替换属于本领域技术人员的能力范围内。同时，审查员忽视了中药复方药味量效关系的复杂性，认为本领域技术人员结合各药味的特性及产品的功效要求，通过有限的试验即可调整确定各药味的实际有效用量，故而认为权利要求不具备创造性。复审阶段合议组采纳了请求人的意见，认为石斛和砂仁并不属于已公开组方内任何一种类型的药味，且现有技术也不存在替换的启示，同时强调中药方剂中药物的用量非常重要，需要综合考虑方可确定，本领域技术人员无法预期本申请的药味用量调整后的效果变化，本申请的药量调整并非通过常规技术手段可以获得。故而认为驳回决定中指出的本申请要求保护的技术方案不具备创造性的理由不成立。

【案例启示】当中药组合物所增加的药味其功效与对比文件组合物中的药味功

效均不相同、并且／或药物的用量配比不同时，如果现有技术没有给出上述区别的启示，还可以结合本领域技术人员是否能够预期和确定新组合物的疗效与对比文件组合物的疗效，或说明书实施例是否证明了技术方案取得了有益的技术效果，来综合判断该发明是否具备创造性。

案例 3

专利号：ZL201310196524.8。

发明名称：治疗腺样体肥大的中药汤剂。

法律状态：复审后授权。

组合物发明类型：主要药味发生变化。

【基本案情】该申请涉及治疗腺样体肥大的中药汤剂，该中药复方的原料药：夏枯草、白术、鱼腥草、前胡、莱菔子、防风、升麻、法半夏、皂角刺、佛手、茯苓、诃子、射干、鸡内金、黄芪、山慈菇。

实审驳回阶段：审查员引用了 2 篇文献评述权利要求 1 不具备创造性。对比文件 1 公开了治疗小儿腺样体肥大的方剂及本方功效为健脾化痰、行气散结，以及相应的加减药物［方中以陈皮、法半夏、茯苓、甘草（二陈汤）健脾化痰散结为此方用药之精］，基本药味组成为法半夏、陈皮、茯苓、玄参、夏枯草、桔梗、甘草、煅牡蛎、山楂、白芷。审查员认为发明技术方案与对比文件 1 相比，区别在于：加入了白术、鱼腥草、前胡、莱菔子、防风、升麻、皂角刺、佛手、诃子、射干、鸡内金、黄芪、山慈菇，减去了陈皮、玄参、桔梗、甘草、煅牡蛎、山楂、白芷，限定了药物重量配比和制成汤剂。对比文件 2 公开了健脾缩腺汤，以及相关药味的功效介绍。在此基础上，本领域技术人员结合本领域常识容易实现上述药味调整。而药物重量配比是本领域技术人员根据药效有动机通过实验进一步选择的。因此，权利要求的技术方案不具备创造性。

复审请求人提出复审请求时未修改权利要求书（未提交附件，仅陈述）。请求人认为：本申请与对比文件 1 和 2 的配方不同，中药之间存在配伍关系，存在协同作用，每个治疗效果好的中药配方不是通过原料药效的简单组合并进行简单试验就可以获得的。

审查员在前置审查阶段坚持驳回决定。

复审阶段：复审决定指出，权利要求 1 的方剂与对比文件 1 的方剂相比，相同的药物有法半夏、茯苓、夏枯草 3 味，随症加减应该在君药不变的前提下，改变方中的次要药物，以适应变化了的病情需要[①]。虽然本申请说明书并没有记载方剂的方解，但是从权利要求1中的药物重量比和排序来看，夏枯草、白术和鱼腥草是其主要药物。本案中涉及臣药陈皮的删减，两者主要药物不一致。中药方剂并不是药物作用的简单加和，本申请的药量变化调整并非通过简单实验手段可得，而本申请记载的实验证明了所述组方具备有益的技术效果。因此，驳回决定和前置审查意见书中认为本申请要求保护的技术方案不具备创造性的理由不成立。

【案例解读】本案涉及中药复方药味加减发明的创造性评价。实质审查阶段忽视了本领域技术人员随症加减的能力范围，并将中药复方整体功效视为各个药味功效的简单加和，而机械地将药味加减变化认定为本领域技术人员的常规操作，同时认为药味具体的重量配比是本领域技术人员根据药效有动机通过实验进一步选择的。故而认为权利要求不具备创造性。复审阶段合议组采纳了请求人的意见，强调应从整体的角度看待中药复方的功效，中药复方的功效并非是药味功效的简单加和，其次随症加减也应该在君药不变的前提下，改变方中的次要药物，本案不属于本领域常规的随症加减的范畴。同时本申请的药材用量配比由其药材特性、君臣佐使配伍等各种考虑因素决定，并非通过简单的实验手段即可得出。本申请的说明书中记载的实验资料证明了该组方具有有益的技术效果。故而认为驳回决定中指出的本申请要求保护的技术方案不具备创造性的理由不成立。

【案例启示】中药复方临床随症加减的药味通常涉及次要药味，而一般不对主要药味进行调整，这种区别通常不认为是突出的实质性特点。申请人在撰写申请或收到通知书后，如果发现最接近的现有技术只公开了权利要求所保护的中药复方的部分药味，与本申请中药复方药味组成差异较大，且组方原则也不完全相同，现有技术也没有给出对最接近现有技术中药味进行加减替换的技术启示，自己的申请与现有技术相比较属于主要药味发生变化的中药复方申请时，可以从中药组合物的治则和配伍原则来进行分析和说理，并客观地说明所述中药组合物与现有技术技术方案具有实质的区别，同时再结合该中药复方取得的有益的技术效果或意想不到的效果，来证明所保护的中药复方是具备创造性的。

案例 4

专利号：ZL201310249514.6。

发明名称：一种护理治疗黄疸型肝炎的中药组合物。

---

① 邱冬梅，崔为.入关后的满族医药特色分析［J］.长春中医药大学学报，2018，34（05）：1012-1016.

法律状态：复审后授权。

组合物发明类型：加减大部分药物，且组方有实质性变化。

【基本案情】该申请涉及一种护理治疗黄疸型肝炎的中药组合物，该中药复方的原料药为：山药、大黄、熟地黄、虎杖、牛膝、白花蛇舌草。

实审驳回阶段：审查员引用了2篇文献评述权利要求不具备创造性。对比文件1公开了加味茵陈汤治疗急性黄疸型肝炎的研究，公开了栀子、大黄、郁金、茯苓、虎杖、败酱草、茵陈7味药的基础治疗组方，并公开辨证加减的药味。审查员认为发明技术方案与对比文件1相比，区别在于：①去除了对比文件1组方中的栀子、郁金、茯苓、败酱草、茵陈这5味中药，加入了山药、熟地黄、牛膝和白花蛇舌草这4味中药。②具体限定了各原料药的用量。对比文件2公开了治疗病毒性肝炎的常用中草药并将其进行了归类，而原料药用量的选择是本领域技术人员通过正交法等常规实验手段即可得到。故认为权利要求的技术方案不具备创造性。

复审请求人提出复审请求时未修改权利要求。请求人认为两者治疗疾病不一致，本组方治疗范围更广；本组方药味仅被公开了2味；药味的替换、删减不属于本领域技术人员能够作出的常规选择，用量确定需要付出创造性劳动。审查员在前置审查阶段坚持驳回决定。

复审阶段：复审决定指出，通常情况下，本领域技术人员将对比文件1的药物进行常规调整时，一般会选择对其中的少部分药物进行替换加减，而不会将其中的大部分药物均予以替换加减，因此本申请的药味调整不属于在对比文件1基础上进行的常规的随症加减。而对比文件2公开众多药味，一是选择合适药味有难度，二是作出替换对比文件1组方的主要药味这样实质性的调整后，实验证明仍然能够具有治疗黄疸型肝炎的效果，具有有益的技术效果。因此，驳回决定和前置审查意见书中认为本申请要求保护的技术方案不具备创造性的理由不成立。

【案例解读】本案涉及对中药复方多味药味加减的发明的创造性评价。实质审查阶段忽视大部分药味变化明显超出了临床随症加减的范围，认为该变化仍属于本领域技术人员的常规操作，同时各药味用量可通过常规实验手段获得。故而认为权利要求不具备创造性。复审阶段合议组采纳了请求人的意见，强调常规调整一般只会选择对其中的少部分药物进行替换加减，而不会将其中的大部分药物均予以替换加减，这种药味的调整已经改变了组方原则和实质构成，不属于本领域常规的随方加减的范围。同时从大量备选药味中选择合适药味替换并保持原有效果是难以实现的，而现有技术不存在相应的启示，且用量不是通过简单实验手段可确定的。故而认为驳回决定中指出的本申请要求保护的技术方案不具备创造性的理由不成立。

【案例启示】对于中药复方发明创造性的判断，药味、数量、制备方法、炮制方法等区别技术特征所反映的治法治则的差异是中药复方技术方案区别的实质体现，以本案为例，虽然确实是对比文件和本申请替换药味较多，但真正让合议组认定本案具有创造性的原因是因为：本申请的药味调整已经改变了组方原则和实质构成，不属于本领域常规的随方加减的范围，而并非仅仅因为的替换药味的数量多少。申请人在答复审查意见和撰写申请文件时，要更有针对性地进行答复，才能收到更好的效果。

（三）"预料不到的技术效果"的认定

现行《审查指南》在专利创造性判断相关章节规定了"判断发明创造性时需考虑的其他因素"，其中包括发明取得了预料不到的技术效果。即使说，以本领域技术人员常见的技术手段实现了本领域技术人员意料不到的技术效果，也可能使得发明在整体上具备创造性[①]。

近几年，出于注重"三性"审查的角度，保护范围概括较大的权利要求也常会被认为不具有创造性。因为权利要求中包括的部分技术方案的有益效果无法得到说明书中记载的实验数据的证实，进而被认为这些技术方案仅达到了可以预期的技术效果。如中药方剂中各原料药的用量范围概括的比较大，无法区分原料药之间的君臣佐使关系，说明书记载的实验数据仅能够证实特定配伍的组方的效果，该实验数据就无法用于证明整个权利要求保护范围内的所有技术方案都具有该有益效果。得不到实验数据证明的部分技术方案往往会被认为与最接近的现有技术相比不具有创造性。因此，在撰写权利要求书时，不要片面追求较大的保护范围，而是应当从说明书提供的实验数据和现有技术的公知常识出发，立足本领域普通技术人员的水平概括出合理的保护范围或者在申请文件中记载尽可能充分的实验证明材料，为后续的修改和意见陈述留下足够的空间，以提高专利申请获得授权的概率。

此外，许多中药发明是在现有技术的基础上做出的改进，所以与其他领域的发明相比，通常需要提交更加充分的对比实验数据才能体现中药发明的创造性。很多中药发明特别是中药方剂的发明专利申请，说明书中仅记载了药物能够治疗某种疾病的实验数据，却声称其药物在治疗所述疾病中具有更好的技术效果，在申请被认

---

① 赵炜楠.预料不到的技术效果在发明专利创造性判断中的法律适用［J］.专利代理，2017（01）：28–31.

为不具有创造性后，申请人或发明人通常会用中医理论中的配伍理论来进行争辩，但是这种理由往往难以被采纳。建议申请人在研发的过程中除了收集整理申报专利的技术方案的实验数据，还应当收集和整理与其相关的、能够体现出其具有显著进步的对比方案的实验数据，为体现出申报专利的技术方案的创造性做准备。专利申请文件所记载的实验数据作为发明技术效果认定的关键支撑，虽然中药领域不同申请人的实验能力、技术手段和收集整理数据的能力高低差异很大，但是专利申请人仍然应当在能力范围内提供能够充分说明发明技术效果的实验数据，该实验数据包括动物实验、体外细胞实验及临床治疗案例等，并需确保实验数据的真实、规范和完整。

案例 5

专利号：ZL201410023959.7。

发明名称：治疗痛经的中药复方制剂及其制备方法和用途。

法律状态：复审后授权。

组合物发明类型：药物替换。

【基本案情】该申请涉及治疗痛经的中药复方制剂及其制备方法和用途，原料药为红花、乳香、没药、片姜黄、桂枝、降香、血竭、乌药、元胡、艾叶、细辛、冰片，并限定了具体药量配比。

实审驳回阶段：审查员引用了 2 篇文献评述权利要求不具备创造性。对比文件 1 公开了一种治疗痛经的中药制剂，其原料药为红花，乳香，没药，片姜黄，桂枝，沉香，冰片，血竭，乌药，延胡索，艾叶。审查员认为发明技术方案与对比文件 1 相比，区别在于：权利要求 1 限定中药组合物中还包括细辛、降香，不包括沉香，以及各原料的具体重量份范围。对比文件 2 公开了细辛是治疗痛经的频繁使用的温经散寒药，能提高电刺激家兔齿髓引起的痛阈，存在增加细辛的启示。同时根据常识可知沉香与降香均为木质药材理气药，功效类似，两者替换为常规技术手段。而原料组分的含量配比是本领域技术人员通过常规实验即可比较得出的。因此，权利要求不具备创造性。

复审请求人提出复审请求时未修改权利要求。请求人认为沉香是对比文件 1 组方的关键用药，不可省略，替换需克服其不可替换的技术偏见。沉香味辛、苦，性微温，归脾、胃、肾经；降香味辛，性温，归肝、脾经；二者性味归经差异极大，对比文件 2 未公开降香，未给出相应启示。降香替换沉香属于价廉替换。

审查员在前置审查阶段坚持驳回决定。

复审阶段：复审决定指出，对于功效类似的药材，因其性味归经的不同，临床应用存在差异。临床用药时，将归经和其他性能结合起来考虑，可以增强用药的准确性，从而提高疗效。对于那些性味与主要功效相同，而主治部位不尽一致的药物，尤其如此。本案涉及的沉香与降香虽都为辛温芳香理气药，但归经存在差异，功效各有所长，临床也区分使用，所针对适应证不一致。本领域技术人员没有动机使用降香替换沉香。在参考用药频次统计结果选择配伍药材时，本领域技术人员有动机选择用药频次高、与病证关联度高的药物。降香及细辛分别属于理气药和温经散寒药里使用频率较低的药物，不容易被选择。同时，本发明产生了有益的技术效果。因此，驳回决定和前置审查意见书中认为本申请要求保护的技术方案不具备创造性的理由不成立。

【案例解读】本案涉及中药复方功效相近药味替换的发明的创造性评价。实审驳回阶段将中药复方功效相近的药味替换简单认定为本领域普通技术人员的惯用技术手段而未考虑临床实践应用的其他因素，且组方整体功效的变化仅由该替换所带来，进而认为该替换是显而易见的，同时忽视各药味配比关系确定的复杂性，认定本领域技术人员在具备临床随症加减能力的前提下，可以通过运用有限次的常规实验确定药味配比。故而在实质审查阶段认为权利要求不具备创造性。复审阶段合议组采纳了请求人的意见，强调中药复方的效果并非是各个药味效果的简单叠加或堆砌，需要整体看待中药复方效果。同时在临床实践中对于功效类似的药味，因其性味归经的不同，临床应用将会存在差异，需要充分考虑替换的难度。根据申请人陈述沉香与降香在临床也区分使用，同时根据公开文献的组方用药频次统计可知，细辛及降香均属于使用频率低的药味，一般不易被本领域技术人员选择添加，本领域技术人员没有动机轻易将两者替换使用。此外，发明说明书充分证实了技术方案产生了有益的技术效果。因此，合议组认为驳回决定中指出的本申请要求保护的技术方案不具备创造性的理由不成立。

【案例启示】中药复方创造性的评价中，功效相近的药味替换一般会被认定为是常规替换，如果说明书中能充分证实替换药味在实践中存在临床应用的差异或组方使用频率较低，且本申请的说明书中明确记载了所述中药复方取得了有益的技术效果的实验证据，则可以尝试充分结合中医临床实践考虑药味临床应用的差异和药材在组方中使用的频率等因素作为理由，用来说明权利要求所保护的组合物具备创造性。

案例 6

专利号： ZL201110127492.7。

发明名称： 一种预防或治疗糖尿病并发症的药物组合物。

法律状态： 复审后授权。

组合物发明类型： 用量配比的改变。

组合物发明类型： 特定药味的药量调整。

【基本案情】该申请涉及一种预防或治疗糖尿病并发症的药物组合物，该中药复方的原料药为黄芪、太子参、女贞子、枸杞子、水蛭、大黄 6 味中药，并限定了具体重量百分比。

实审驳回阶段：审查员引用了 2 篇文献评述权利要求不具备创造性。对比文件 1 公开了一种治疗糖尿病肾病的中药组合物，由黄芪、太子参、女贞子、枸杞子、水蛭、大黄六味中药组成。审查员认为技术方案与对比文件 1 相比，区别在于：在对比文件 1 的用量范围内对黄芪、太子参、枸杞子、水蛭、大黄的用量进行了更加具体的限定，同时提高了女贞子的用量。对比文件 2 则公开了近 10 年中医药针对糖尿病视网膜病变的基本病机判断和常用治法治则，公开的众多中药组合物中使用了黄芪、太子参、女贞子、枸杞子、水蛭、大黄等 6 味原料药。本领域技术人员结合对比文件 1 和 2，以治疗效果为指标，根据其掌握的常规实验技能即可确定药味用量。同时公知女贞子具有滋补肝肾的作用，为提高滋补肝肾功效容易想到增加女贞子用量。此外，结合对比文件 1 和 2 可以预见到本申请要求保护的药物组合物能够用于治疗糖尿病并发症，包括糖尿病肾病和糖尿病视网膜病变。因此，权利要求的技术方案不具备创造性。

复审请求人提出复审请求时未对申请文件进行修改，提交附件 1～4，其认为：附件 1、2 证明，药物用量是中药复方的关键，本申请的组方优化后治疗糖尿病肾病方面的效果明显优于对比文件 1 的组方；女贞子不是治疗糖尿病及其并发症的常用药物（使用频率 <1%），不会优选女贞子，且不能简单推论增加女贞子的用量即增强疗效。因此，权利要求具有创造性。

审查员在前置审查阶段坚持原驳回决定。

复审阶段：复审决定指出，本领域公知，中药复方的配伍关系和其用量相关。对比文件 2 只是公开的众多不同中药组合物使用了 6 味原料药，同时并未明确记载单用女贞子对于糖尿病视网膜病变的作用，只是从药味功效上判断与公开的治法治则相关，其在中药组合物整体中的作用及功效发挥的关系并不明确，对比文件 2 未给出调整女贞子用量的明显动机。且实施例证明了本发明中药复方效果明显优于对比文件 1 组方，本申请的女贞子含量相差很小而最终效果却相差很大，说明效果不是单依靠女贞子含量的改变即可达到的，而是依靠中药复方整体的含量选择达到的，根据对比件 2 的教导无法确定改变或调整哪味中药增强效果，该技术效果是本领域技术人员不能预料的。此外，通过对比文件 2 不能预知本申请组合物对于糖尿病视网膜病变的效果。因此，驳回决定和前置审查意见书中认为本申请要求保护的技术方案不具备创造性的理由不成立。

【案例解读】本案涉及组方公开情况下调整药量的发明的创造性评价。实质审查阶段片面夸大中药复方内单味药味的作用而忽视复方内部复杂的配伍关系，未考虑药量调整对于中药复方整体功效的影响，以及复方配伍后所产生的整体技术效果，认为各药味用量配比通过常规实验技能可确定，对于药量调整所带来的复方整体药效增强简单认为是药味功效的叠加，进而认为中药复方用量调整后所带来的技术效果在本领域技术人员的预期范围内，不认可药量调整带来了预料不到的技术效果。故而不接受权利要求具有创造性。复审阶段合议组采纳了请求人的意见，认可中药复方的配伍关系和其用量相关，药物用量不同，不仅会改变其药力，也可能改变其配伍关系从而改变其功用、主治，应该从整体的角度来判断用量调整所带来的技术效果。本案中中药复方疗效的增强是复方各药味药量的整体选择调整所带来的，不能简单通过增强单味药味的用量来实现，不在本领域技术人员预期范围内，产生了预料不到的技术效果。故而认为驳回决定中指出的本申请要求保护的技术方案不具备创造性的理由不成立。

【案例启示】虽然中药复方组合物中存在复杂的量效关系，但是并不是每一个复方均存在协同作用或能产生新疗效。对于一些整体效果仅为各个药味功效之整合的中药复方，本领域技术人员可通过增加单味药味的用量实现复方整体效果的增强，并没有产生协同作用或新的无法预期的疗效。

只有当现有技术中不存在调整药味用量实现药效优化的技术启示时，而本申请又提供了充分的对比试验数据证明了本发明的技术方案取得了更优的技术效果，才能认为上述用量调整给中药复方发明带来了预料不到的技术效果，被认可所述技术方案具备创造性。

案例 7

专利号：ZL201310100384.X。

发明名称：一种治疗慢性胃炎、胃溃疡的四味木香复方中药组合物。

法律状态：复审后授权。

组合物发明类型：具体药味数量的减少。

【基本案情】本申请涉及一种治疗慢性胃炎、胃溃疡的药物组合物，是由以下重量份的原料制成的：木香 15～25 份，栀子 10～20 份，闹羊花 5～15 份，荜茇 2～12 份。

实审驳回阶段：审查员引用了 1 篇文献评述权利要求不具备创造性。对比文件 1 公开了六味木香胶囊来源于蒙古族的验方，组成为木香、栀子、石榴皮、闹羊花、豆蔻、荜茇。审查员认为发明技术方案与对比文件 1 相比，区别在于：权利要求 1 的组方中去除了石榴皮、豆蔻，且权利要求 1 限定了各成分的用量。对于本领域技术人员而言，临证加减药味是中药领域的常规技术手段，用量配比关系均在常规使用范围内属于常规调整。因此，权利要求的技术方案不具备创造性。

复审请求人提出复审请求时未修改权利要求。请求人认为：实验例证明了专利组方疗效优于对比文件 1 组方，取得了预料不到的技术效果。

审查员在前置审查阶段坚持驳回决定。

复审阶段：复审决定指出，对比文件 1 并没有给出省略石榴的技术启示，更没有给出同时省略豆蔻和石榴的技术启示。实验例 1～3 证明专利组方相对对比文件 1 组方而言，省略药味的组合物仍然保持了原有的全部功能，甚至取得了更好的技术效果，其是本领域技术人员所不能合理预期的。因此，驳回决定和前置审查意见书中认为本申请要求保护的技术方案不具备创造性的理由不成立。

【案例解读】本案涉及中药复方药味减少的发明的创造性评价。实质审查阶段因减少药味是中药复方的次要药味而将其认定为临床随症加减药味，属于中药领域的常规技术手段，是本领域技术人员轻易可做出的，同时因药味用量均是常规用量而认定本领域技术人员可根据组方的配伍原则，以及实际情况对中药材的用量在一定范围内进行常规调整从而确定各药味的具体用量。故而认为权利要求不具备创造性。复审阶段合议组采纳了请求人的意见，认为现有技术中并未给出省略石榴或豆蔻的技术启示，本领域技术人员不能轻易省略该药味。同时本申请的说明书中记载的试验例 1～3 证明省略石榴、豆蔻药味的组方相对最接近的现有技术保持原有的技术效果，甚至取得了更优的技术效果。故而接受权利要求具备创造性。

【案例启示】当中药复方发明专利与最接近的现有技术的中药复方相比减少了药味，若该申请说明书中能够提供充分的数据证明本发明的技术方案取得相当或更优的技术效果，则能够证实所述发明具备创造性。

案例 8

专利号：ZL201210003151.3。

发明名称：一种含有人参的治疗中风病的药物组合物及其制剂。

法律状态：复审后授权。

组合物发明类型：现有治法治则基础上的组方。

【基本案情】该申请涉及一种含有人参的治疗中风病的药物组合物及其制剂，组合物的原料药为人参、红花、桃仁、赤芍、地龙 5 味中药。

实审驳回阶段：审查员引用了 1 篇文献评述权利要求不具备创造性。对比文件 1 已经公开了中风的基本病机、治疗法则和使用频率较高的治疗中药，包括了组方中各药味。审查员认为发明技术方案与对比文件 1 相比，区别在于：权利要求 1 选择对比文件 1 所公开的治疗中风的药物制备成药物组合物并限定了各成分的用量。在本领域技术人员已知中风病的基本治法治则和常用中药的基础上，容易想到将常用中药进行配伍组合使用，并根据临床病情随症加减，通过有限的实验选择确定各药味的用量。因此，权利要求不具备创造性。

复审请求人提出复审请求时修改了权利要求书，以说明书实施例 1 为依据，将原权利要求 1 中各药味的用量缩小为点值。请求人认为：中药组方药效的发挥与各原料药之间的配伍密切相关，而影响配伍的重要因素之一就是原料药之间的配比。实施例 1 的药物治疗中风的疗效优于常规用量自拟方的疗效，本领域技术人员很难通过有限次的常规选择得到该组方。

审查员在前置审查阶段坚持原驳回决定。

复审阶段：复审决定指出，本领域公知，临床治疗的效果与安全性，除选用恰当药味外，各药用量也十分重要。本申请实质是在对比文件 1 给出了可选择的原料药的基础上，进一步选择出具有更好的治疗中风效果的原料药之间的用量配比。而在药味相同的情况下，各药味之间相对剂量的不同，可改变其在组方中的作用性质。对比文件 1 和现有技术都没有公开或暗示本申请所述的原料药之间的用量配比，更加没有公开或暗示该用量配比对治疗中风具有何种影响。实施例证明本申请的疗效优于常规用量自拟方的疗效，实施例记载的内容可证明本申请取得了预料不到的技术效果。因此，驳回决定和前置审查意见书中认为本申请要求保护的技术方案不具备创造性的理由不成立。

【案例解读】本案涉及治法治则及常用药味公开情况下组方发明的创造性审查，实质审查阶段忽视了从诸多药味中选择合适药味及药量配伍形成疗效显著的中药复方的难度，认为药味筛选及药量确定均属于本领域技术人员常规技术手段，可以通过有限次试验轻易完成。故而不接受权利要求具有创造性。复审阶段合议组采纳了请求人的意见，充分考虑了中药复方配伍过程中药味筛选及药量选择的难度，认为在现有技术缺乏将特定药味以一定配比组合的技术启示下，疗效显著的中药复方并非通过本领域的常规技术手段容易获得。本申请说明书实施例证明了中药复方效果明显优于常规用量自拟方，产生了预料不到的技术效果。故而认为驳回决定中指出的本申请要求保护的技术方案不具备创造性的理由不成立。

【案例启示】中药复方的药味组合通常不仅仅是单味药的简单叠加，需遵循中医药理论指导，不可忽视药味组合后带来的整体技术效果。对于在现有治法治则基础上采用常用药味组合的发明专利申请，在审查其创造性时，会充分考虑其组合的难度，组合后中药复方中各原料药的用量是否容易获得，组合物的技术效果是否可以预期。当最接近的现有技术公开了治法治则及常用药味时，在说明书中记载证实所述中药组合物的技术效果明显优于常规自拟方的技术效果的实验证据，有助于体现发明产生了预料不到的技术效果，从而利于发明的创造性获得认可。

案例 9

专利号：ZL201310421786.X。

发明名称：一种防治老年痴呆症的药物组合物。

法律状态：复审后授权。

组合物发明类型：已知功效药味的组合。

【基本案情】该申请涉及一种防治老年痴呆症的药物组合物，该中药复方的原料药为黄连和啤酒花。

实审驳回阶段：审查员引用了 1 篇文献评述了权利要求不具备创造性。对比文件 1 公开的是多个单味药材具有防治老年痴呆的作用。审查员认为发明与对比文件 1 相比，区别在于：权利要求 1 为一种具有一定重量比的中药组合物，对于本领域技术人员而言，在对比文件 1 已经公开了黄连、啤酒花单味药物具有治疗老年痴呆作用的前提下，出于增强功效的目的，容易想到将上述两种药味组合使用得到具有治疗老年痴呆的中药组合物。各原料配比则通过常规调整可确定。因此，权利要求不具备创造性。

　　复审请求人在提交复审请求时修改了权利要求书，并认为本申请与对比文件1存在以下区别：①领域不同：本申请涉及治疗老年痴呆症的药物组合物，对比文件1主要研究抗皱成分。②组成不同：本申请涉及啤酒花和黄连的组合物，对比文件1公开的是可以在化妆品中添加的抗糖化成分。③原料药种类不同。④对比文件1未公开本申请中各原料药的用量。并且，本申请说明书中记载的实验表明，黄连和啤酒花组合使用时可以产生协同增效的作用。

　　复审阶段：复审决定指出，对比文件1仅给出了百余种单味抗糖化物，并未将日本黄连与啤酒花以特定比例组合使用，也没有给出上述两种单味药组合后可能产生的技术效果。而本申请说明书记载的实验结果说明了黄连和啤酒花以特定比例组合后对记忆力的改善有协同增效的效果，这是本领域技术人员无法从对比文件1及本领域的普通技术知识中预料得到的。因此，驳回决定和前置审查意见书中认为本申请要求保护的技术方案不具备创造性的理由不成立。

　　【案例解读】本案涉及将已知功效的药味进行组合的发明。实质审查阶段忽视了将单个药味组合后药味之间产生的协同作用，简单认为中药组合物整体效果是各药味功效的叠加，认定具有相同治疗用途的药味组合后也必将具有相应的功效，并可运用本领域常规技术手段通过有限次试验完成用量调配。故而不接受权利要求具有创造性。复审阶段充分考虑了中药组合物选择具体药味组合及调整药量所产生的技术效果，认为在本申请证实了选择特定药味以一定配比组合能产生协同增效的作用的情况下，该组合不属于本领域技术人员采用常规技术手段可以获得的情形，组合物的协同效果并非本领域技术人员可以合理预期的。故而认为驳回决定中指出的本申请要求保护的技术方案不具备创造性的理由不成立。

　　【案例启示】对于将已知功效的药味进行组合的发明专利申请，如果现有技术缺乏将发明所述的特定药味以一定配比进行组合的技术启示，并且申请文件中记载了充分详实的实验证据证实该发明所述的组合产生了协同增效的整体效应，那么该发明的创造性通常能够获得认可。

案例 10

专利申请号：201110171818.6。

发明名称：白芝中药组合物及其制备方法。

法律状态：驳回失效，行政二审。

组合物发明类型：药味加减、替换和用量改变。

【基本案情】本申请涉及一种治疗癌症的中药组合物，其组分重量百分比如下：白芝精粉45%～65%，白芝孢子粉10%～30%，川贝母5%～10%，三七5%～10%，西洋参8%～15%。本申请说明书中记载了所述组合物治疗癌症的两个典型病例的药效数据。本申请先后经历了两次驳回，两次复审，以及行政诉讼的一审和二审。在第一次驳回决定中，专利局审查部门给出的驳回理由为药效资料公开不充分，不满足专利法第26条第3款的规定，申请人提出了复审请求，复审委经过审理后作出了第84813号复审决定，该决定中认为说明书中提供的药效资料可以证明本申请组合物产生了治疗的效果，撤销了第一次驳回决定，发回重审。之后专利局审查部门作出了第二次驳回决定，指出本申请不符合专利法第22条第3款的规定，申请人再次提出了复审请求，专利复审委员会经过审理后作出第116214号复审决定，维持专利局2015年12月04日作出的第二次驳回决定。申请人不服，将专利局复审委员会起诉至北京市知识产权法院，北京市知识产权法院审理后作出北京市知识产权法院（2017）京73行初1309号行政判决，维持专利复审委员会第116214号复审请求审查决定。申请人不服，继续向北京市高级人民法院提起上诉，北京市高院于2018年09月29日作出（2018）京行终3931号行政判决，维持专利复审委员会第116214号复审请求审查决定，驳回星光研究所的相关上诉。

本案关于创造性的争议焦点在于：涉案的专利技术中使用了白芝粉末和白芝孢子粉来代替现有技术（对比文件1）中的灵芝和灵芝孢子粉。

请求人认为：对比文件1中使用的为灵芝、灵芝粉，没有限定具体的种类，与权利要求1限定的白芝精粉、白芝孢子粉不具有可比性，不可随意替换。权利要求1中的白芝精粉、白芝孢子粉属于稀缺的原料；其白芝精粉为采用白芝疗效最高部位、经精细加工超微获得的粉末；且白芝孢子粉的价值和功效远高于白芝。

复审委员会认为：白芝是灵芝的一种具体种类，白芝精粉、白芝孢子粉是白芝的加工品种。在现有技术已经公开了某种原料具有相应药理活性的情况下，本领域技术人员有动机选择该原料，其原料的珍稀程度不会影响发明的创造性。

在行政诉讼过程中，法院的判决对组合物进行创造性判定时，药味加减、替换和用量改变，以及药效数据等因素所能起到的作用进行了讨论。

【案例解读】涉案专利权利要求1与对比文件1都是用于治疗癌症（包括肺癌）的中药组合物，其中的区别技术特征包括：用白芝粉末和白芝孢子粉来代替灵芝和灵芝孢子粉。关于本申请不具备创造性的理由和结论，复审决定和行政诉讼一审、二审判决中的认定是相同的，都认为实际解决的技术问题是提供一种治疗肺癌的中药组合物。一审诉讼阶段，请求人还提交了《白芝中药组合物（肺康王生物抗癌制剂）临床初步验证统计表》，其中载明：对 100 例肺癌患者进行了疗效统计，总有效率为 89%。

本案中，本领域公知，白芝是灵芝的一种，主治咳逆上气，具有益肺气的作用，适用于呼吸系统病变。在对比文件 1 的基础上，本领域技术人员在制备治疗呼吸系统癌症的中药组合物时，有动机选择白芝粉末和白芝孢子粉来代替灵芝和灵芝孢子粉。白芝的珍稀程度仅会影响该资源的获取难度，并不会影响本领域技术人员对于其药用功效的认知。同时，星光研究所亦未提供证据证明因白芝获取难度大，足以导致本领域技术人员对选择用其制备抗肿瘤药物构成相反的教导。

《专利法》第五十九条第一款规定："发明或者实用新型专利权的保护范围以其权利要求的内容为准，说明书及附图可以用于解释权利要求的内容。"因此，通常情况下，在专利授权程序中，应当以涉案申请的权利要求为基础确定该申请请求保护技术方案的保护范围，即在创造性的判断过程中，通常不考虑未记载于权利要求中的技术特征。星光研究所主张权利要求 1 中的"白芝精粉为采用白芝疗效最高部位、经精细加工超微获得的粉末"，该技术特征均未记载于本申请权利要求 1 中，故本申请是否具备创造性的判断过程中，不应考虑上述特征。星光研究所主张因为上述特征的存在而使得本申请具备创造性的理由，不能成立。

此外，星光研究所主张权利要求 1 相对于现有技术取得了有益的技术效果。对此，法院认为，星光研究所该项主张的依据为其在起诉状中列明的统计数据，属于申请日之后提交的补充实验数据，不属于现有技术。其补充数据的内容为本申请技术方案对肺部和鼻、喉处病变有很好治疗效果，适于肺癌等多种呼吸系统疾病的治疗，未作进一步的描述或验证，本申请说明书记载的两个临床应用实施例也仅为个体的疗效记录，上述内容均过于笼统宽泛，本领域技术人员以其在本申请申请日前的知识水平和认知能力，不足以确定本申请具有补充实验数据上显示的有益技术效果。

综上所述，请求人的理由在法院判决中不予支持。

【案例启示】从本案可以看出，在中药领域专利审查实践中，首先是以权利要求记载的内容为基础确定专利申请请求保护的范围。若申请人提出的本申请具有创造性的理由与某一技术特征密切相关，而该技术特征并未记载于权利要求中，那么该理由通常不被认可。

其次，本案对药材品种或加工形式进行优选的发明的创造性判断也具有较高的参考价值。对于药材品种优选的发明，上述优选是否有启示、是否产生意想不到的效果是判断其是否具备创造性的关键。在评价药材品种优选的中药发明专利的创造性时，通常要判断现有技术是否已经给出了这种优选能解决发明实际解决技术问题的教导或启示，如果仅仅是已知的质优品种的选择，药材品种优选后药物的适应证和治疗效果没有发生实质性的变化，并且说明书提供的药效数据也不能证明药材品种的优选带来了预料不到的技术效果，则发明是显而易见的。

最后，从本案的复审决定和法院判决可以看出，即便权利要求所要保护的组合物中没有任何功能限定，说明书中记载并证实的所述组合物的技术效果，也可作为评价权利要求是否具备创造性的依据。

案例 11

专利申请号：200710151989.6。

发明名称：治疗口腔炎症的中药制剂及其制备方法。

法律状态：授权，无效宣告、专利权全部无效，行政二审，最高人民法院行政裁决驳回再审。

组合物发明类型：药味替换。

【基本案情】本专利涉及一种治疗口腔炎症的中药制剂，制剂的各中药原料的重量份数为：天冬 25 份，麦冬 25 份，玄参 25 份，甘草 12.5 份，山银花 30 份。专利局审查部门于 2010 年 7 月 14 日对本专利发布授权公告。2011 年 11 月 4 日，第三方针对该专利向专利复审委员会提出无效宣告请求。经口头审理，专利复审委员会于 2012 年 05 月 24 日作出第 18566 号无效宣告请求审查决定，宣告本专利权全部无效。专利权人广州白云山和记黄埔中药有限公司不服，将专利复审委员会起诉至北京市第一中级人民法院，经审理，北京市第一中级人民法院（2012）中知行初字第 3190 号判决书，撤销专利复审委员会作出的第 18566 号无效宣告请求审查决定；专利复审委员会、第三方均不服，向北京市高级人民法院提起上诉，经审理，北京市高院作出（2013）高行终字第 640 号判决书，撤销北京市第一中级人民法院（2012）中知行初字第 3190 号行政判决，维持专利复审委员会作出的第 18566 号复审请求审查决定；专利权人不服该判决，向最高人民法院申请再审，最高人民法院于 2015 年 10 月 28 日作出行政裁决，驳回专利权人的再审申请。

在提出无效请求时，请求人提交了附件 1（专利权人的在先申请）：申请号为 200510098589.4 的发明专利申请公开文本，公开日为 2006 年 3 月 1 日。

请求人认为：涉案专利权利要求 1 与附件 1 相比，区别仅在于将附件 1 中的金银花替换为山银花，而 2000 年版《中国药典》记载金银花的基原包含山银花，其与2005 年版《中国药典》中记载的山银花基原有重合，且两者功能主治均相同，用山银花代替金银花是显而易见的，这种替换在口腔炎症的治疗上没有产生有益效果。

专利权人认为：本案在提出专利申请时，2005 年版《中国药典》已经颁布，其中将山银花与金银花分列为两种不同中药材，同时规定生产口炎清颗粒采用原料金银花，现有技术没有给出用山银花替代金银花的启示，且依据本案说明书记载的实验数据可以看出本发明制剂药效优于附件 1 的已知制剂。

本案的争议焦点在于：涉案专利技术方案采用山银花代替金银花是否显而易见，替换后是否取得了预料不到的技术效果。

【案例解读】涉案专利权利要求 1 与附件 1 均为由 5 味中药组成的治疗口腔炎症的中药制剂，两者的区别特征仅在于：采用山银花替代金银花。关于该区别特征实际解决的技术问题，复审委员会和一审、二审、最高院判决中的认定并不相同，复审委员会认定权利要求 1 实际解决的技术问题是：提供另一种能够治疗口腔炎症的中药制剂，即其认为本专利制剂与附件 1 制剂的技术效果相同；一审、二审判决及最高裁定中均认定权利要求 1 实际解决的技术问题是：用山银花替代金银花以取得更好的治疗效果。本案中，用于评价创造性的附件 1 本身是本专利说明书记载的背景技术，本专利说明书记载"发明人在进一步研究中发现，通过对这种中药制剂（即附件 1 制剂）的原料进行适当调整，能够进一步提高这种中药制剂的抗炎作用、体外抑菌作用、扶正固本作用和生津润燥作用，达到更好的治疗效果"。且本专利说明书实验例也记载了含有山银花的本专利制剂与含有金银花的现有制剂的药效对比实验，两者在清除自由基和扶正固本的技术效果中存在差异。因此，基于本案说明书的记载及现有技术，认定将本申请权利要求 1 实际解决的技术问题是：将金银花替换为山银花以取得更好的治疗效果较为合适。

关于现有技术是否给出用山银花替代金银花的技术启示，如前所述，依据 2000 年版《中国药典》的记载，其金银花基原中包括山银花，没有区分地记载两者具有相同的功能和主治，2005 年版《中国药典》将金银花和山银花分列为两种中药，但是其中记载的山银花的性味、归经、功能与主治与金银花完全相同，都可以用于痈肿疔疮、喉痹、丹毒、热毒血痢、风热感冒、湿热发病的治疗[①]。对本领域技术人员而言，口腔炎症属于痈肿疔疮的范围，基于山银花和金银花完全相同的功能主治，且其用于痈肿疔疮的主治功效与附件 1 中用于治疗口腔炎症的用途也非常相似，

① 肖美凤，刘文龙，周晋，等.金银花和山银花的研究现状及质量控制的关键问题［J］.中草药，2018，49（20）：4905-4911.

本领域技术人员结合现有技术容易想到采用山银花替换金银花，这种替换是显而易见的。

针对技术效果，本专利制剂与附件1公开的制剂所治疗病症均为口腔炎症。虽然本专利说明书中记载了本专利制剂与附件1制剂的对比实验，但是具体分析所述实验数据，就扶正固本作用而言，两者在扶正固本作用方面的18组对比数据的统计分析表明，仅4组数据之间存在显著性差异，其余14组数据之间的比较都不具有显著性差异。对于存在显著性差异的4组数据，分别分散在不同的三大类中，其中有两组数据分布在对大鼠免疫器官重量的影响实验中，即2.0 g/kg剂量对大鼠脾、胸腺系数的影响，而在1.0 g/kg和4.0 g/kg剂量并不存在显著性差异；其他两组数据分布在对小鼠常压耐缺氧能力的影响实验中，即2.0 g/kg和8.0 g/kg剂量，而在4.0 g/kg剂量不存在显著性差异。该实验数据表明，本专利制剂与附件1制剂对大鼠免疫器官增重、小鼠常压耐缺氧能力的影响是否有显著性差异无法确定，而对单核细胞吞噬功能、小鼠溶血素抗体生成、小鼠游泳时间的影响方面无显著差异。而且，本领域技术人员可以通过常规实验得出本专利制剂在扶正固本作用方面的效果。就清除自由基实验而言，本专利说明书中记载的清除自由基实验数据显示，山银花清除自由基的能力好于金银花，但是，针对相同的疾病，采用性味与归经、功能与主治相同甚至曾经归属于同一药名下的药味产生的治疗效果，本领域技术人员能够通过有限次的实验得到该技术效果。综上认为，本专利采用山银花替换金银花后并未产生预料不到的技术效果。因此，本专利权利要求不具备创造性。

专利权人在向最高人民法院申请再审时，主张本专利采用山银花替代金银花克服了技术偏见，并提交相关证据公开山银花质量较次，且缺乏金银花的有效成分木犀草苷。最高院认定，《中国药典》2005年版一部和2005年版增补本中分别记载口炎清颗粒中的金银花或者山银花要求绿原酸的含量是一致的，均未规定木犀草苷的含量要求，难以认定其为口炎清颗粒的有效成分；尽管《中国药典》2005年版中将金银花和山银花分列，但没有证据证明两者在治疗口腔炎症中不可替代，且在2005年版《中国药典》之前，两者均是混用的，对于本领域技术人员而言在实际中药制剂的研发过程中，不存在不去考虑以山银花替换金银花的可能性，阻碍该技术领域的研究和发展，故关于该技术偏见的主张不予支持[①]。

【案例启示】在中药领域专利审查实践中，本案对常见的药味替代类型发明的创造性判断具有较高的参考价值。在药味替代类型的中药发明专利创造性判断时，

---

① 黄国群，熊玲潇. 专利创造性判断中克服技术偏见适用规则研究 [J]. 科技创业月刊，2019，32（02）：1-5.

首先应基于药味替代所能达到的技术效果确定发明实际解决的技术问题，然后考察现有技术整体上是否存在将药味进行替代以解决其存在的技术问题的技术启示，如果现有技术已经教导了这种替代方式常见的，且药味替代后药物的适应证没有发生实质性改变，本领域技术人员依据现有技术已知的药物功能主治能够预期或通过常规实验即能够获得相应的技术效果，则发明是显而易见的。

通过本案也可以看出，对于药味替代类型的发明，药味的替代是否产生预料不到的技术效果是判断其是否具备创造性的关键。而是否能够产生预料不到的技术效果则需要基于说明书原始记载的实验数据加以判断，这就提示在专利申请之初，需要对药味替代所能产生的有益效果进行确认，通过科学严谨的实验设计及统计分析数据来证实其所能产生的技术效果，以保证专利申请的质量，也为后续创造性判断提供支持。

案例 12

专利申请号：201410416819.6。

发明名称：一种用于妇科系统调理保养的中药制剂。

法律状态：驳回失效。

【基本案情】复审委第 219425 号决定涉及一种用于妇科系统调理保养的中药制剂，是以玉竹、桑叶、白芷、杏仁、普洱茶为原料，按药剂学的常规工艺和辅料制备成的内服制剂，并限定了原料药用量。说明书中记载了临床观察 80 例，患者用药后月经不调，痛经、带下现象均得到不同程度的改善，面部皮肤色素消失。复审决定认为：对比文件 1～4 分别公开了各原料药具有的功效涉及美容养颜、降脂排毒等，本领域公知，普洱茶具有降脂减肥、降压、抗衰老等功效。在对比文件 1～4 和公知常识的基础上，本领域技术人员可以常规选择所述原料，将其进行组合，并常规选择用量，制备具有相关作用的中药制剂。说明书中所记载的观察例的效果根据已知的各味原料药的功效进行组合叠加就可以实现，属于可以预料的技术效果。因此，该权利要求不具备创造性。

【案例解读】在说明书中记载的其使用的技术手段能够取得在质或量上不同于其他现有技术的有益技术效果，可以作为该发明是否具有显著的进步的依据，这种情况在中药领域需要通过实验数据予以证明。有时申请文件中虽然记载了实验数据，但是没有体现出发明的技术效果与现有技术的差别，这种情况难以被认可具有创造性。

【案例启示】发明与现有技术的差异程度、技术启示的有无和强弱、实验方案设计、实验数据、统计结果等都是评价发明创造性的考量因素。并非只要记载了实验数据就足以证实发明有显著的进步，实验数据的证明力需要从多角度、多方位考虑，撰写申请文件时，要关注如何提升说明书中实验数据对技术效果的支持程度和证明力度。

（四）有限的试验的运用

审查员在审查实践中对有限的试验多有应用，特别在评述药量变化时一般是以通过有限的试验可以得到具体药量配比进行驳回理由的阐述。目前我国专利法、专利法实施细则及专利审查指南中均未对有限的试验进行明确规定，仅提出判断发明相对现有技术是否属于本领域技术人员通过合乎逻辑的分析、推理或者有限的试验可以得到的情形，借此来判断发明的显而易见性。具体到中药复方，虽然本领域中存在着正交设计、正交 t 值法、基线等比增减设计，以及均匀设计等对中药复方配比进行研究的方法，但是目前这些研究方法基本是针对低于五味药的小复方和以单一指标评价来进行研究的（普遍是药对研究，少见三味药或者四味药的复方配比研究），并且对于同一适应证来说，采用不同评价指标获得的复方配比也可能相差很大，因此即使在每味中药常用量已确定的前提下，本领域技术人员也很难通过有限次的常规试验确定具体药量配比从而获得有确切技术效果的中药复方。审查实践中，在判断中药复方的药量配比是否属于有限的试验即可获得的情形时，通常会综合考量单味药的常规用量范围、优选用量配比采用的指标现有技术中是否存在教导、优选过程的难易程度、药味配比给技术方案带来的技术效果是否可以预期等因素。

案例 13

专利号：ZL201310446092.1。

发明名称：一种具有补肾填精、益气养血和固本培元作用的中药组合物及其制备方法和应用。

法律状态：复审后授权。

组合物发明类型：药量配比的选择。

【基本案情】该申请要求保护一种具有补肾填精、益气养血和固本培元作用的中药组合物，其原料药为：何首乌、黄精、熟地黄、芡实、紫河车、黑芝麻、黄芪30～150份、茯苓、山药、西洋参、天冬、麦冬、珍珠、琥珀、龙骨、侧柏叶、黑大豆。

实审驳回阶段：审查员引用了 1 篇文献评述权利要求不具备创造性。对比文件 1 公开了一种健延龄胶囊，其组方药味与发明技术方案一致，具有固本填精、益气养血等功用。审查员认为发明技术方案与对比文件 1 相比，区别在于：权利要求中限定了原料用量。然而本领域技术人员在对比文件 1 的基础上，在各原料药的常用范围内通过常规手段即可确定合适的用量比，且说明书中也未记载由于用量的不同产生了何种预料不到的技术效果。因此，权利要求的技术方案不具备创造性。

复审请求人在提出复审请求时，未修改申请文件，认为：①对比文件 1 作为网络公开的 1 篇博客文章，其内容的真实性和权威性无从考究，公开时间无法确定，不能作为对比文件使用。②对比文件未给出原料药用量，也未给出该用量的技术启示，而本申请原料药有 17 味，用量的不同，可导致功效发生改变。

审查员在前置审查阶段坚持原驳回决定。

复审阶段：复审决定认为，组方内多个用量不在药典常用量范围内，同时 17 味原料药用量未知，适应证多种，无法通过有限次试验得到具有确切疗效的组方的具体用量。此外，根据中药饮片处方的书写规则，本领域技术人员一般不会将使药和佐药放在臣药的位置，没有明确君臣佐使配伍关系的情况下，本领域技术人员难以得出与本申请完全相同的君臣佐使关系，并进一步确定各中药原料的具体用量。综上，本申请要求保护的技术方案相对于对比文件 1 及本技术领域的常规手段的结合是非显而易见的，同时本申请说明书记载了其技术方案带来的有益效果，因此，驳回决定和前置审查意见书中认为本申请要求保护的技术方案不具备创造性的理由不成立。

【案例解读】本案涉及组方公开情况下药量选择的发明的创造性评价。驳回决定认为，本领域技术人员在各原料药的常用范围内通过常规手段即可确定合适的用量比，其产生的技术效果也在本领域技术人员预期范围内，故而不接受权利要求具有创造性。复审阶段合议组采纳了请求人的意见，认为综合考虑本申请的具体药量确定的技术难度；本申请中药复方有多个药味用量超出了常用量；且依据中药处方书写规则可以判断，本申请与对比文件的复方在君臣佐使关系上存在明显差异，本申请的用量配比并非是通过有限次试验即可获得的，具有非显而易见性，且说明书记载的内容证实了本申请的技术方案产生了有益的技术效果。故而认为驳回决定中指出的本申请要求保护的技术方案不具备创造性的理由不成立。

【案例启示】在中药组合物创造性的判断中，提供恰当的现有技术、公知常识证据有时能起到更好地说明中药组方的原则和思路的作用，对正是中药组方的创造性可以起到很重要的作用。本案驳回决定中未能全面考虑现有技术，尤其是没有考虑公知常识证据中有关《处方管理办法》中所涉及的处方书写方式，导致忽略了对比文件 1 所公开的组合物具有多重功效。而基于中药组合物量效关系，无法确认申请组合物与对比文件 1 组合物君臣佐使关系相同。复审合议组在考虑了公知常识证据后，得出了更为恰当的结论。

案例 14

专利号：ZL02100879.5。

发明名称：治疗冠心病心绞痛的中药制剂及其制备方法。

法律状态：授权。

组合物发明类型：调整药味用量。

【基本案情】本申请涉及一种治疗冠心病心绞痛的中药制剂，其特征在于，它是按重量百分比由下列组分组成：黄芪 22.2%～66.8%，丹参 11.6%～33.4%，三七 2.5%～13.5%，降香 14.5%～44.3%。中国、美国的审查员都引用了对比文件 1（CN1375316A，2002 年 10 月 23 日）作为最接近的现有技术，其记载了一种药味组成为丹参、三七、黄芪、降香油，且具有治疗冠心病心绞痛的功效。认为两者仅在降香油的配比上存在区别，在对比文件 1 的基础上得到本申请的组方是显而易见的，故认为其不具备创造性。在中国，专利申请人删除了相关权利要求。在美国，专利申请人修改权利要求，限定了提取物中有效成分的具体含量，主张药材产地将影响其品质，具体限定有效成分含量后使得本发明更为稳定和有效。美国审查员接受了该观点，认定发明具备创造性。

【案例解读】该案中，中国和美国专利所记载的技术方案基本相同，且两国专利审查员采用相同的对比文件作出了一致的创造性审查意见。对此，专利申请人在美国仅通过限定了提取物中有效成分即获得授权，而在中国则选择删除相关权利要求，主动缩小了权利要求保护范围。实际上，如果专利申请人在中国采取类似在美国的意见陈述和修改方式，则难以被中国专利审查员接受，其逻辑在于中药起效的关键在于有效成分的含量高低，而增加某几味药味的用量以实现整体疗效的增强属于本领域常规操作，故本领域技术人员出于保证或提高整体疗效的目的，有动机限定相关提取物中有效成分的含量。

【案例启示】中药复方发明专利创造性审查实践中，中国与美国的差异主要体现在两方面：一是中美两国的审查思路存在差异，美国按照化学领域组合物的审查思路进行中药复方发明专利的创造性评价，并不考虑中医药基本理论，技术启示的来源相对更为有限；二是中美两国对于有限的试验的理解存在差异，美国明确是从"有限数量的确定、可预期的方案中进行选择"，而中国则认为是从"可能、有限范围内进行选择"。

二、中药提取物的创造性

从中药中提取获得的单体成分和有效部位提取物具有较好的产业应用前景，通常可以直接用于医药、食品或其他工业。有效部位提取物更具有功效明显，制备成本低于单体成分，可以通过改变制备方法调整提取物中化学成分的种类和比例而实现特定功效等优点。实践中，由于中药提取物所含的成分种类、含量存在不确定性，因此，中药提取物在制备后，常需进行需有效成分的鉴定和含量测定。此类案件的权利要求书中，通常涉及中药提取物制备方法、含中药提取物的制剂、方法限定的中药提取物产品、中药提取物的检测方法、中药提取物的制药用途等多个独立权利要求。以下对涉及中药提取物及其制备方法和检测方法的发明的创造性评价进行解读。

案例 1

专利申请号：200510100728.2。

发明名称：一种含有西曲依醇的植物提取物的制备方法及药用用途。

法律状态：驳回失效，行政二审。

【基本案情】本申请涉及"从肾蕨中提取具有抗糖尿病的植物提取物的方法"实际解决的技术问题是，提供一种替代从红豆杉中提取含有西曲依醇的提取物的技术方案。国家知识产权局经实质审查，于 2010 年 2 月 5 日驳回了本申请。申请人于 2010 年 5 月 6 日向专利复审委员会提出复审请求，在复审过程中，申请人提交了新的权利要求书和意见陈述书，本申请修改后的权利要求书中，新的权利要求 1、5 分别为："1、一种从肾蕨、豌豆、荞麦三种植物中提取的具有防治糖尿病及其并发症的提取物，其特征在于主要有效成分为西曲依醇（5-O- 甲基 -myo- 肌醇），其含量可在 1%～ 99% 之间。""5、一种从肾蕨、豌豆、荞麦三种植物中提取具有抗糖尿病的提取物的方法，所述方法包括：用溶剂提取，得浸膏，将浸膏经两相萃取、柱层析，收集含有西曲依醇的流分，经浓缩、过滤、干燥，得到植物提取物的粉末。"对比文件 1 公开了一种从红豆杉中提取的具有抗糖尿病作用的天然单体化合物 5-O-

甲基 –myo– 肌醇（即本申请的"西曲依醇"），其实施例 5 还公开了西曲依醇片剂中西曲依醇的含量为 33.3%（每 300mg 的单位片剂含有 100mg 西曲依醇）。对比文件 2 公开了一种从肾蕨和双齿肾蕨中提取出来的天然化合物西曲依醇。国家知识产权局专利复审委员会作出第 34807 号复审请求审查决定，决定中认为：①权利要求 1～5 保护的主题是一种具有降糖效果的提取物，唯一提到的活性成分是西曲依醇，而西曲依醇具有降糖作用已经是现有技术，本申请说明书中并未记载多种来源不同的提取物中除西曲依醇外其他组分的具体结构。因此，本申请相对于现有技术的贡献是从其他植物中寻找红豆杉的替代物，发现了可以替代红豆杉的物种有肾蕨、豌豆、荞麦，并非是发明了具有降糖效果的提取物——西曲依醇，而且提取物来源的不同并没有产生预料不到的技术效果。②对比文件 2 公开了一种从肾蕨和双齿肾蕨中提取出来的天然化合物西曲依醇。本领域技术人员在对比文件 2 教导下，容易想到可以从肾蕨中提取得到含有西曲依醇的提取物。关于干燥步骤，是本领域技术人员为得到粉末所采取的常规技术手段，并没有预料不到的技术效果。因此，维持国家知识产权局作出的驳回决定。北京市第一中级人民法院维持专利复审委员会作出的第 34807 号复审决定。北京市高级人民法院二审维持了一审的意见，发出（2012）高行终字第 1361 号行政判决书。

在该案审理过程中，申请人对专利复审委员会在第 34807 号复审决定中作出的关于本申请权利要求 1 与对比文件 1 相比的区别技术特征是：本申请权利要求 1 是从肾蕨、豌豆、荞麦中提取含有西曲依醇的提取物，而对比文件 1 是从红豆杉中提取西曲依醇的单体化合物的认定未提出异议。

二审法院认为：

本申请技术方案与对比文件 1 的区别技术特征是从不同植物中提取含有西曲依醇的提取物，对比文件 1 中公开了西曲依醇具有抗糖尿病的作用，因此，西曲依醇抗糖尿病的作用属于现有技术。本领域技术人员根据对比文件 1 的教导，可以轻而易举地想到以西曲依醇为有效成分的提取物也具有抗糖尿病的作用。本申请权利要求 1 并非是发现肾蕨、豌豆、荞麦中存在西曲依醇，而是在已知肾蕨、豌豆、荞麦中含有西曲依醇的前提下，从中提取含有西曲依醇的提取物。在药物领域，一种提取物的药理活性主要取决于其中有效成分的药理活性。在主要有效成分完全相同、功效一致的情况下，本领域技术人员在对比文件 1 公开的从红豆杉中提取西曲依醇的技术方案的教导下，有动机采用常规手段从肾蕨、豌豆、荞麦等其他含有西曲依醇的植物中提取含有西曲依醇的提取物。同时，本申请权利要求 1 记载的从肾蕨、豌豆、荞麦中提取西曲依醇的技术方案与对比文件 1 中公开的从红豆杉中提取西曲依醇的技术方案相比并未产生预料不到的技术效果。

本申请权利要求 5 与对比文件 1 相比，区别技术特征是：本申请权利要求 5 限定了提取方法中要包括干燥步骤，并用肾蕨、豌豆、荞麦代替红豆杉作为提取西曲依醇提取物的来源。本领域技术人员通过本申请权利要求书和说明书等可以得知，本申请是从肾蕨、豌豆、荞麦中提取含有西曲依醇的提取物，所要解决的技术问题是提供一种替代从红豆杉中提取含有西曲依醇的提取物的技术方案。对比文件 2 公开了一种从肾蕨和双齿肾蕨中提取出来的天然化合物西曲依醇。因此，本领域技术人员不经过创造性劳动即能够想到可以从肾蕨中提取得到含有西曲依醇的提取物。作为本领域的技术人员，为得到粉末状的提取物，在提取过程中采用干燥步骤是本领域的常规技术手段。

【案例解读】对比文件 1 是最接近的现有技术，公开了西曲依醇治疗糖尿病的作用。虽然本申请和对比文件 1 提取所使用的原料药材不同，但是对比文件 2 公开了本申请的原料药材中含有与对比文件 1 结构相同的成分，基于对比文件 2 的教导，本领域技术人员容易想到用本申请的原料药材提取该活性成分。

提取工艺步骤的改进包括工艺步骤的增加、减少、替代或者工艺顺序的调整。判断提取工艺改进型发明的创造性时，通常需要考虑工艺上的改进是否存在技术启示，改进之处产生的技术效果是否能够预料等。如果工艺步骤的改进在于为了解决某一本领域技术人员普遍能够认识到的技术问题而增加常用的能够解决该技术问题的技术手段，例如，本申请仅仅为了得到提取物的常规干粉形式，而增加干燥步骤，并且干燥步骤没有产生预料不到的技术效果，则该改进无须花费创造性劳动。

【案例启示】在选择与提取物及其制备方法发明最接近的现有技术时，根据常识可知，提取原料、提取方法相同得到的提取物相同，往往会选择提取原料相同的技术方案。但是由于本申请的提取物还同时存在功能性限定，审查员综合考虑、解决技术问题和技术启示的情况下，选取了前述对比文件 1。而本案中复审、一审、二审的法院之间关于上述问题的观点也一致。提示我们在进行提取物和提取方法检索时，不能仅考虑对提取物的原料进行检索，还要关注可能的相同有效成分的其他植物原料及其提取方法，避免漏检。

案例 2

专利号：ZL200410031071.4。

发明名称：藏药独一味软胶囊制剂及其制备方法。

法律状态：维持发明专利权有效，侵权民事判决书。

【基本案情】授权文本中的权利要求：

一种独一味的软胶囊制剂，其特征在于该软胶囊由如下重量份的原料药组成：独一味提取物 20～30 重量份，植物油 25～36 重量份，助悬剂 1～5 重量份；

其中独一味提取物由下面四种提取方法中任意一种制备：

①取独一味药材，粉碎成最粗粉，加水煎煮二次，第一次加 10～30 倍量的水，煎煮 1～2h，第二次加 10～20 倍量水，煎煮 0.5～1.5h，合并药液，滤过，滤液浓缩成稠膏，减压干燥，粉碎成细粉，过 200 目筛，备用；

②取独一味药材，粉碎成最粗粉，加水煎煮二次，第一次加 10～30 倍量的水，煎煮 1～2h，第二次加 10～20 倍量水，煎煮 0.5～1.5h，合并药液，滤过，浓缩备用；将浓缩液过大孔树脂层析柱，用 30～50 倍蒸馏水洗脱，收集洗脱液浓缩成稠膏，减压干燥，粉碎成细粉，过 200 目筛，备用；

③取独一味药材，粉碎成粗粉，加 70%～99% 的乙醇回流提取 2～3 次，第一次加乙醇 8～12 倍量，回流 1～3h，第 2、3 次加乙醇 6～10 倍量，回流 1～2h；合并回流液，减压浓缩，回收乙醇至无醇味，得到醇提浓缩液；醇提浓缩液加水混悬后，依次用石油醚、正丁醇萃取 2～3 次，回收溶剂，干燥，得到石油醚提取物 A，正丁醇提取物 B，提取剩余部分为水提取物 C；合并上述 A、B、C 三种提取物，粉碎成细粉，过 200 目筛，备用；

④取独一味药材，粉碎成粗粉，置于渗漉器中用 70%～90% 乙醇浸泡 12～36h 后，以 5mL～10mL/min 的速度渗漉，直至流出液经薄层层析检测无斑点为止；减压浓缩回收乙醇至无醇味，得到独一味渗漉液；将独一味渗漉液加水静置 12～36h，得到沉淀物 A，干燥备用；上清液过大孔树脂层析柱，分别用 30～50 倍蒸馏水，30～50 倍 15%～45% 乙醇洗脱，回收乙醇，干燥，得到提取物 B、C；合并上述 A、B、C 三种提取物，粉碎成细粉，过 200 目筛，备用①。

江苏万高药业有限公司与成都优他制药有限责任公司、四川科伦医药贸易有限公司侵犯发明专利权纠纷一案，因万高公司、科伦公司不服四川省高级人民法院（2010）川民终字第 63 号民事判决，向中华人民共和国最高人民法院申请再审，最高院审理后，认为万高公司被诉侵权产品没有落入涉案专利权的保护范围，原一、二审判决认定万高公司生产和销售、科伦公司销售被诉侵权产品的行为构成侵犯优

---

① 沈世娟，刘海锋. 专利保护平衡机制的实现——兼议最高人民法院相关司法解释 [J]. 知识产权，2012（02）：42-46+89.

他公司专利权,并判令其承担侵权民事责任,显属认定事实错误,适用法律不当,撤销四川省成都市中级人民法院(2007)成民初字第 249 号民事判决和四川省高级人民法院(2010)川民终字第 63 号民事判决,发出了(2010)民提字第 158 号民事判决书。本案审理期间,万高公司等作为请求人曾对涉案专利提出了无效宣告请求,经国家知识产权局专利复审委员会及北京市第一中级人民法院和北京市高级人民法院的行政诉讼审理,北京市高级人民法院作出的(2008)高行终字第 697 号、第 698 号终审判决,均维持了优他公司 200410031071.4 号发明专利权有效。从本案的无效审理的过程中,我们可以看到复审委、司法体系对本案的提取物和提取方法创造性判断的执行标准是一致的。本案被六次提起无效,在该案例分析中仅选取其中典型的无效宣告请求审查决定书,如第 16487 号中与提取物和提取方法的创造性相关的评述进行介绍。

证据 7 涉及滇桂艾纳香软胶囊及其制作方法,其是将滇桂艾纳香干浸膏粉、植物油、蜂蜡按 1 ∶ 1 ∶ 0.02 的比例制成混悬物,然后将混悬物灌装到软胶囊中,其中滇桂艾纳香干浸膏的制备方法为,将滇桂艾纳香加水煎煮二次,第一次 1.5h,第二次 1h,合并煎液,过滤,滤液浓缩成稠膏,干燥,粉碎过 200 目筛得干浸膏细粉。虽然权利要求 1 与证据 7 两者均是将中药浸膏提取物与植物油、蜂蜡按一定的比例混合制成软胶囊内容物,且证据 7 公开了水煎煮法制备干浸膏粉的方法,但是权利要求 1 所要求保护的技术方案与证据 7 相比,尚存在着内容物中蜂蜡比例不同的区别技术特征,同时证据 7 没有公开权利要求 1 中 II-IV 的提取方法。

证据 8 涉及一种山楂叶总黄酮软胶囊及其制备方法,公开了内容物由山楂叶总黄酮、植物油和蜂蜡组成,比例为(1～8)∶(2～30)∶(0.1～1)。权利要求 1 与证据 8 相比,存在着软胶囊制剂中内容物重量份数比不同的区别技术特征,同时证据 8 没有公开权利要求 1 中①～④的提取方法。

无效宣告决定指出中本专利权利要求 1 与现有技术证据 7、8 相比分别存在上述区别技术特征,证据 7、8 均未给出引入上述区别技术特征的启示,本领域技术人员基于请求人所提交的上述现有技术均无法显而易见地获得权利要求 1 的技术方案。因此,请求人认为权利要求 1 不具备创造性的无效理由不成立。同时其他权利要求也具有创造性。请求人所提出的关于创造性的无效理由不成立 [①]。

【案例解读】本案例经历了复审无效、侵权诉讼一审和二审、最高院裁定再审等极其复杂的法律程序,其中不仅涉及不同行政和司法机关对提取物创造性判断标

---

① 专利复审委员会审查决定(选登)[N].中国知识产权报,2003-10-18.

准的认定。还在侵权诉讼中体现出专利权保护时不同主体对提取物和提取方法的保护范围的解读和比对的标准。此外,(2010)民提字第 158 号民事判决书中认为:根据《最高人民法院关于审理专利纠纷案件适用法律问题的若干规定》第十七条的规定,并参照《最高人民法院关于审理侵犯专利权纠纷案件应用法律若干问题的解释》第六条的规定,"煎煮 2 次"与"煎煮 3 次""粉碎成细粉,过 200 目筛"与"研成细粉"均不构成等同特征,后者均没有落入涉案专利权利要求 1 的保护范围[①]。至于"清膏"和"稠膏",目前尚无规范的定义和检验标准,两种概念并无明确的区分界限;而减压干燥与 80℃ 常压干燥均为中药领域常规技术手段,效果没有实质不同,因此,原审判决认为被诉侵权产品特征 b3 "浓缩成相对密度为 1.30 的清膏"与专利特征 B3 "浓缩成稠膏"、被诉侵权产品特征 b4 "80℃ 以下干燥"与专利特征 B4 "减压干燥"构成等同特征,并无不当[②]。

【案例启示】在撰写提取物和提取方法发明的权利要求书时,要考虑如何通过参数和工艺步骤的合理概括,才能使创新成果获得更好的实质性的保护作用。从无效及后续的司法程序中,我们可以看到复审委、司法体系对本专利中提取物和提取方法创造性判断的执行标准是一致的。无效宣告请求人提供的现有技术公开了不同原料制备软胶囊的方法。而提取物发明的创造性评价中,提取原料是至关重要的因素。

案例 3

专利申请号:201510598977.2。

发明名称:一种厚朴酚与和厚朴酚的快速检测方法。

法律状态:复审维持驳回决定。

【基本案情】本申请涉及一种厚朴酚与和厚朴酚的快速检测方法,采用热分离和色谱分离相结合,实现厚朴酚与和厚朴酚的快速分离,检测对象为厚朴及其复方制剂(块状或粉末状固体),根据测定的原始色谱数据及质谱数据,定性样品中厚朴酚与和厚朴酚的色谱峰,并获得样品中厚朴酚与和厚朴酚的相对含量。对比文件 1 公开一种裂解 – 气相色谱 – 质谱联用技术检测厚朴浸膏中厚朴酚与和厚朴酚的方法,检测对象为厚朴浸膏。驳回决定认为:权利要求与对比文件 1 的区别技术特征在于:①样品为块状或粉末状固体;②热解温度;③气相色谱的工作条件;④质谱

---

① 张书青.专利侵权等同判定的原则与规则[J].电子知识产权,2016(12):69-78.

② 王伟艳.专利侵权判定中禁止反悔原则的适用——以一起医药领域专利侵权纠纷案件为例[J].中国发明与专利,2011(10):85-87.

采用的扫描方式。区别技术特征①～④属于本领域的公知常识。因此，所述权利要求均不具备创造性。申请人提交了复审请求，并在复审过程中修改了权利要求，进一步在权利要求1中限定了其他检测步骤和工艺参数。并在意见陈述中指出：本申请与对比文件1相比，热解样品不同，热解样品用量不同，检测目标不同。检测思路不同，本申请热解过程在无氧条件下进行，热解条件不同，GC条件存在差异，方法精密度、重现性及稳定性达到快速、微量检测的目的和分析要求，取得了积极的技术效果。复审161019号决定维持了驳回决定，复审决定中认为：本申请与对比文件1的区别在于采用的样品种类，并不在于样品的用量。提取浸膏的目的并不是出于检测目的和降低热解产物数量的考虑，而是与样品的实际使用中的状态相联系，因此，复审请求人认为提取浸膏会造成原料的过多消耗也不是该检测方法本身导致的。热解过程是否有氧气参与是与检测的目的相关的，并不是与后续检测过程相关的。对比文件1在热解过程中含氧是为了实模拟卷烟燃烧过程中厚朴浸膏的裂解产物，而本申请仅仅是检测厚朴药材中的主要活性成分，只需要该药材中的活性成分裂解分离即可，无须氧气的参与。且热解的产物经过CIS冷进样口进行处理，减少氧气对后续检测过程的影响也是属于本领域的常用技术手段。对于气相色谱条件的选择，与热解的成分和待检测的成分相关，本领域技术人员根据实际待检测的成分，为了保证这些成分实现色谱分离，有动机对气相色谱工作条件进行优化。载气流速、升温程序等参数条件是本领域技术人员在对比文件1公开的内容的基础上，根据样品的特性和仪器本身的特性，通过简单试验，可以确定的。

　　【案例解读】在审查实践中，最接近的现有技术，是指现有技术中与要求保护的发明最密切相关的一个技术方案，例如，与要求保护的发明技术领域相同或者相近的现有技术[①]。对比文件1作为本申请最接近的现有技术，也是采用热分离和色谱技术相结合检测厚朴浸膏，两者的检测思路相同，检测方法与本申请相似。对比文件1的发明目的与本申请是否一致与对比文件1能否用于评价权利要求的创造性并不直接相关。由于卷烟中添加的是厚朴浸膏，对比文件1为了模拟卷烟燃烧过程，采用的样品为厚朴浸膏，厚朴浸膏的化学成分包括厚朴酚与和厚朴酚，而中药厚朴的主要活性成分也是厚朴酚与和厚朴酚。当本领域技术人员为了对厚朴药材本身的药性进行检测时，容易想到直接选择该厚朴药材作为检测样品，将对比文件公开的方法用于检测厚朴或其复方制剂。

　　医药生物领域包括很多检测方法的专利申请，有些申请相对于现有技术的创新

① 马云鹏.创造性判断"三步法"的反思及"整体比较法"的提出［J］.中国发明与专利，2015（12）：92-96.

点在于由于检测对象的不同而导致检测方法产生差别。在该案例中对比文件 1 的检测对象与本申请不同，检测目标也稍有不同。就本申请来说，申请人认为本申请检测对象为厚朴及其复方制剂，而对比文件 1 的检测对象是厚朴浸膏；并且对比文件 1 重点在于厚朴浸膏基于模拟卷烟燃烧过程的挥发性组分分析，而本申请以检测厚朴及其复方制剂中厚朴酚及和厚朴酚为目的。因此，申请人在创造性意见答复中通常会将重点放在样品不同而忽视技术方案本身，更强调技术领域的差别，论述这种选择不是本领域的常规选择，并且这种选择会带来预料不到的技术效果。但是上述陈述如果没有说明现有技术不存在将区别技术特征与最接近的现有技术相结合的启示，或者未提供有力的证据证明技术效果是非显而易见的，即使区别技术特征再多，发明的技术方案也仍然会被认为对本领域技术人员来说不需要付出创造性的劳动即可获得，且没有产生预料不到的技术效果。

【案例启示】由于提取物检测方法的发明往往是依托现有技术中已经存在的检测手段和工艺，容易被质疑存在创造性问题。对于参数限定的提取物，以及提取物的检测方法发明，审查员不会仅因为检测对象和检测的步骤参数与现有技术存在诸多区别，就认为其具有创造性，需进一步判断区别带来了何种技术效果，以及现有技术中是否存在将该区别与最接近的现有技术相结合以产生相同技术效果的启示，技术方案获得的难易程度也是创造性评价的考量因素。在申请文件中记载充分详实的实验证据以证实发明具有显著的进步非常必要，若原申请文件记载并证实了检测方法的确切效果，申请人也可以通过补交对比实验数据的方式证实发明与最接近的现有技术相比具有显著的进步。

三、中药新制药用途的创造性

由于近年来药厂对原有的中成药品种和中药经典名方的二次开发增多，以及科研院所对大量已有化合物的新用途、新靶点进行筛选，所以关于中药组合物、化合物单体等的新制药用途的申请也越来越多，此类申请在权利要求的解读和创造性判断上存在很多分歧。

案例 1

专利号：ZL2015101723144。

发明名称：人参皂苷 Rg5 在制备预防急性肾损伤药物中的用途。

法律状态：授权。

【基本案情】本专利涉及人参皂苷 Rg5 在制备预防急性肾损伤药物中的应用，所述的肾损伤疾病为顺铂（CDDP）所致的氧化应激损伤。在审查过程中审查员指出，对比文件 1 公开了花旗参和热处理花旗参降低血糖，改善肾功能，防止糖尿病肾病的肾损伤，从而抑制糖尿病老鼠肾脏中的 AGE 积累，该效果在热处理花旗参中更强烈，显示了热处理花旗参对糖尿病肾病的病理状态有改善作用。本申请技术方案与对比文件 1 的区别在于：本申请请求保护 Rg5 在制备预防急性肾损伤药物的应用；对比文件 1 公开的是包含 Rg5 的人参皂苷混合物对糖尿病肾病的病理状态有所改善，减少肾损伤。基于以上区别，本申请实际解决的技术问题是提供人参皂苷 Rg5 的另一种应用。基于对比文件 1 公开的内容，本领域技术人员可知 Rg5 被包含在热处理的花旗参提取物，其也是作为有效成分之一，糖尿病肾病属于一种急性肾损伤，即对比文件 1 实质上也公开了人参皂苷 Rg5 在制备治疗急性肾损伤药物中的应用。在对比文件 1 公开的花旗参减少肾的异常增重、降低异常增多的尿体积、降低尿蛋白、增加肌酐清除率等药效，以及 Rg3 和 Rg5 等非极性皂苷比其他人参皂苷有更强 OH 清除、抗毒、抗炎效果等内容基础上；本领域技术人员也容易想到，对于某些患者，当预知其有可能发生急性肾损伤，在急性肾损伤发生前，给予包含人参皂苷 Rg5 的药物，并测试其对肾损伤的预防效果，从而得出人参皂苷能够制备预防急性肾损伤药物这一可以预期的技术效果。因此，本申请技术方案不具备专利法第 22 条第 3 款规定的创造性。而对比文件 2 公开了人参皂苷对顺铂（CP）所制大鼠肾损害有保护作用。虽然其导致原因不同，对比文件 1 为糖尿病所致，对比文件 2 为顺铂导致，然而对比文件 1 ～ 2 均是检测了肾功能的一些常见指标从而证实保护作用，且均推测所述保护作用与人参皂苷的抗氧化功能相关，所以即使技术方案限定急性肾损伤由"顺铂导致"也不具备创造性。

申请人修改了权利要求并进行了答复。申请人的答复主要集中在关于技术启示和技术效果的认定上。根据现有技术可知，人参皂苷 Rg5 是人参热处理后产生的一个次级皂苷，是原有二醇型人参皂苷在 C-20 位脱糖及脱水异构后而产生的热裂解皂苷。对比文件 1 已经公开了：热处理西洋参提取物中存在含量为 0.02% 的人参皂苷 Rg5，属于极其微量的化学成分，并且引用现有技术说明经热处理加工的西洋参，含量变化最为明显的是一种可以应用于糖尿病的精氨酸双糖甙。在含量如此悬殊，且在另一成分已知用于糖尿病的情况下，无法预见所改善的糖尿病肾损伤是该微量物质作为活性成分作用的结果。再者，对比文件 1 属于内源性的糖尿病肾损伤，而本申请的方案是顺铂所致的外源性肾损伤。前者主要是人体免疫功能下降后引起的脏器损伤，而后者属于一种直接作用的药源性急性损伤，二者在病理产生机理上存在明显的差异。另外，本领域已知，采用顺铂（CDDP）所致的肾损伤疾病，表现为明显肾膨大现象，肾指数升高，而根据对比文件1公开的肾脏器检测结果，其对肾膨胀改善没有任何效果，所以，本领域普通技术人员没有动机从该提取物中寻找一种可改善肾膨大的活性成分。因此，对比文件1实质未有教导通过热处理产生的 Rg5 具有改善顺铂所致肾损伤的效果。并且本申请的 Rg5 给药后小鼠状态明显好转，体重下降得到缓解，可以明显改善顺铂所致的肾指数下降（$P<0.05$），对肝和脾指数影响较小，超出对比文件1实验教导的预期。对比文件2虽报道了人参皂苷对顺铂所致大鼠肾损害的保护作用，但是人参皂苷 Rg5 是一种次生代谢产物，其在未经处理的人参中含量是微乎其微的。所以，对比文件2报道的肾损害保护作用更不可能是该基本不存在的化学成分所带来的。并且对比文件2在实验设计上将顺铂和皂苷同时给药，产生的效果可能为皂苷中和顺铂毒性所致，有可能实际并未造模成功，因此也无法给本领域技术人员相应的启示。该申请最终被授权。

授权的权利要求书中，权利要求1为：人参皂苷 Rg5（ginsenoside Rg5）在制备预防急性肾损伤药物中的应用，所述的肾损伤疾病为顺铂（CDDP）所致的氧化应激损伤，表现为明显改善顺铂所致的肾指数升高，肾指数有明显下降。

【案例解读】对于来源于中药原料的化合物发明，要关注该化合物本身是天然存在的成分，还是天然中不存在但可经物理化学反应转化得到的成分。当发明所述成分并非天然存在，而是通过特定工艺化学转化而来时，申请人在答复意见陈述时可强调发明与现有技术的活性成分之间在结构上或功能上的差异，阐述并非采用常规的提取方法获得的提取物均能含有该成分的理由。另外本案中关于两种肾病机理的差异的分析，申请人能够给出了明确的区别特点，也很有说服力，最终说服了审查员接受其陈述意见。

【案例启示】在实践中，来源于中药原料的化合物发明的创造性审查意见，除了使用评价化学药物创造性的规则，例如权利要求为人参皂苷 CK 在制备防治急性心肌梗死药物的应用，现有技术公开了人参皂苷 Rb 能防治心肌梗死，同时人参皂苷 CK 是人参皂苷 Rb 代谢产物，则权利要求的技术方案相较于现有技术不具备创造性；也经常会引用涉及与该化合物相关的植物提取物的对比文件，如一篇对比文件公开了二醇型人参皂苷能防治心肌梗死，另一篇对比文件公开了人参皂苷 CK 是二醇型人参皂苷代谢产物，以两篇对比文件结合评价发明的创造性。

案例2

专利申请号：202110588550.X。

发明名称：灯盏乙素在制备用于治疗烧伤烫伤的药物中的应用。

法律状态：驳回。

【基本案情】本申请请求保护灯盏乙素制剂在制备治疗烧伤烫伤药物中的应用，还限定了灯盏乙素为灯盏乙素单体和/或灯盏乙素盐、外用给药剂量、治疗的分子机理和病理学作用机制、治疗的效果。对比文件1公开了灯盏花素为灯盏细辛的提取物。灯盏花素的作用机制为参与了眼睑烧伤病理过程的多个环节，其作用特点是多靶点、多途径整合调节，具有改善组织缺血缺氧状态、减轻组织水肿、防止组织坏死、抗氧化、清除自由基的作用，能稳定细胞结构，降低细胞膜的通透性，进一步阻止角膜上皮的坏死与组织溶解，加速角膜上皮的创伤愈合。本申请所要保护的技术方案与对比文件1的区别技术特征在于：使用灯盏乙素单体和/或盐制备治疗烧伤烫伤药物，还限定了外用给药剂量、治疗的分子机理和病理学作用机制。基于上述区别技术特征，本申请实际解决的问题是进一步明确灯盏花素注射液中治疗烧伤烫伤的有效成分。

对比文件2已经明确了灯盏花素中90%以上都是灯盏乙素，并且对比文件2公开的灯盏乙素的活血功效与对比文件1中灯盏花素注射液治疗烧伤时所起到的改善血液流变、改善缺氧等作用是完全一致的。在对比文件1、2的教导下，本领域技术人员有动机选用灯盏乙素制备治疗烧烫伤的药物。灯盏乙素单体、灯盏乙素盐是灯盏乙素的常规形式，至于治疗所用的灯盏乙素外用给药剂量可以参考对比文件1及灯盏乙素的常规用量，这些技术特征通过有限的实验或常规选择即可确定。本领域技术人员根据公知常识可知，烧（烫）伤导致的身体和细胞的应激反应和皮肤屏障损伤容易导致局部和全身的炎症反应和机体对致病菌的易感性增加。而对比文件1已经公开了所述的灯盏花素注射液具有改善微血管循环、减轻组织水肿、防止组织坏死、抗纤维化、抗氧化、清除自由基等作用，能稳定细胞结构。而从对比文件1、2和公知常识可推导或预期灯盏乙素制剂治疗烧烫伤的外用给药剂量、治疗的分子机理和病理学作用机制、治疗的效果。

【案例解读】本案中对比文件2已经证实了灯盏乙素在灯盏花素(灯盏花提取物)中的含量高达90%以上，并且灯盏乙素是灯盏花中天然存在的化合物，在如此高的含量下，本领域技术人员可以预期灯盏乙素和灯盏花素之间效果的相似性，并认为现有技术对本申请所要保护的技术方案存在教导或启示。

【案例启示】对于中药新制药用途发明，有时申请人为克服创造性缺陷，在权利要求中加入多且复杂的技术特征，如权利要求中同时限定中西医病名、药物治疗机制、致病机理、给药剂量等。然而上述特征对制药用途权利要求的保护范围并不一定有实质影响，即便现有技术未公开上述特征，该特征也不一定构成制药用途权利要求与现有技术的实质区别。在判断制药用途权利要求中记载的特征是否对权利要求的保护范围有实质影响时，通常会考量这些特征的改变是否会使药物组成和或结构、制药过程、药物的临床适应证发生改变。

第五节　涉及实验数据的审查标准

在对中药领域发明专利申请的审查中，多个专利法的法条都可能与实验数据的有无及公开程度相关，在前述的专利法第五条第一款、专利法第二十六条第三款、专利法第二十二条第三款都有涉及实验数据的案例。除了上述法条涉及的实验数据，还有其他在审查中涉及实验数据的情况，故对几个比较重要的方面进行如下补充说明。

案例 1

专利申请号：201310151665.8。

发明名称：一种茯苓面贴膜用乳液、面贴膜及其制备方法。

法律状态：驳回失效。

涉及问题：实验数据的真实性。

【基本案情】CN201310151665.8 号专利申请涉及一系列有关中药面膜的发明专利申请。除该申请之外，复审请求人还申请了另外 8 件名称为"一种……面贴膜用乳液、面贴膜及其制备方法"的发明专利。上述申请的实施例与该申请活性成分、辅料及用量都不完全相同，但是均得出与该申请完全相同的实验结果。此外，复审请求人于同年还提交了 27 件名称为"剥离型……面膜及其制备方法"的发明专利申请，而在活性、辅料及用量都不完全相同的情况下，这 27 件申请的实验结果也完全相同。复审委第 139494 号决定中认为，上述专利的申请过程及说明书整体记载的内容，所述情况不符合实验科学的一般性规律，由此导致该申请说明书所提供的实验数据的真实可信度降低，其所证明的技术效果不能被采信。因此，该申请的所能达到的技术效果应确定为本领域技术人员根据现有技术可预期的一般性效果。在上述分析的基础上，作出了该申请要求保护的技术方案不具备创造性的结论。

【案例解读】近年来，随着专利审查工作的提质增效，发明的实审和复审已经开始注重对实验数据真实性的审查。目前实审员或复审员考察实验数据真实性的方法主要是通过阅读说明书中记载的实验相关的所有内容，寻找实验数据可能存在造假行为的证据，并在此基础上进行质疑，如果申请人无法提供合理的解释或证明，则被质疑的实验数据及其声称的技术效果不予采信。被认为可能是实验数据造假的证据，包括实验过程或结论前后矛盾、不符合常理，明显不同的实验的结果和数据与现有技术完全相同等。

在过去审查实践中，由于可以直接引用的法条缺失，审查实践中审查员常常将实验数据的不真实、可信度低的情况以实验数据不可信、无法用于证实本申请技术方案的技术效果为理由，归因于所述技术方案只是一种随机的选择，用创造性加以评述，但是2020年的《专利法》第四次修改后，2021年6月1日起施行的新《专利法》中已经新增加了第二十条"诚实信用原则"。未来有可能在审查中直接引用该法条作为评述的依据。

【案例启示】目前，实审和复审程序判断实验数据真实性的审查方法是把双刃剑，这种审查方式会使有些实验虽然记载了真实实验数据，但在文件撰写过程中因笔误造成了实验内容存在瑕疵，导致实验数据被质疑的情况。出现这种情况时，除非申请人能够提交有力的证据或合理的理由证明实验数据的真实性，否则难以获得授权。但这并非易事，对于中医药领域中那些不善于进行规范试验记录的申请人尤为如此。

因此，建议申请人在撰写申请文件时，首先要真实守信、科学严谨地完成实验，通过正当方式获得实验数据。其次，对于撰写的内容，尤其实验部分，要仔细核查，尽量不要出现笔误。再次，对于实验部分的内容，应尽量全面仔细的描述，药理学实验如实验的设计或方案、地点、材料及来源、方法、过程、结果及分析等内容，临床案例如实施治疗的医院或诊所、临床诊断标准、疗效判断标准、治疗方法过程、结果及分析等。详细公开上述内容更有助于判断实验结果的真实性，也有利于一旦由于瑕疵被质疑真实性时，可以为在后提供的证据和理由与申请中内容的关联性进行合理说明。最后，申请人在研发过程中要及时记录和保留原始实验数据及实验的所有其相关信息，这是证明实验数据真实性最有力的证据。如果没有保留原始实验数据，比较有力的证明方式还有通过如委托可信的第三方重现实验结果等，但这样的方式耗时耗资且适用情况受限，对于需要大量时间、人力或资金的实验，尤其是中药临床研究中多年积累的临床案例资料是难以重复的。

案例 2

专利申请号：200910176994.1。

发明名称：桂哌齐特氮氧化物、其制备方法和用途。

法律状态：驳回失效，行政二审。

涉及问题：实验数据的真实性

【基本案情】齐鲁公司以程序违法、杀虫活性实验数据不真实、从而导致说明书公开不充分等为由，请求法院撤销维持四环公司的200910176994.1号发明专利（下称"994专利"）专利有效的决定。齐鲁公司主张：①涉案专利说明书中记载的所述化合物对3龄黏虫的拒食毒杀效果，根据该数据中死亡率计算出来的死亡黏虫的数量不是整数；②涉案专利说明书记载对照组的虫子48h平均取食量有悖黏虫的正常习性，因此上述实验数据不真实。由于四环公司未能提供令人信服的证据，法院判决涉案专利公开不充分；涉案专利不足以证明化合物具有杀虫活性，从而无法证明该化合物相对于现有技术具有预料不到的技术效果，导致其不具有创造性。北京市高级人民法院作出的（2018）京行终2962号二审判决书支持了对994专利的无效决定。

【案例解读】专利实质审查和复审请求审查程序中没有要求申请人对实验数据的真实性加以证明的规定，审查机构也没有核实实验数据真实性的流程环节和操作条件。在上述发明申请审查的两个程序中通常认为：只要本领域技术人员能够据此制备该产品，并且能在无须不合理的负担或创造性劳动的情况下验证或测试出所宣称的用途或效果，则应该推定说明书所宣称的用途或效果是真实的、值得相信的。这也给个别申请人提供了提交不实实验数据的可乘之机。

而在无效宣告请求审查和随后的法院行政诉讼程序中，由于涉及第三方，对于实验数据的真实性的审查会更加严格，针对一方的数据，对方当事人往往会就数据形式或者内容上存在缺陷而对其真实性提出质疑。这种情况下，如果缺少其他有力的佐证，单方提交的数据难以被采信。必要的情况下，复审委员会或者法院可以要求委托双方当事人均认可的第三方机构进行重复试验和鉴定。

【案例启示】科学研究中偶有造假的情况发生，药物研发领域也是如此，会存在实验数据造假的现象。为加强对药品研究的监督管理，保证药品研究实验记录真实、规范、完整，提高药品研究的质量，我国药品监管部门制定了国药管安〔2000〕1 号《药品研究实验记录暂行规定》，要求凡在我国为申请药品临床研究或生产上市而从事药品研究的机构均应遵循上述规定。实验数据对药物发明专利申请能否获得授权有重要影响，我国目前对于发明专利审查过程中提交的数据的真实性越来越重视。中药专利撰写中要注意所使用实验数据的规范性、有效性和真实性，才能防止后续审查或诉讼实践中由于不符合规范的实验数据导致专利权未能被保护。

案例 3

专利申请号：201310399738.5。

发明名称：一种调节奶牛繁育比例的中药散剂。

法律状态：驳回失效。

涉及问题：专利法第 22 条第 4 款规定的实用性。

【基本案情】第 2013103997385 号专利申请涉及一种调节奶牛繁育比例的中药散剂，母牛在人工授精前一天及 30 天后服用。但是其药物组合物中除了当归、人参、丁香外，使用的均是红花、莪术等活血祛瘀、破血行气和牵牛子、大黄这类泻下攻积的中药材。审查员认为根据该申请所使用的中药材的功效结合中医理论分析可知，该中药散剂会导致怀孕奶牛流产、早产、死胎等，因而不能产生预期的积极效果。最终以该申请的不具有实用性驳回了该申请。

【案例解读】该申请的技术方案由于本领域技术人员根据现有技术和中医药公知常识推断其实施效果不能产生说明书所声称的积极效果，其本身并不影响所述中药组合物的加工和制备。但是却会使得该产品不能在实际中作为预期的商品使用和销售，并且这样的结果是技术方案本身固有的缺陷引起的，与说明书公开的程度无关，因此不具有实用性。并且该缺陷无法通过修改而克服。

【案例启示】中医药治病的特点之一就是辨证治疗，通常中医开处方时要结合患者具体症状和体征等情况进行加减，根据不同患者的不同病情阶段，对中药材进行选取、称量、加工的过程，即这些都是对于特定患者的特定病程进行的，没有再现性，不能工业生产。因此，现行的《审查指南》中还规定，医生处方和医生对处方的调剂，以及仅根据医生处方配药的过程，均没有工业实用性，不能被授予专利权。中药发明专利申请的药物应是能够适用于较多人群，并且可以进行工业生产的，如果用针对特定患者使用特定加减的药物进行治疗的临床个案作为实验数据，可能导致技术方案不具有实用性。该缺陷是可以通过修改权利要求的主题而克服的，与案例 3 所述的情况不同。

案例 4

专利申请号：200810110910.X。

发明名称：汞化物在制备抗病毒药物中的应用。

法律状态：驳回失效，行政二审。

涉及问题：专利法第 26 条第 4 款的规定。

【基本案情】本申请涉及汞化物在制备抗病毒药物中的应用，所述的汞化物为：硫化汞（Hgs）、溴化汞（HgBr）、氧化汞（HgO）、硫酸汞（$HgSO_4$）、氯化汞（$HgCl_2$）、二甲基汞 $Hg（CH_3）_2$、碘化汞（HgI_2），硝酸汞 $Hg（NO_3）_2$、汞（Hg）、氯化甲基汞、氯化乙基汞或二乙基汞。其所述的病毒为：禽流感病毒、非典型肺炎病毒、麻疹病毒、腮腺炎病毒、呼吸道合胞病毒等几十种病毒。本申请说明书中仅记载了由朱砂 $2 \sim 2.1g$，雄黄 $2 \sim 2.1g$，牛黄 2g，羚羊角粉 2g，珍珠 0.1g，黄连 2g，黄芩 2g，栀子 2g，冰片 0.05g，板蓝根 2g 制备的蜜丸温水送服治疗病毒感染类疾病的 5 个单个病例。本申请由于不具备新颖性、创造性和专利法第 26 条第 4 款的规定而被驳回。

其中，对于专利法第 26 条第 4 款的问题，北京市高级人民法院（2012）高行终字第 1395 号中，对于专利法第二十六条第四款规定，权利要求书应当以说明书为依据，说明要求专利保护的范围。本申请说明书中的病例 1 ~ 5 仅记载了含有朱砂的组合物对肝炎病毒、肺炎病毒、腺病毒、乙型脑炎病毒和腮腺炎病毒具有抗病毒活性。而对本领域普通技术人员来说，汞化物的重金属普遍毒性很强，其药用效果难以预期。在本申请没有对除硫化汞以外的汞化物的药用效果加以验证的前提下，本领域技术人员难以由本申请记载的容合理推导除硫化汞外的汞化物的药用效果，并用于制备抗病毒药物。专利复审委员会认定权利要求 2 请求保护的除硫化汞外其他汞化物在制备抗病毒药物中的应用的技术方案不符合专利法第二十六条第四款的规定正确，应予以支持。尽管本申请阐述了汞化物的抗病毒作用机理，但并没有通过试验验证该机理，本领域技术人员根据本申请记载的内容难以确认汞化物通过该机理发生作用，继而无法预期其能够对抗除本申请病例中的肝炎病毒、肺炎病毒、腺病毒、乙型脑炎病毒和腮腺炎病毒，以及前述对比文件 1 ~ 7 公开的多种病毒以外的病毒。原审法院及专利复审委员会认定权利要求 3 请求保护的涉及多种病毒的并列技术方案不符合专利法第二十六条第四款的规定正确，应予以支持。

【案例解读】现行《审查指南》第二部分第二章 3.2.1 中指出，权利要求书中的每一项权利要求所要求保护的技术方案应当是所属技术领域的技术人员能够从说明书充分公开的内容中得到或概括得出的技术方案，并且不得超出说明书公开的范围。

对于涉及实验数据的申请，通常有两种情况：一种是说明书中并未记载足以证实其能够取得所述技术效果的实验数据而存在说明书公开不充分的缺陷，那么对于该发明的权利要求而言通常也会相应存在得不到说明书支持的缺陷。另一种是说明书中记载了实验数据，但仅能证实有限的实施方式的技术效果，而权利要求概括了更宽泛的保护范围，那么这个技术方案中就包括了得不到实验数据证实的实施方式，此时的权利要求得不到说明书的支持。如说明书中虽然有实验数据证明中药组合物的治疗效果，但是权利要求中概括的中药组合物中原料药的用量范围过大，以致于权利要求的中药组合物的君臣佐使与实验所采用的中药组合物的君臣佐使存在不同；或者写为开放式的权利要求，引入了添加任意中药材作为原料药的可能性。如上所述，视最接近现有技术的情况，后者也常会被认为不具有创造性。

【案例启示】该条与专利法第 26 条第 3 款的区别在于，涉及专利法第 26 条第 3 款的专利申请的说明书一般没有相应的药效等实验数据，而专利法第 26 条第 4 款通常说明书中记载了一定的效果实验数据，仅仅是因为权利要求请求保护的技术方案过大，已有的数据不足以证实所有技术方案。